대학생을 위한

성공을 부르는 긍정심리

조용태 · 이희연 공저

양성원

머리말

지금의 청년 세대는 단군 이래 가장 똑똑하지만 가장 가난한 세대로 언급되고 있다. 이 말의 의미는 지금의 청년들은 미래를 위해 잘 준비하고 있으며, 잘 준비되어 있지만, 준비된 것을 사용하고 누리지 못하는 것으로 해석할 수 있을 것이다.

그것이 무엇이든 누리지 못하는 삶은 좌절과 우울을 경험하게 하고, 그러한 경험이 축적되어 자신뿐만 아니라 모든 사람과 상황에 대해 부정적 시각을 갖게 한다. 특히 코로나 19 팬데믹 사태 이후 청년 세대의 우울감을 비롯한 부정적 정서는 더욱 증가하였다. 부정적 시각을 가진 사람이 자신과 자신의 삶에 대해 긍정적 가치와 의미를 부여하는 것은 매우 어렵다.

입시 지옥에서 벗어나 자유와 희망을 안고 대학생이 되었지만 고등학교 생활과 전혀 다른 대학 생활에 직면하면서 다양한 어려움을 겪게 된다. 보다 많은 자유가 주어지고, 그에 따른 책임들도 따르게 된다. 사회적으로는 성인으로 대접받게 되어 미성년자라는 이유로 보호받고 제약받아 왔던 것과는 달리 성인으로서 여러 가지 것들을 독립적으로 향유할 수 있게 된다. 그러나 이러한 독립적 삶이 또 다른 우울의 원인이 되기도 한다.

성인으로서 독립적인 삶을 영위하고, 그에 걸맞은 책임도 기꺼이 수용하면서 신체적 건강과 심리적 건강을 도모하는 대학 생활이 되도록 준비하는 것이 필요하다. 건강하고 성공적인 대학 생활을 하는 데 도움이 될 수 있는 지식을 획득하는 것이 필요하다. 이러한 측면에서 긍정심리학에 기반을 둔 긍정심리가 도움이 될 것이라 판단된다.

긍정심리학은 웰빙과 웰빙을 증진시키는 방법에 대한 과학적인 연구이다. 긍정심리학은 삶에서 긍정적인 것들 즉, 행복, 웰빙, 강점, 좋은 관계 등을 개발하는 것과 관련이 있다는 점에서 긍정적이다.

자신에 대한 긍정적인 사고나 진로선택에 대한 유연한 사고와 심리적 회복탄력성은 진로선택뿐만 아니라 대인관계 및 삶을 살아가는 데 중요한 요소라고 할 수 있다. 늘 잘 될 것이라는 희망 및 긍정적인 사고와 잘못되었을 때 언제라도 바로 일어서 되돌아갈 수 있는 높은 회복탄력성과 효능감은 자신이 선택한 진로 및 직업에 진입하기 위한 준비를 함에 있어 큰 무기가 될 수 있을 것이다.

이에 본 저자들은 대학의 정규 수업이든 비정규 수업이든 학생들의 대학 생활뿐만 아니라 개인 생활에서도 긍정적 관점을 가지도록 하고, 그것에 더한 건강한 삶을 향유하는 데 도움이 되는 수업 활동이 필요함을 강조하고자 한다.

이에 긍정심리학에서 연구된 여러 주제 가운데 청년 세대, 특히 대학생들에게 도움이 될 것이라 판단되는 주제를 선택하여 내용을 구성하였다. 이 가운데 2장의 성공의 의미와 3장의 실패의 의미에 관한 내용은 긍정심리학적 측면에서 보는 성공과 실패에 대한 것이 아니라, 기존의 심리학적 측면에서 보는 성공과 실패에 대한 개념이다. 그리고 마지막에 제시된 17장의 학업성취의 의미는 학생의 대학생활 성공은 학업성취가 매우 중요하기 때문에 제시한 것이다. 따라서 2, 3, 17장의 내용은 긍정심리학적 관점과는 약간의 차이가 있지만, 필요하다는 판단에 따라 제시된 것이다. 그리고 이 책의 내용은 이론과 실제를 모두 포함하고 있다. 특히 실제 활동 부분은 교재에 제시된 것만으로 수업 활동을 진행할 수도 있지만, 보다 다양한 형태로 변형된 활동을 첨가하여 수업 활동을 진행할 수도 있다.

대학 생활이 보다 의미 있고 유용하고, 자신의 삶에 대해 긍정적 의미를 부여할 수 있는 기회가 되기를 희망한다.

2023년

저자 일동

차 례

Chapter 04 우정의 의미

Chapter 05 감사의 의미

Chapter 06 낙관주의의 의미

Chapter 07 현재를 사는 방법

Chapter 11 몰입의 의미

Chapter 12 용서의 의미

Chapter 13 목표 설정의 의미

Chapter 14 운동과 공부 일상을 개선하는 방법

Chapter

01

궁정심리학의 소개

01 긍정심리학의 소개

Chapter

"긍정심리학"이라는 용어를 많이 듣고 봤지만, 그것이 무엇인지 정확하게 잘 모르겠다면 지금부터 그것을 학습한다. 긍정심리학에 대한 몇 가지 일반적인 오해가 있다. 이 글은 이러한 오해를 풀고 해당 분야에 대한 간략하지만 포괄적인 개요를 제공하기 위해 긍정심리학 움직임을 정의하고 설명하는 데 중점을 두고 있다.

대부분의 심리학 연구는 정신 질환, 학습 장애 및 기타 기능 장애와 같은 부정적인 측면에 초점을 맞추고 있다. 그러나 긍정심리학 분야는 "정상적인" 사람들이 어떻게 더 큰 행복과 삶의 목적을 달성할 수 있는지를 고려하여 다른 접근 방식을 취한다. 그것은 삶에서 좋은 것이 나쁜 것만큼이나 현실적이며 정신 건강은 단순히 정신 질환이 없는 것이 아니라는 가정에 따른 것이다.

긍정심리학은 다른 방법론을 대체하는 것이 아니다. 대신, 긍정적인 이상치(더 많은 것을 성취하고 더 큰 목적과 추진력을 갖고 사는 사람, 자신의 삶에 만족하는 사람)를 연구하는 데 중점을 둔다. 연구자들은 번영하는 개인과 조직이 공통적으로 가지고 있는 경험과 특성을 자세히 살펴본다.

긍정심리학은 낙관주의, 자신감, 희망과 같은 번영의 지표를 자세히 살펴본다. 연구자들은 이러한 용어를 정의하고 이를 경험하는 사람들의 삶의 요인을 면밀히 살펴본다. 흥미롭게도 연구에 따르면 부(富)는 개인의 전반적인 삶의 만족도에 부분적인 역할만 한다. 깊은 우정, 의미 있는 관계, 목적 의식과 같은 다른 요인들도 인간의 번영에 중요한 기여를 한다. 저명한 심리학자이자 연구자인 셀리그먼(Seligman)은 즐거운 삶(부와 쾌락에 중점을 둠), 좋은 삶(개인의 강점을 강조함), 의미 있는 삶(더 큰 목적을 달성하기 위한 개인적 강점 사용에 의한 목적 찾기)과 같은 인간의 행복에 이르는 세 가지 가능한 경로를 설명했다.

긍정적인 성격 특성을 확인하고 배양하는 것은 긍정심리학의 또 다른 강조점이다. 여러 연구에 따르면 감사는 전반적인 행복에 기여한다. 셀리그먼이 400명 이상의 사람들에게 긍정적인 영향을 미친 사람들에게 감사의 편지를 쓰는 임무를 부여한 연구를 수행했을 때 참가자의 행복 점수가 증가하고 긍정적인 효과가 한 달 동안 지속되었다. 인간의 번영과 관련된 다른 성격 강점에는 회복력과 연민이 포함된다.

그렇다면 긍정심리학이란 무엇인가? 이것은 긍정적 사고와 어떤 차이가 있는가? 우선 다음의 영상을 통해 긍정심리학의 개념을 이해하도록 한다. https://youtu.be/9FBxfd7DL3E

1. 심리학의 네 가지 물결

긍정심리학의 뿌리를 이해하기 위해서는 그 이전의 심리학의 세 가지 물결을 다시 살펴봐야 한다. 결국 무엇이 사람을 아프게 하는 것이 아니라 무엇이 사람을 성장하게 하는지를 연구하기 위해 심리학 분야가 연구 기준을 넓히기 시작한 것은 최근이다. 다음에서 긍정심리학으로 이어지는 심리학의 물결을 간략하게 소개한다.

1) 첫 번째 물결: 질병 모델

19세기 후반과 20세기 초반에 심리학은 조현병과 같은 정신 장애와 다양한 종류의 인간 콤플렉스(열등, 권력, 일렉트라, 오이디푸스 등)를 치료하는 데 관심이 있었다.

그 이유는 인종이나 종교, 계층이나 신조에 관계없이 모든 공동체에서 정신 질환의 발생은 항상 있어 왔고 항상 있을 것이기 때문이다. 심리학자들이 이러한 질병을 치료하려는 시도는 매우 자연스럽고 칭찬받을 만했으며, 프로이트(Freud), 아들러(Adler), 융(Jung)과 같은 초기 심리학자들의 연구는 실제로 매우 효과적이었다. 시간이 흐르면서, 이러한 질병에 초점을 둔 심리학은 인간 정신의 어두운 면을 향해 나아가게 하고, 인간의 에너지와 잠재력의 밝은 면으로부터 멀어지게 했다. 셀리그먼(2008, TED 강연; https://youtu.be/9FBxf d7DL3E)이 강조했듯이, 심리학의 부정적인 초점은 다음과 같은 세 가지 주요 결점을 초래했다.

- 심리학자는 희생학자(victimologists)와 병리학자(pathologizers)가 되었다. 사람들은 스스로 선택을 하고 책임을 진다는 것을 잊었다.
- 심리학자들은 정상적인 삶과 높은 재능(상대적으로 문제 없는 사람들을 더 행복하고, 더 만족스럽고, 더 생산적으로 만드는 사명)의 향상에 대해 잊고 있었다.
- 심리학자들은 피해 복구는 서두르면서도 사람들을 행복하게 해 줄 수 있는 중재를 개발해야 한다는 생각은 전혀 하지 않았다.

2) 두 번째 물결: 행동주의 심리학

스키너(Skinner)는 왓슨(Watson)과 파블로프(Pavlov)와 함께 심리학에서 행동주의 접근법의 창시자였다. 스키너는 인간의 자유 의지는 환상이며, 인간 행동은 이전 행동의 결과에 크게 의존한다고 믿었다. 만약 특정 행동이 올바른 유형의 강화에 이끌리면 반복될 확률이 높았고, 반면에 그 행동이 처벌로 이어진 경우에는 반복되지 않을 확률이 높았다.

스키너는 보상과 처벌의 올바른 구조가 주어진다면 인간 행동은 거의 기계적인 의미에서 완전히 바뀔 수 있다고 믿었다. 이 이론은 의심의 여지없이 많은 장점을 가지고 있으며, 특히 잘 설계된 보상 체계를 통해 원하는 행동에 영향을 주고 유도하는 조작적 조건형성 아이디어에 대해 많은 장점을 가지고 있다. 그러나 그러한 적절하게 구조화된 보상 체계를 허용하는 행동 조작은 독재자의 국민 탄압이라는 측면에서 총체적인 학대에 노출될 가능성이 있다. 그리고 사회 전반에서뿐만 아니라 직장에서도 마찬가지이다. 게다가 스키너의 인간의 자유 의지에 대한 전면적인 거부감은 여전히 불안하다. 그것은 압도적인 역경에 맞서는 인간 정신의 궁극적이고 지속적인 승리라는 인간 역사가 상징하는 모든 것에 어긋난다.

3) 세 번째 물결: 인간주의 심리학

이 물결은 키르케고르(Kierkegaard)와 사르트르(Sartre)로 대표되는 실존주의와 매슬로우(Maslow)와 로저스(Rogers)로 대표되는 인간주의의 두 가지 주요 사상으로 알려져 있다.

사르트르에 따르면 모든 인간은 자신과 주변 환경 간의 상호작용을 통해 자신의 정체성과 삶의 의미를 알아 낼 책임이 있다. 다른 누구도 그를 위해, 가장 적어도 존재하지 않는 신을 위해 그것을 할 수 없다. 이러한 이유로 의미는 개별적이고 독립적인 각 개인에게 진정으로 고유한 것이다.

특히 실존주의가 거부한 초자연적 존재에 대한 믿음이 없다면 통제할 수 없는 불안은 불가피할 것이다. 이 불안은 심리치료에서 "실존적 불안"으로 인식되며 많은 저명한 심리학자, 특히 의미치료(logo therapy)의 창시자인 프랭클(Frankl)의 주요 치료 관심사였다.

"삶의 의미는 무엇인가?"라는 질문에 대해서는 상당히 다양한 관점이 존재하며, 분명히 각 개인은 자신만의 고유한 경험과 환경에서 스스로 해결해야 한다.

인간주의 움직임은 심리학에 전체론적 차원을 추가하는 것이었다. 인간주의 심리학자들은 우리의 행동이 우리 주변의 세계와 그 의미에 대한 인식에 의해 결정되며, 우리는 단순히 환경이나 생화학의 산물이 아니며, 우리는 인간의 잠재력을 성취하기 위해 내적으로 영향을 받고 동기가 부여된다고 믿었다. 인간주의 심리학은 자아실현을 향한 인간 고유의 추동, 즉 자신의 능력과 창의성을 실현하고 표현하는 과정을 강조한다. 이 접근은 자아실현과 의미 있는 삶에 대한 인간의 욕구를 충족시키는 데 질병 모델의 한계에 대한 응답으로 20세기 중반에 두각을 나타냈다.

인간주의 심리학의 다섯 가지 기본 원리 또는 선결 조건은 다음과 같다.

- 인간은 인간으로서 부분의 합을 대체한다. 인간은 구성 요소로 축소할 수 없다.
- 인간은 고유한 인간적 맥락과 우주 생태계에서 존재한다.
- 인간은 자각하고, 자각하는 존재의 자각이다. 즉, 의식이 있다. 인간의 의식은 항상 다른 사람들의 맥락에서 자신에 대한 인식을 포함한다.
- 인간에게는 선택을 할 수 있는 능력이 있으므로 책임이 있다.
- 인간은 의도적이다. 목표를 지향하고, 미래의 사건을 야기한다는 것을 인식하고, 의미, 가치 및 창의성을 추구한다.

이러한 인간주의적 접근이 긍정심리학에 제공한 중요한 토대를 놓치면 안된다.

4) 네 번째 물결: 긍정심리학

긍정심리학은 진정한 행복과 좋은 삶에 관심이 있는 긍정성 지향의 심리학이다. 인간주의 심리학자인 매슬로우는 심리학 자체가 인간의 잠재력에 대한 정확한 이해가 없으며, 최대 성취와 관련된 기준을 충분히 높이지 않는 경향이 있다고 주장했다.

이전 심리학의 물결은 인간의 결점, 결핍 극복, 고통 회피, 불행으로부터의 탈출에 초점을 맞추었다면, 긍정심리학은 웰빙, 만족, 흥분, 쾌활함, 행복 추구, 삶의 의미에 중점을 둔다. 인간주의 움직임은 무엇이 우리를 성장하고 성취하고자 하는 욕구를 일으키는지 살펴보고자 했다. 그러나 인간 본성에 대한 개념적 아이디어가 긍정심리학의 발전에 영향을 미쳤음에도 불구하고 그것들은 별개이다. 즉, 인간주의적 접근이 보다 질적인 방법을 사용했다면, 긍정심리학은 인간을 이해하는 보다 과학적인 인식론을 발전시키고 있다.

2. 긍정심리학의 정의

긍정심리학은 여러 가지 방법으로 많은 단어로 설명되었지만, 일반적으로 받아들여지는 정의는 다음과 같다.

> "긍정심리학은 삶을 가장 가치 있게 만드는 것에 대한 과학적 연구이다"(Peterson, 2008).

이 간단한 설명을 조금 더 확장하면 긍정심리학은 인간의 생각, 감정, 행동을 연구하는 과학적 접근 방식으로, 약점 대신 강점에 초점을 맞추고, 나쁜 점을 고치는 대신 삶에서 좋은 점을 구축하고, 고군분투하는 사람들을 "정상"으로 옮기는 데에만 집중하는 대신 평균적인 사람들을 "위대함"으로 끌어올리는 것이다(Peterson, 2008).

긍정심리학은 다음을 포함하여 삶의 긍정적인 사건과 영향에 중점을 둔다.

① 긍정적 경험(예: 행복, 기쁨, 영감, 사랑).
② 긍정적 상태와 특성(예: 감사, 회복탄력성, 연민).
③ 긍정적 기관(전체 조직 및 기관 내에서 긍정적 원리 적용).

한 분야로서 긍정심리학은 성격의 강점, 낙관주의, 삶의 만족도, 행복, 웰빙, 감사, 연민(자기 연민뿐만 아니라), 자존감과 자신감, 희망, 고양과 같은 주제에 대해 많은 시간을 할애한다. 이러한 주제들은 사람들이 번영하고 최고의 삶을 살도록 돕는 방법을 배우기 위해 연구된다.

한편 흔히 긍정심리학의 창시자로 여겨지는 셀리그먼과 칙센트미하이(Seligman & Csikszentmihalyi, 2000)는 긍정심리학을 "삶의 생물학적, 개인적, 관계적, 제도적, 문화적, 총체적 차원을 포함하는 다양한 수준에 대한 긍정적 인간 기능과 번영에 대한 과학적 연구"라고 정의하였다.

3. 긍정심리학의 기본 전제

긍정심리학은 심리학의 전통적인 영역을 대체하거나 무시하는 것이 아니라 보완하는 것이다. 긍정적 인간 발달에 대한 연구를 강조함으로써 이 분야는 장애에 초점을 맞추고 제한된 이해만을 낳을 수 있는 다른 접근 방식과 균형을 맞추는 데 도움이 된다(Seligman, 2002).

긍정심리학의 기본 전제는 인간이 과거에 이끌리는 것보다 미래에 이끌리는 경우가 많다는 것이다. 또한 긍정심리학은 과거, 현재, 미래에 대한 긍정적인 경험과 정서의 결합이 즐겁고 행복한 삶으로 이어진다는 것을 시사한다(Murk, 2008). 이것의 또 다른 측면은 우리의 삶 밖의 견해에서 비롯될 수 있다. 『그릿(Grit)[성장(Growth), 회복탄력성(Resilience), 내재적 동기(Intrinsic Motivation), 끈기(Tenacity)의 줄임말]』의 저자인 덕워스 등(Duckworth et al., 2005)이 제시한 그릿은 우리의 삶에 긍정적인 심리적 영향을 미칠 수 있는 또 다른 중심적인 목적을 가지고 있다고 볼 수 있다. 셀리그먼은 아동의 성장을 허용하는 가정과 학교, 만족과 높은 생산성을 지향하는 직장, 긍정심리학에 대해 다른 사람들에게 가르치는 등 가능한 다른 목표를 확인했다. 길버트

(Gilbert)도 시간 지각과 행복의 영향에 대해 광범위하게 글을 썼다.

긍정심리학을 실천하는 사람들은 주관적 경험, 개인 특성, 삶의 사건에 대한 긍정적 태도를 촉진하는 심리적 중재를 시도한다. 목표는 희망이 없는 마음가짐에서 생길 수 있는 병적인 사고를 최소화하고, 삶에 대한 낙관적인 감각을 개발하는 것이다. 긍정심리학자들은 자신의 과거에 대한 수용, 미래 경험에 대한 흥분과 낙관, 현재에 대한 만족감과 행복감을 북돋우려고 한다. 관련 개념은 행복(happiness), 웰빙(well-being) 삶의 질(quality of life), 자족(contentment), 의미 있는 삶(meaningful life)이다(Shesthra, 2016).

- **행복**: 오랜 시간 동안 추구되고 논의되었다. 연구에 따르면 행복은 우리가 행동하는 방식이나 하는 일, 생각하는 방식을 상대적인 측면에서 생각할 수 있다.
- **웰빙**: 웰빙을 정의하기 위해 다른 측면이 추가될 수 있지만, 신체적으로나 정신적으로 개인에게 본질적으로 좋은 것을 언급하는 경우가 많다.
- **삶의 질**: 삶의 질은 단순히 육체적, 정신적 웰빙을 넘어 사회경제적 요인을 포함한다. 그것은 또한 전 세계의 다른 문화와 지역에서 다르게 인식되지만 삶에서 얼마나 잘 살고 기능하는지에 따라 달라질 수 있다.
- **자족**: 자족 또는 만족(contentment)은 만족(satisfaction)과 비슷한 뜻이지만, 만족(satisfaction)은 하는 상태를 가리킨다는 의미에서 작은 차이가 있다. 자족(contentment)은 긍정적인 안분지족(安分知足), 즉 '편한 마음으로 자기 분수를 지키며 만족할 줄 아는 것'을 가리키는 말로 많이 쓰이는 동시에 비판의 대상인 '현실 안주'의 의미로도 쓰인다.
- **의미 있는 삶**: 삶의 목적, 의미, 충족(fulfillment), 만족과 관련이 있는 구성 요소이다. 구체적인 이론은 다르지만, 자신의 삶을 이해하기 위한 총체적 도식과 삶 자체가 의미 있다는 믿음이라는 두 가지 공통적인 측면이 있다. 의미는 추정상 독립된 두 실체를 서로 접속하는 연결로 정의될 수 있다. 의미 있는 삶은 삶의 생물학적 현실을 상징적인 해석이나 의미와 연결한다.

4. 긍정심리학의 목적

보다 즐겁고 의미 있는 삶을 안내하는 것이 긍정심리학이 가질 수 있는 가장 중요한 목표는 아니다. 긍정심리학은 훨씬 더 큰 측면에 대한 책임이 있음을 점점 더 자각하고 있다. 긍정심리학은 인간의 웰빙, 또는 실제로 그 생존에 기여하는 학문이다. 긍정적 심리학의 목적은 최선의 의도와 다른 사람들을 돌보는 일이다. 일반적으로 긍정심리학의 목적은 다음과 같다(Peppercorn, 2014).

- 사람들의 삶에 긍정적인 영향을 미치기 위해서이다. 이 목적은 다른 무엇보다 중요하며 다른 모든 목적은 이 목적에 간접적으로 기여한다.
- 사람들의 삶에서 긍정적인 정서 경험을 증가시킨다.
- 사람들이 자신의 강점과 고유한 재능을 확인하고 개발하도록 돕는다.
- 사람들의 목적 설정과 목적 추구 능력을 향상시킨다.
- 사람들이 자신의 관점에서 희망의 감각을 형성하도록 한다.
- 사람들의 행복감과 웰빙 감각을 함양한다.
- 사람들의 감사하는 마음을 키운다.
- 사람들이 다른 사람들과 건강하고 긍정적인 관계를 형성하고 유지하도록 돕는다.
- 사람들이 낙관적인 전망을 유지하도록 격려한다.
- 사람들이 모든 긍정적인 순간을 즐기는 법을 배우도록 돕는다.

첫 번째 목표가 가장 크고 기본적으로 다른 모든 목표를 포함하는 이유를 쉽게 알 수 있다. 긍정적 정서 경험의 증가 목표에서 긍정적인 순간을 즐기는 방법을 배우는 목표까지 각각은 삶에 긍정적인 영향을 미치는 목표로 가는 이정표로 간주될 수 있다. 삶에 긍정적인 영향을 미치는 목표는 사람들이 자신의 가장 큰 인생 목표를 향해 나아가는 데 도움이 되는 효과적인 기술과 목표이다.

5. 긍정심리학 이론

1) PERMA 모델

많은 인간 심리학(긍정심리학이 아니라)의 궁극적인 목표는 더 큰 웰빙이다. 전통적인 심리학은 일반적으로 웰빙에 대한 장벽(예: 정신 질환)을 제거하지만, 긍정심리학은 웰빙(예: 회복탄력성)에 촉진자를 추가하려는 것이다. 셀리그먼은 PERMA 모델이라고 부르는 웰빙의 다섯 가지 "기둥"을 이론화하였다(Seligman, 2011).

- **긍정적 정서**(Positive emotion): 행복과 기쁨뿐만 아니라 다양한 감정이 포함된다. 흥분, 만족, 자부심, 경외 등의 감정이 포함된다. 이러한 정서는 수명 연장과 더 건강한 사회적 관계와 같은 긍정적 결과와 관련이 있는 것으로 자주 간주된다.
- **참여**(Engagement): 자신의 이익을 끌어내고 형성하는 활동에 참여하는 것을 말한다. 칙센트미하이는 진정한 참여를 몰입, 힘들이지 않고 깊이 관여하는 상태, 황홀감과 명료함으로 이어지는 강렬한 감정으로 설명한다. 수행 중인 과제는 더 높은 기술을 요구하고 약간 어렵고 도전적이지만 여전히 가능해야 한다. 참여는 당면한 과제에 대한 열정과 집중력을 포함하며, 참여하는 사람이 완전히 몰입하여 자의식을 상실했는지 여부에 대해 주관적으로 평가된다.
- **관계**(Relationships): 관계는 업무 관련, 가족, 연애, 정신적 사랑의 여부에 관계없이 긍정적 정서에 연료를 공급하는 데 필수적이다. 피터슨(Peterson)이 말했듯이 "다른 사람은 중요"하다. 인간은 관계를 통해 긍정적인 것을 받아들이고, 공유하고, 다른 사람에게 전파한다. 인간은 나쁜 시간뿐만 아니라 좋은 시간에도 중요하다. 사실, 관계는 서로 긍정적으로 반응함으로써 강화될 수 있다. 대부분의 긍정적인 일은 다른 사람들 앞에서 일어나는 것이 일반적이다.
- **의미**(Meaning): 목적이라고도 하며 "왜"라는 질문을 유발한다. 명확한 "이유"를 발견하고 알아내는 것은 직장에서 관계, 삶의 다른 부분에 이르기까지 모든 것을

맥락에 맞춘다. 의미를 찾는 것은 자신보다 더 위대한 무언가가 있다는 것을 배우는 것이다. 잠재적인 어려움에도 불구하고 의미를 가지고 일하는 것은 사람들로 하여금 바람직한 목표를 위해 계속 노력하도록 만든다.

- **성취**(Accomplishment): 성공과 숙달을 추구하는 것이다. PERMA의 다른 부분과 달리 성취가 긍정적 정서, 의미 또는 관계로 이어지지 않는 경우에도 때때로 추구된다. 즉, 성취는 긍정적 정서하에서 자부심과 같은 PERMA의 다른 요소를 활성화할 수 있다. 성취는 개인 또는 공동체 기반, 재미 또는 업무 기반이 될 수 있다.

셀리그먼(2008)은 앞의 각 구성 요소가 본질적으로 동기를 부여하고 웰빙에 기여한다고 주장한다.

2) 세 가지 행복한 삶

셀리그먼(2008)은 삶의 만족도는 다음과 같은 세 가지 유형의 "행복한 삶"의 결과라고 제안하였다.

- **즐거운 삶**(Pleasant Life). 이것은 가능한 한 많은 긍정적 정서를 특징으로 하는 삶을 의미한다. 음미하기와 마음챙김과 같은 특정 기술은 이러한 정서를 증폭시키고 즐거운 삶에 기여할 수 있다. 이러한 유형의 삶만 추구하는 것의 몇 가지 단점은 연구자들이 발견한 것이 50%는 유전이고, 긍정적 정서는 완전히 수정할 수 없으며, 긍정적 정서는 빠르게 습관화되어 익숙해진다는 것이다.
- **참여적 삶**(Life of Engagement). 이것은 몰입을 특징으로 하는 삶을 말한다. 이러한 삶에서 당신의 많은 시간은 당신이 너무 몰입되어 시간 가는 줄 모르는 활동(일, 육아, 여가 등)에 소비된다. '참여적 삶(Life of Engagement)'를 추구하기 위해 셀리그먼은 자신의 가장 큰 장점을 파악하고, 가능한 한 많은 장점을 활용할

수 있도록 삶을 재편성할 것을 제안하였다.

- **의미 있는 삶**(Meaningful Life). 이러한 삶은 깊은 의미 감각이 특징이다. 관여된 삶과 유사하게 당신의 가장 큰 강점이 무엇인지를 인식하는 것이다. 그러나 자신보다 더 큰 것에 속하고 이를 위해 자신의 강점을 사용함으로써 더 큰 의미를 찾는다.

이러한 삶은 모두 다양한 유형의 웰빙을 초래할 수 있지만, 셀리그먼의 연구에 따르면 의미 있는 삶이 전반적인 삶의 만족도에 가장 크게 기여하는 것으로 나타났다.

3) 성격 강점과 미덕

성격 강점과 미덕(Character Strengths & Virtues: CSV) 편람의 개발은 인간의 긍정적인 심리적 특성을 확인하고 분류하려는 셀리그먼과 피터슨의 첫 번째 시도를 나타낸다. 일반 심리학의 정신장애진단 및 통계 편람(Diagnostic and Statistical Manual of Mental Disorders: DSM)과 마찬가지로 성격 강점과 미덕 편람(CSV)은 강점과 미덕을 이해하고 긍정심리학에 대한 실용적인 응용 프로그램을 개발하는 데 도움이 되는 이론적 틀을 제공했다. 이 지침은 다음과 같은 24가지 측정 가능한 성격 강점의 기초가 되는 6가지 미덕(즉, “핵심 미덕”)을 확인하였다(Peterson & Seligman, 2004).

① **지혜와 지식**(wisdom and knowledge): 창의성(creativity), 호기심(curiosity), 개방성(open-mindedness), 학구열(love of learning), 조망(perspective)

② **용기**(courage): 용감(bravery), 인내(persistence), 진실성(integrity), 활력(vitality), 열정(zest)

③ **인간애**(humanity): 사랑(love), 친절(kindness), 사회적 지능(social intelligence)

④ **정의**(justice): 시민정신(citizenship), 공정성(fairness), 지도력(leadership)

⑤ **절제**(temperance): 용서와 자비(forgiveness & mercy), 겸손(humility), 신중함(prudence), 자기 조절(self control)

⑥ **초월**(transcendence): 심미안(appreciation of beauty & excellence), 감사(gratitude), 희망(hope), 유머(humor), 영성(spirituality)

4) 긍정심리학과 몰입

1970년대에 칙센트미하이는 자신의 능력이 당면한 요구에 잘 부합하는 몰두 상태인 몰입(flow)을 연구하기 시작했다. 몰입은 집중력이 강하고, 자의식이 상실되며, 완벽하게 도전받는 느낌(지루하지도 압도적이지도 않음)과 '시간이 빠르게 간다'는 느낌이 특징이다. 몰입은 본질적으로 보람이 있다. 또한 목표를 달성하거나(예: 게임에서 승리), 기술을 향상하는 데 도움이 될 수 있다(예: 더 나은 체스 선수가 되는 것). 누구나 몰입을 경험할 수 있으며 놀이, 창의력, 일과 같은 다양한 영역에서 몰입을 느낄 수 있다. 몰입은 그 상황의 도전이 개인의 능력에 부합할 때 이루어진다. 낮은 기술을 가진 사람에 대한 도전의 불일치는 불안 상태를 초래하고, 고도의 기술을 가진 사람에게 불충분한 도전은 지루함을 초래한다(Csikszentmihalyi, 1990).

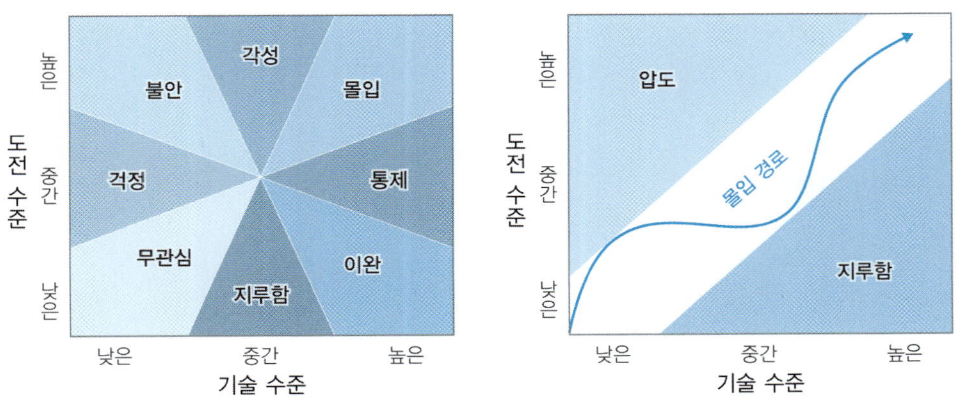

칙센트미하이의 몰입 모델(1997)

칙센트미하이는 이러한 상태에 도달하기 위해서 앞의 그래프와 같이 개인의 능력과 풀어야 할 과제의 수준이 모두 비슷하고 대등할 때 몰입에 쉽게 빠질 수 있다고 보았다. 이렇게 개인이 하고 있는 일에 빠지게 되는 심리상태를 몰입(flow)이라 한다. 이러한 몰입의 경지는 어떤 외적인 보상을 바라는 것이 아닌, 몰입 그 자체를 목적으로 하는 자기 목적성을 가지고 있다는 것이 특징이다.

앞과 같이 개인의 능력에 비해 과제 수준이 높으면, 수행 과정에서 불안감을 느끼게 되고 이런 상태가 계속되면 결국에는 포기를 하게 된다. 반대로 개인의 능력에 비해 과제 수준이 낮으면 권태감에 빠지게 된다. 이러한 상태가 지속되면 과제를 그만두게 된다.

칙센트미하이는 이러한 몰입을 만드는 요소를 다음과 같이 제시하였다(Fullagar & Kelloway, 2009).

① 도전-기술의 균형
② 행동과 의식의 융합
③ 즉각적이고 명확한 피드백
④ 당면한 과제에 대한 정신 집중
⑤ 통제력 강화
⑥ 시간의 왜곡
⑦ 자의식의 상실
⑧ 목표의 명확성
⑨ 자기 목적적 경험

6. 긍정심리학의 이점

긍정심리학은 우리의 많은 일상 행동에서 행복의 잠재력을 최대화하기 위해 관점을 바꾸는 힘을 활용하는 방법을 가르친다. 예를 들어, 이러한 각 발견은 우리 자신의 삶의 질을 개선하기 위한 다음과 같은 구체적인 아이디어를 제공한다(Ackerman, 2018).

① 사람들은 돈이 행복에 미치는 영향을 상당히 과대평가한다. 어느 정도 영향을 미치기는 하지만 우리가 생각하는 것만큼 많지는 않으므로 부를 얻는 데 덜 집중하면 더 행복해질 수 있다.

② 경험에 돈을 쓰는 것은 물질적 소유에 돈을 쓰는 것보다 행복에 더 큰 도움을 준다.

③ 감사는 삶의 행복에 크게 기여를 하며, 감사를 더 많이 키울수록 더 행복해질 것이라고 제안한다.

④ 옥시토신은 인간에게 더 큰 신뢰, 공감, 도덕성을 유발할 수 있다. 즉, 포옹이나 기타 신체적 애정 표현을 하면 자신의 전반적인 웰빙 및 다른 사람의 웰빙이 크게 향상될 수 있다.

⑤ 표현해야 할 외적 감정(예: 감정 노동)에 맞게 의도적으로 긍정적인 분위기를 조성하는 사람들은 긍정적인 분위기를 더 진정으로 경험함으로써 이익을 얻는다. 다시 말해, "행복한 얼굴을 하는 것"이 반드시 당신을 더 행복하게 만드는 것은 아니지만, 약간의 노력을 기울이면 아마도 행복할 것이다.

⑥ 행복은 전염된다. 행복한 친구와 중요한 사람들이 있는 사람들은 미래에 더 행복할 가능성이 높다.

⑦ 다른 사람들에게 친절한 행동을 하는 사람들은 웰빙을 증진할 뿐만 아니라 동료들로부터 더 많은 인정을 받는다.

⑧ 당신이 믿는 대의명분을 위한 자원봉사 시간은 당신의 웰빙과 삶의 만족도를 향

상시키고, 우울증 증상을 감소시킬 수도 있다.

⑨ 다른 사람에게 돈을 쓰는 것은 주는 사람에게 더 큰 행복을 가져다준다.

또한 긍정심리학은 직장에서의 개선에도 도움이 된다. 이 분야의 연구에 따르면 다음과 같은 사실이 밝혀졌다.

① 긍정적 정서는 업무 성과를 높인다.

② 직장에서의 긍정적 정서는 전염성이 있다. 즉, 긍정적인 사람이나 팀이 조직 전체에 영향을 미칠 수 있다.

③ 작고 단순한 행동이 우리의 행복에 큰 영향을 미칠 수 있다. 즉, 직장이 더 행복하고 긍정적인 곳이 되도록 격려하는 데 많은 시간이 필요하지 않다.

긍정심리학적 관점을 연습하는 것의 이점 중 하나는 넓게 말하면 성공이다. 성공은 우리를 더 행복하게 만들 뿐만 아니라 행복을 느끼고 긍정적 정서를 경험하면 실제로 성공 가능성이 높아진다. 그러나 부정적 정서나 전망을 침해하는 것을 거부하는 것이 성공에 도달하는 데 도움이 될 것이라고 가정하면 안 된다. 긍정심리학 연구의 중요한 발견은 천성적으로 낙관적이지 않은 사람들에게 "긍정적으로 생각하도록" 강요하면 득보다 실이 더 많을 수 있다는 것이다. 비현실적인 낙관주의는 강렬한 비관주의와 함께 해롭다.

긍정심리학 운동의 또 다른 광범위한 이점은 "좋은 삶"이 무엇인지에 대한 보다 잘 정의된 아이디어이다. 저명한 긍정심리학자인 바우마이스터 등(Baumeister et al., 2013)은 무엇이 좋은 삶을 만드는지 결정하는 도전에 착수했고, 당신이 자신의 삶에 적용할 수 있는 몇 가지 흥미로운 발견을 했다. 그들의 연구는 행복과 삶의 의미 감각이 반드시 함께 가는 것은 아니라는 것을 보여 주었으며, 긍정적 정서에만 집중한다고 해서 당신이 갈망하는 만족스러운 삶을 가져오지는 않는다는 것을 나타낸다. 보다 구체적인 발견 사항 중 일부는 다음과 같다.

① 자신의 필요와 욕구의 충족은 행복을 증가시키지만, 의미에는 거의 영향을 미치지 않는다. 이것은 원하는 것을 얻는 데 집중하면 행복이 증가하지만, 더 깊은 의미를 느끼기 위해서는 보충이 필요할 수도 있음을 나타낸다.

② 행복은 현재 지향적이며, 순간에 뿌리를 두고 있으며, 의미는 과거와 미래, 그리고 그것들이 현재와 어떻게 연결되는지에 더 중점을 둔다. 이 발견은 현재에 집중하여 행복을 높일 수 있지만, 의미를 찾기 위해서는 과거와 미래에 대해 더 많이 생각하는 것을 고려할 수 있음을 시사한다.

③ "주는 사람"은 더 많은 의미를 경험하고, "받는 사람"은 더 많은 행복을 경험한다. 의미가 부족하면 남에게 베풀고, 행복이 부족하면 남의 너그러움을 받아 힘을 얻으면 된다.

④ 삶의 의미는 높고 행복은 낮은 사람들은 걱정, 스트레스, 불안을 더 많이 느낄 것이다. 이것은 당신이 강한 의미 감각을 가지고 있다면 부정적 정서를 경험하는 것에 대해 너무 낙담해서는 안 된다는 것을 나타낸다. 약간의 부정적 정서는 실제로 좋은 것일 수 있다.

④ 진정한 자기를 표현하려는 의도와 강한 개인적 정체성은 의미와 관련이 있지만, 행복과는 관련이 없다. 의미를 찾고 있다면 진정성을 실천하기 위해 노력해야 한다.

7. 긍정심리학의 주요 결과

① 대부분의 사람들은 행복하다.

② 행복은 단순히 성공이나 좋은 결과의 결과가 아니라 인생에서 좋은 일의 원인이다. 행복한 사람은 좋은 일을 만든다.

③ 정치적 보수주의자는 정치적 진보주의자보다 더 행복하다.

④ 대부분의 사람들은 회복탄력성이 있다. 그들은 크고 작은 역경에서 다시 일어난다.

⑤ 행복, 성격 장점, 좋은 사회적 관계는 실망과 좌절의 해로운 영향에 대한 완충 장치이다.

⑥ 종교적 믿음이 중요하다. 종교가 중요한 사람은 믿지 않는 사람보다 더 행복하고 스트레스에 잘 대처한다.

⑦ 돈은 웰빙에 대한 기여도가 점점 줄어들지만, 다른 사람에게 돈을 쓴다면 행복을 살 수 있다.

⑧ 만족스러운 삶으로 가는 길로서, 자아실현적 행복(eudaimonia; 에우다이모니아)(즉, 의미 있는 삶)은 쾌락주의(헤도니즘: hedonism)(즉, 쾌락의 삶)를 능가한다.

⑨ 좋은 날에는 자율적이고 유능하며 다른 사람들과 연결되어 있다는 공통적인 특징이 있다.

⑩ 좋은 삶은 가르칠 수 있다.

Chapter

02

성공의 의미

02 성공의 의미

Chapter

1. 성공의 개념

성공은 정의된 기대 범위를 충족하는 상태 또는 조건으로, 실패의 반대말로 볼 수 있다. 성공 기준은 상황에 따라 다르며 특정 관찰자 또는 신념 체계와 관련될 수 있다. 특히 직접 경쟁이나 제로섬 게임의 경우 다른 사람은 실패로 간주하는 것을 어떤 사람은 성공으로 생각할 수 있다. 유사하게, 상황에서 성공 또는 실패의 정도는 별개의 관찰자 또는 참가자에 의해 다르게 볼 수 있으므로, 한 사람이 성공으로 간주하는 상황은 다른 사람은 실패, 자격을 갖춘 성공 또는 중립 상황으로 간주될 수 있다.

또한 상황이 성공 또는 실패 기준을 충족하는지 여부를 판단하는 것이 모호하거나 불분명한 기준 정의로 인해 확인하기 어렵거나 불가능할 수 있다. 상황의 실패 또는 성공을 판단하기 위해 유용하고 효과적인 기준을 찾는 것 자체가 중요한 과제일 수 있다.

성공이란 정확하게 무엇인가? 어떻게 정의할 수 있는가? 그리고 삶에서 성공한다는 것은 무엇을 의미하는가? 이것은 우리 각자가 끊임없이 직면하는 근본적인 질문이다. 슬프게도, 대부분의 사람들은 의심의 여지 없이 성공에 대한 사회의 정의를 받아들인다. 또는 적어도 미디어와 주류 문화에 의해 전파되는 정의를 받아들인다. 이처럼 널리 퍼진 성공의 정의에 따르면 사람은 돈을 많이 벌 때 성공했다는 것이다. 돈이 많고, 좋은 차와 큰 집이 있다면 성공한 사람으로 간주된다. 그러나 성공의 정의를 전적으로 돈, 물질, 기타 불필요한 것들에 기초한다면, 불쾌한 놀라움에 직면할 수 있다. 사실, 당신은 비참한 실패에 자신을 두는 것이다. 단순한 진실은 성공에 대한 "모두에게 맞는" 정의는 없다는 것이다. 당신이 삶에서 성공했는지 여부는 전적으로 당신의 판단에 달려 있다. 따라서 성공에 대한 자신만의 정의를 수립하는 것이 매우 중요하다. 그렇지 않으면, 당신을 충족시키지도 만족시키지도 못할 피상적인 성공 또는 다른 사람의 정의를 쫓게 될 수도 있다.

성공에 대한 자신만의 정의를 만드는 것이 왜 그렇게 중요한가? 성공에 대한 주류의 정의를 받아들이는 사람들이 계속 증가하고 있는 것을 잠시 살펴보자. 이러한 사람들은 주어진 정의에 도전하거나 의문을 제기하지 않는다. 그들은 이러한 정의가 자신의 삶에 완전히 적용될 수 있는지 의심조차 하지 않는다. 더 중요한 것은, 그들은 이런 종류의 성공을 추구하는 것이 자신을 어디로 이끌 것인지 스스로에게 묻지도 않는다는 것이다. 대신, 그들은 자동적으로 그것이 자신들을 행복하게 할 것이라고 가정한다. 그들은 이러한 종류의 성공과 함께 오는 돈, 물질, 그리고 다른 표현들을 행복과 동일시한다. 결과적으로 그들은 재정적으로 가장 수익성이 좋은 선택지에 따라 삶을 결정한다. 이러한 사고방식을 채택한 많은 사람들이 스트레스에 시달리는 삶을 영위하고, 항상 서두르며, 만족을 찾지 못한 채 비참하게 만족감을 찾지 못한 채 계속 쫓아다니며, 스트레스로 지친 삶을 영위하기 때문에 그것은 중대한 실수이다. 그들은 일생 동안 돈과 자산을 축적하지만, 만약 그들이 삶의 상당 부분을 다른 누군가의 성공에 대한 정의를 추구하며 보낸다면, 머지 않아 의문에 직면하게 될 것이다. 그게 아니면 불균형하고 불완전한 성공이 된다.

웹스터 사전에서 정의하는 성공은 다음과 같다.

- 목표, 목적, 임무의 달성

- 부, 번영, 명성, 사회적 지위의 획득
- 원하는 목표(부, 명예 등)를 달성하는 개인

이 정의는 부, 명성, 사회적 지위에 집중되어 있다. 그러나 이러한 측면들이 성공적인 삶의 일부일 수는 있지만, 성공을 정의하는 유일한 특성은 확실히 아니다. 이 세 가지 측면의 중요성은 매우 과대평가되어 있다. 많은 사람들이 부, 지위, 명성을 크게 강조하면서 이 세 가지 측면만 추구하면 만족하지 못하고 불행하며 목적이 없다는 사실을 깨닫지 못하고 있다.

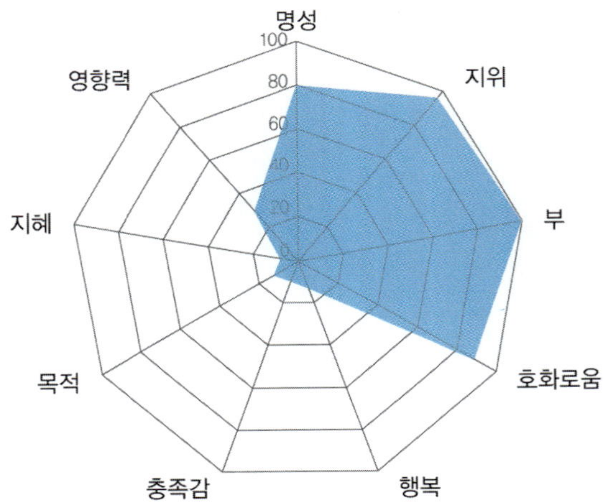

위의 그림에서 볼 수 있듯이 주로 명성, 지위, 부, 호화로운 생활 방식으로 정의되는 성공을 추구하는 것은 삶의 다른 영역에서 불균형을 초래할 수 있다. 이 그림에는 행복, 목적, 성취, 지혜, 영향력만을 포함시켰지만, 여기에는 많은 다른 영역도 포함될 수 있다.

번영, 지위, 명성에 너무 집중하고 행복, 성취, 개인 성장과 같은 다른 측면을 무시하면 불균형을 초래할 수 있는 몇 가지 이유가 있다. 첫째, 돈이 많으면 저절로 행복해지는 것은 아니다. 그것을 즐기거나 행복을 끌어낼 수 없다면 부자가 되는 것은 의미가 없다. 더욱이, 당신이 가진 것에 만족할 수 없다면 더 이상 획득할 의미가 없다. 둘째, 자신을 만족시키는 의미 있는 일을 하는 데 시간을 할애하면 하고 있는 일에서 성공할 가능성이 더 높아진다. 한 걸음 더 나아가는 것이 항상 즐거운 것은 아닐 수 있다. 특히 자신을 위해 하지 않을 때는 더욱 그렇다. 그러나 불타는 비전의 성취에 관해서는 모든 장애물을 극복하려는 동기가 분명히 있을 것이다. 당신이 사랑하는 일을 하면 당신의 열정이 당신을 최고의 성공으로 끌어올릴 것이다. 싫어하는 일을 하면 십 년 후에 내면에서 지칠 수 있다. 셋째, 지위와 인기는 당신이 느끼는 행복에 기여하지만, 성취감이나 목적이 있다는 느낌에는 도움이 되지 않을 수 있다. 많은 유명인들이 유명했을 뿐만 아니라 엄청나게 부유했다는 것을 생각해 보자. 그들 중 많은 사람들이 우울증과 약물 중독으로 고통받고 있으며 삶의 진정한 목적을 찾지 못하는 것 같다.

2. 성공에 대한 전체론적 접근

만약 당신이 성공의 실제적 정의를 개발하려면 물질적 혜택뿐 아니라 행복, 목적, 성취 등과 같은 성공의 비물질적 측면도 포함해야 한다. 성공은 다양한 형태와 형식으로 나타날 수 있으며, 그것이 바로 성공이 아름답다는 것이다. 많은 사람들이 믿는 것처럼 유형 자산이나 부 또는 번영에 의존하지도 않는다. 그리고 반드시 지위와 인기의 성취를 요구하는 것은 아니다. 성공은 다면적인 현상이기 때문에 성공이 당신에게 의미하는 바를 발견하기 위해 노력하는 것이 매우 중요하다. 다음은 “성공이란 무엇인가?”라는 질문에 답하기 위해 사용할 수 있는 도구들이다. 성공에 대한 자신의 정의를 공식화하도록 영감을 주기 위해 만들어졌다.

1) 자신만의 길을 개척한다

"항상 자신이 되고, 자신을 표현하고, 자신을 믿고, 나아가 성공한 사람을 찾아 모방하지 마세요." —Bruce Lee

한 사람의 성공 개념이 당신의 삶에 반드시 적용되는 것은 아닐 수도 있다. 어떤 사람들에게는 가족이 있고 자녀가 자라는 동안 부양하는 것보다 더 큰 성공은 없다. 다른 사람들은 이 세상을 더 나은 곳으로 만드는 능력을 기준으로 성공을 측정한다. 성공에 대한 이러한 인식은 절대적으로 훌륭하고 매우 아름답다. 그러나 그것들은 선택할 수 있는 훨씬 더 넓은 스펙트럼일 뿐이다. 성공에 대한 한 사람의 정의는 항상 매우 개별적이며 매우 독특한 것이다. 그것은 그들의 특정한 상황과 그들이 성장한 환경에 적용된다. 따라서 당신의 삶에서 성공에 대한 다른 사람의 생각을 억지로 확립하려고 하는 것은 큰 실수가 될 것이다. 다른 사람의 성취를 베끼려고 하지 말아야 한다. 남의 꿈을 좇지 말아야 한다. 대신 자신만의 길을 개척해야 한다. 성공이 당신에게 진정으로 의미하는 것이 무엇인지, 그리고 성공이라는 전체 개념이 당신의 상황, 환경, 삶에 어떻게 적용되는지를 찾는 용기를 가져야 한다.

2) 당신이 하는 일을 사랑하라

"성공은 행복의 열쇠가 아니다. 행복이 성공의 열쇠이다. 자신이 하는 일을 사랑한다면 성공할 것이다." —Albert Schweitzer

성공적인 삶에는 많은 열쇠가 있다. 성공하려는 야망에 당신의 모든 노력을 집중하는 것은 확실히 성공적인 삶은 아니다. 좋아하는 일을 하고 열정을 가지고 하는 것이 성공적인 삶이다. 그 이유는 단순히 성공하기 위해 일을 하는 사람은 조만간 좌절하거나 의욕을 잃게 될 수도 있기 때문이다. 성공에 대한 열망 외에 당신을 계속 나아가게 하는 다른 것이 없다면, 당신은 너무 멀리 오지 않을 수도 있다. 하지만 하고 있는 일을 사랑하고 큰 열정을 가지고 하면 모든 장애물을 극복할 수 있다. 사실 자신이 하는 일에 대한 열정은 성공의 핵심 요소 중 하나이다.

3) 부(富)보다 행복을 선택한다

"부(富)는 많은 것을 소유하는 데 있는 것이 아니라 적게 소유하는 데 있다."
—Epictetus

다소 순진한 믿음이지만, 우리 모두는 부자가 되면 더 행복해진다고 생각한다. 처음에는 분명히 그럴 것이다. 그러나 장기적으로 심리학자들에게 "쾌락적 적응"으로 알려진 효과가 시작되고, 초기 행복이 사라지기 시작한다. 로또로 수십억 원에 당첨된 사람들은 시간이 지남에 따라 빠르게 일상적인 행복 수준으로 돌아갔다는 사실이 과학자들에 의해 밝혀졌다. 따라서 성공의 주요 추구는 항상 더 행복해지고 삶에 목적과 의미를 추가하려는 노력에 중점을 두어야 한다. 부자가 되려고 애쓰지 말라.

4) 가치를 형성한다

"성공하는 사람이 되지 말고 가치 있는 사람이 되십시오." —Albert Einstein

만약 당신이 매우 성공적인 사람들을 면밀히 분석해 보면, 그들은 거의 항상 가치 있는 무언가를 창조하는 것을 목표로 성공을 추구하기 시작했다는 것을 알 수 있을 것이다. 그들은 성공, 돈, 명성을 그들의 행동의 중심점으로 삼지 않았다. 대신, 가치를 전달하는 고유한 방법을 찾는 데 주력했다. 부와 인기를 위해서가 아니라 다른 사람들을 위해서 그렇게 했다. 그리고 가치를 제공하는 고유한 능력의 결과로 성공과 그에 수반되는 많은 측면을 달성했다.

5) 세상을 더 나은 곳으로 만든다

"진정한 삶의 의미는 나무를 심는 것이다. 나무를 심은 당신이 나무가 자랐을 때 그 그늘에서 쉴 수 없음을 알고도 말이다." —Nelson Henderson

대부분의 사람들에게 성공의 초점은 전적으로 자신에게 있다. 그들은 성공하기를 원하고 성공적인 삶을 꿈꾸며 성공을 이루고자 한다. 결과적으로 그들의 행동은 전적으로 성공하려는 열망에 의해 동기가 부여된다. 그들은 성공하기 위해 하는 일을 한다. 그들에게 이것은 가치를 창출하거나 문제를 해결하는 것이 아니다. 남을 돕는 것이 아니라 자기 자신을 돕는 것이다.

그러나 만약 당신이 인류의 진정한 은인, 우리가 살고 있는 세상을 크게 변화시킨 사람들에 대해 생각해 보면, 이들은 흔히 널리 성공한 사람들로 인식되는 사람들이다. 자기중심주의에 의해 제한을 받는 사람들이 아니다. 부를 축적하면 상상할 수 있는 가장 인상적인 묘비를 살 수 있다. 세상을 더 나은 곳으로 만드는 것은 이 행성에 진정한 가치가 있는 무언가를 남길 수 있게 해 준다.

6) 당신의 돛을 조정한다

"바람의 방향을 바꿀 수는 없지만 목적지에 도달하도록 돛은 항상 조정할 수는 있다." —Jimmy Dean

우리 중 어느 누구도 우리 삶의 특정한 상황을 바꿀 수는 없다. 일부 사람들은 극심한 빈곤에서 태어나고, 다른 사람들은 질병이나 장애로 고통받는다. 우리의 성공 추구를 제한하는 것처럼 보이는 많은 것들이 있다. 그것은 우리가 성공에 대한 전통적인 인식의 한계를 벗어날 때까지 그렇게 보인다. 우리가 바꿀 수 없는 것에 대한 연민을 극복할 수 있다면, 우리는 새로운 기회를 위해 자신을 열게 된다. 유연하게 성공을 추구하고 성공 개념을 특정 상황에 맞게 조정해야 한다. 한 분야에서 성공할 수 없다고 해서 성공적인 삶을 살 수 없는 것은 아니다.

7) 매 순간을 즐긴다

"삶의 목적은 삶을 사는 것이고, 경험을 최대한 맛보고, 더 새롭고 더 풍부한 경험에 대한 두려움 없이 열정적으로 손을 내미는 것이다." —Eleanor Roosevelt

지금을 살고, 삶의 매 순간을 즐기는 것이 성공적인 삶의 필수 요소이다. 결국, 만약 당신이 진정으로 즐길 수 없다면 성공의 요점이 무엇인가? 불행히도 대부분의 사람들은 현재 순간을 그냥 지나치며 부와 행복 추구에 모든 관심을 집중한다.

8) 용기를 내어 반대를 극복한다

"성공은 한 사람이 성취한 것에 의해 측정되는 것이 아니라, 그가 직면한 반대와 압도적인 역경에 맞서 싸워 온 용기에 의해 측정된다." —Charles Lindbergh

일반적으로 우리는 삶에서 성취한 것에 따라 성공을 판단하는 실수를 범한다. 우리가 고려하지 않는 것은 성공을 추구하는 동안 직면한 많은 반대이다. 결과적으로 어떤 사람들은 많은 성공이 노력 없이 이루어졌음에도 불구하고, 삶에서 비범한 성공을 거둔 것으로 간주된다. 그것들은 문자 그대로 그들에게 그냥 전달된 것이다. 그러나 동시에 가장 큰 역경을 이겨 낸 사람도 성공한 사람으로 여겨야 하지 않겠는가? 삶이 아무리 힘들어도 바닥에 주저앉아도 늘 다시 일어서는 사람은 인생의 성공자로 여겨져야 하지 않겠는가? 때로는 가장 성공한 사람들은 가장 밝은 햇빛 속에 서 있는 사람들이 아니다. 그러나 포기하지 않고 가장 힘든 도전에 직면한 사람들이 진정으로 삶에서 성공한 사람들이다. 용기를 갖고 반대에 맞서고 앞길을 가로막는 장애물을 극복해야 한다. 그리고 삶의 성공을 판단할 때 이러한 성취를 목록에 추가하는 것을 잊지 말아야 한다.

3. 성공적인 사람들이 가진 특성

성공적인 사람들의 공통점은 무엇일까? 비범함과 평범함의 차이점은 무엇인가? 개인이 무에서 유를 창조하는 자질은 무엇인가? 많은 사람들이 이러한 질문에 대해 생각한다. 그들은 모두 성공하기 위해 어떤 자질을 개발해야 하는지에 대한 질문에 중점을 둔다. 모든 사람이 성공을 다르게 정의하지만 모든 성공한 사람들이 공통적으로 가지고 있는 다음과 같은 특성이 있다.

1) 비전 또는 꿈

성공적인 사람들은 모든 행동에 활력을 불어넣는 비전 또는 꿈을 가지고 있다. 그것은 그들이 삶보다 더 큰 장애물을 극복할 수 있게 해 준다. 더군다나 강렬한 의지와 동기 부여에 숨겨진 비밀이다. 그들의 비전 또는 꿈은 그들이 필요한 모든 추가적 거리를 갈 수 있도록 한다. 매우 성공적인 사람들은 그들이 접근하는 모든 과제를 특별히 좋아하지 않을 수도 있지만, 그들의 비전 또는 꿈은 그들이 무엇을 위해 그 일을 하고 있는지 알 수 있도록 하는 데 도움이 된다.

수많은 성공적인 개인들이 자신의 비전을 다양한 종류의 더 큰 목표와 연결했다. 이 세상을 더 나은 곳으로 만들고자 하는 그들의 열망은 시간의 차이에도 불구하고 그것들을 계속 유지했다. 삶에 대한 비전을 갖는 것은 훌륭하고, 그 비전을 더 큰 목표에 연결하는 것은 훨씬 더 강력하다.

진정한 비전을 갖는 것의 강력한 이점을 과소평가해서는 안 된다. 간디(Gandhi)를 생각해 보자. 그는 자신의 백성을 위한 독립을 꿈꿨다. 그의 비전은 결국 억압적인 정권을 극복할 평화로운 운동을 이끌 수 있게 해 주었다. 삶에 대한 야심찬 비전을 가지면 가장 강력한 동기 부여 원천 중 하나를 활용할 수 있다.

2) 열정

열정은 성공적인 사람들의 핵심 자질이다. 그들은 자신이 하는 일에 열정적이다. 그리고 그들은 자신이 하는 일을 진정으로 사랑한다. 그들의 열정은 위대한 일을 성취하는 데 필요한 흥분을 만든다. 그들의 흥분을 통해 성공한 사람들은 그들 자신과 추종자들에게 열정을 불러일으킨다. 그들이 끊임없이 도전하게 만드는 것은 바로 열정이다.

성공적인 사람들은 매일 아침 일어날 일에 대해 설렘을 느끼며 일어난다. 그들은 낮에 하는 모든 노력이 꿈의 성취에 한 걸음 더 다가갈 수 있다는 것을 알고 있다.

열정은 성공의 열쇠 중 하나이다. 당신이 하는 일에만 열정을 쏟지 말고 당신이 열정적인 일을 해야 한다.

3) 집중력

엄청나게 성공한 사람들은 엄청나게 집중한다. 그들은 무분별한 활동을 하며 시간을 낭비하지 않는다. 그들의 모든 관심은 목표, 꿈, 비전에 쏠려 있다. 집중하면 중요한 것과 중요하지 않는 것을 구별하는 데 도움이 된다.

흥미롭게도 성공적인 사람들은 쉽게 주의가 산만해지지 않는다. 그들은 당면한 과제에 모든 주의를 집중하는 방법을 알고 있다. 그들의 집중력 기술의 지속적인 노력은 그들의 정신 능력을 강화했다.

중요한 것에 집중할 수 있는 것은 성공에 매우 중요하다. 집중력을 강화하는 방법을 배워야 한다. 당신의 주의 집중 시간은 당신이 큰 결단력과 주의를 가지고 목표를 추구할 수 있는지 여부를 크게 결정한다.

4) 의지력

성공적인 사람들의 또 다른 공통점은 놀라운 의지력이다. 그들이 목표를 성공적으로 달성할 수 있었던 것은 이 자질이다. 이러한 매우 성공적인 개인은 궁극적으로 자신의 의지력이 제한적임을 잘 알고 있다. 따라서 그들은 관련 없는 도전에 의지를 낭비하지 않는다. 그 대신 그들은 그들에게 정말로 중요한 일에만 관심을 갖는다. 더욱이 성공적인 사람들은 자제력이 근육과 같다는 것을 이해한다. 이러한 이유로 그들은 이 정신 근육을 강화하기 위해 지속적으로 연습한다.

사람들은 어려움이 닥치면 포기하는 경우가 너무 많다. 반면에 성공적인 사람들은 이러한 장애물을 도전으로 본다. 일이 아무리 힘들어도 그들을 버티게 하는 것은 그들의 의지이다.

의지력은 성공을 추구하는 데 중요하다. 그것은 당신이 좋아하지 않을 때조차 당신의 임무와 책임을 해결하는 데 도움이 된다.

5) 야망

성공적인 사람들은 자신이 될 수 있는 최고가 되기를 열망한다. 그것은 그들을 성공으로 이끄는 특성이다. 그러나 야심 찬 것은 일부 사람들에게 많은 부정적인 의미를 내포한다. 야망의 핵심은 건강한 방식으로 그것을 추구하는 것이다. 책임감 있게 사용하면 야망은 훌륭한 결과를 가져올 수 있다. 사실, 인간의 가장 위대한 업적 중 상당수는 야망의 직접적인 결과이다.

성공적인 사람들은 높은 수준의 건강한 야망을 가지고 있다. 그들은 야망의 부정적인 힘을 통제할 수 있다. 그렇게 하면 목표와 이상에 따라 야망을 형성할 수 있다. 성공한 사람들은 야망에 불타는 대신 이 내면의 불을 활용하여 꿈을 추구하는 데 연료를 공급한다.

야망은 책임감 있게 사용된다면 위대한 성취로 이어질 수 있다. 야망이 주변 사람들에게 자신을 불태우지 않도록 항상 최선을 다해야 한다.

6) 유연성

성공적인 사람들은 역풍에 대해 불평하지 않는다. 대신, 그들은 돛을 재조정한다. 이 사람들이 처한 상황도 마찬가지이다. 삶의 나쁜 일에 대해 명백히 우울해하는 대신, 그들은 항상 그 상황에서 최선을 다하려고 노력한다. 그들의 유연성은 삶의 성공에 필수적인 요소이다.

그러나 많은 사람들은 성공적인 사람들이 금수저를 입에 물고 자랐다고 생각한다. 그들은 성공적인 개인이 성장을 위한 최상의 환경을 제공한 부유한 부모에게서 태어났다고 생각한다. 그들은 성공한 사람들이 항상 특권을 누렸다고 생각한다. 성공한 사람들이 전혀 어려움을 겪지 않았다고 생각하는 것은 이러한 사람들이 자신의 발전을 제한하는 핑계일 뿐이다.

상황을 최대한 활용하는 방법을 배워야 한다. 끊임없이 변화하는 세상에서 유연하게 대처해야 한다.

7) 용기

용기는 성공적인 사람과 평범한 사람을 구별하는 요소이며, 성공의 핵심 요소 중 하나이다. 그래서 삶에서 성공하려면 큰 용기가 필요하다.

성공적인 사람들은 용감하다. 그들은 두려움에 맞서는 법을 배웠고 알고 있다. 그들은 위험을 감수하고 위험에 직면하여 행동한다. 그들의 용기는 대부분의 사람들을 가로막는 것을 극복할 수 있게 해 주었다. 그들의 용기는 다른 사람들은 압력에 굴복하지만, 자신의 한계를 극복하게 한다.

한계를 넘어서는 용기를 가져야 한다. 위험을 감수하는 것을 부끄러워하지 않아야 한다. 두려움에 맞서고 통제하는 법을 배워야 한다. 당신이 두려워하는 일을 해야 한다. 당신을 가로막는 것을 극복할 수 있을 뿐만 아니라 두려움에 맞서 싸울 수 있다면, 당신은 삶에서 뛰어날 것이다.

8) 낙관주의

성공적인 사람들은 본질적으로 매우 낙관적이다. 그들은 다른 사람들이 문제와 어려움만 보는 것을 기회와 도전으로 본다. 그들의 낙관주의는 더 나은 미래를 상상할 수 있게 해 준다. 사실 긍정적인 변화에 영향을 줄 수 있다는 믿음 자체가 더 나은 미래를 책임질 수 있는 원동력이 된다. 이러한 깊은 확신이 없으면 행동을 취할 가능성이 작아진다.

매우 성공적인 사람들은 현실적인 낙관론자이다. 그들은 목표를 달성하기 위해 행동이 필요하다는 것을 알 만큼 충분히 현실적이다. 그러나 그들은 또한 그들이 성공할 것이라고 확신할 만큼 충분히 낙관적이다.

낙관주의는 항상 현실을 직시하고, 현실을 있는 그대로 보면서 바로 그 현실에서 출발하는 태도다. 낙관주의는 일이 잘될 것으로 생각한다. 낙관적인 사람은 실패를 해도 놀라지 않는다. 삶이나 세상 형편을 즐겁고 희망적으로 보는 것으로 비관주의가 그 반대이다. 반면 낙천주의는 무슨 일이 일어나도 괜찮다며 아무것도 하지 않는 것이다. 세상이나 삶을 즐겁고 좋게 생각하는 일로 본다. 염세주의가 그 반대이다.

더 나은 미래를 만들 수 있는 능력에 대한 믿음이 있다. 진정으로 유죄 판결을 받지 않는 한 당신은 긍정적인 영향을 미칠 수는 있지만, 당신은 그렇게 할 가능성은 거의 없다.

9) 자신감

자신감은 성공의 또 다른 핵심 요소이다. 거의 모든 성공한 사람들은 수년에 걸쳐 자신에 대해 상당한 수준의 자신감을 키웠다. 하지만 여전히 문제는 남아 있다. 자신감이 더 높은 수준의 성공으로 이어지는가 아니면 성공이 자신감을 높여 주는가? 성공과 자신감이 얼마나 밀접하게 관련되어 있는지를 보여 주는 것은 닭이냐 계란이냐의 논쟁이다. 성공한 사람들은 자신의 행동에 대해 더 자신감을 가질수록 더 많은 성공을 거둘 가능성이 높다.

이에 대한 책임은 성공한 사람의 자기 효율성에 대한 인식이다. 특정 과제를 수행할 수 있다는 믿음을 갖는 힘이다. 결과적으로 성공한 사람들은 높은 수준의 자기 효율성을 가지고 있어 장애물에 직면했을 때 더 끈기 있게 행동할 수 있다. 또한 실패를 더 잘 극복하는 데 도움이 된다.

해야 할 일에 대해 확신을 가져야 한다. 과거의 성공을 기억하고 두려움 때문에 시도하지 못하게 하지 말아야 한다.

10) 인내와 끈기

하룻밤 사이에 성공하는 경우는 매우 드물다. 성공한 사람들은 진정으로 성공하기 위해서는 끈기가 필요하다는 것을 알고 있다. 어려운 시기에도 꿈을 향한 도전을 계속할 만큼 인내심이 강하다. 어떤 사람은 목표를 향해 노력하는 데 실패하는 것을 허용하지 않을 정도로 완고하다고 말할 수도 있다. 헨리 포드(Henry Ford)와 샘 월튼(Sam Walton)은 마침내 돌파구를 찾기까지 40년 이상 일해야 했던 위대한 사업가의 두 가지 예일 뿐이다.

목표를 추구하기로 선택했다면 올바르게 수행했는지 확인해야 한다. 끈기를 갖고 임무를 완수할 때까지 포기하지 않는다. 당신의 실패를 성공을 위한 기반을 구축할 수 있는 디딤돌로 사용해야 한다.

11) 준비

자신을 적절하게 준비하는 것은 피곤한 활동처럼 보일 수 있다. 누구나 하기 싫은 노력이다. 그러나 모든 차이를 만들 수 있는 것은 희생이다. 대부분의 경우 성공률이 높은 사람들이 사건 전개에 더 잘 대응할 수 있었다. 그들의 적절한 준비는 도전이나 놀라운 요소에 직면했을 때 우위를 유지하는 데 도움이 되었다. 그들의 준비성은 성공적인 개인이 수행하는 모든 일에 커다란 중요성을 강조한다.

어려움과 도전을 예상하려고 노력해야 한다. 이러한 문제를 해결할 방법에 대한 전략과 계획을 개발하면, 예상하지 못한 일이 발생하더라도 더 나은 위치에 있는 데 도움이 될 것이다.

12) 호기심

성공한 사람들은 새로운 것을 탐구하는 것을 진정으로 즐긴다. 그들의 마음은 새로운 아이디어와 개념에 열려 있다. 그들은 미지의 것을 환영한다. 성공한 사람들은 상당히 개방적이다. 끊임없이 새로운 것을 배우려는 열망은 끊임없이 변화하는 세상에서 수없이 자신을 재창조하는 데 도움이 된다.

이러한 기꺼이 배우려는 의지의 기본 원칙은 매우 성공적인 투쟁이 매일 더 나아지기 위한 것이다. 이러한 열망은 다양한 분야의 셀 수 없이 많은 주제에 대한 깊은 호기심을 유지하는 데 도움이 된다.

배우는 것을 멈추면 안 된다. 대학을 졸업했다고 해서 할 수 있는 모든 것을 배운 것은 아니다. 당신이 살고 있는 세상에 대해 호기심을 가져야 한다. 새롭고 흥미진진한 기회를 탐색하고 이것이 당신의 삶을 어떻게 풍요롭게 하는지 확인해야 한다.

4. 성공 친화적인 마음가짐 개발

1) 젊어 고생은 사서하고 규칙적으로 불확실성을 수용한다

당신은 당신의 삶을 힘들게 살아야 하고 규칙적으로 불확실성을 받아들여야 한다. 삶의 질은 두려움과 불확실성을 얼마나 잘 다루는가에 달려 있으므로 불편함을 피하지 않도록 해야 한다. 그러한 상황에 자신을 두는 것이 항상 재미있는 것은 아니지만, 그것은 당신의 삶에서 더 많은 사람들을 끌어들이는 가장 좋은 방법 중 하나이다.

적어도 일주일에 한 번은 불편하거나 무서운 상황에 참여하도록 노력한다. 이것은 당신이 강인해지고 예상치 못한 어려움에 침착하게 대처할 수 있도록 준비하는 데 도움이 될 것이다.

2) 당신은 당신의 자아에게 중지(中肢)를 보여야 한다

사람들은 자신의 자존심에 타격을 입지 않기 위해 많은 노력을 기울인다. 당신은 "때려쳐, 안해(Screw that)!"라고 말한다. 당신의 자아에게 가운데 손가락을 보여 주고 다른 사람들 앞에서 우스꽝스럽게 보이는 것을 두려워하지 않아야 한다.

새로운 것을 배울 때 창피함에 대한 두려움은 마음에 마지막으로 떠오른 것이어야 한다. 바보처럼 보일까 봐 다시 시도하지 않는다면, 그것은 실제로 비(非)지적 행동을 보이는 때이다.

부끄러운 실패를 진지하게 받아들이지 않아야 한다. 그것을 웃어넘기는 것은 당신이 그것들을 빨리 처리하는 데 도움이 되지만, 그것에 대해 생각하고 이미지에 대해 걱정하면 고통이 길어질 뿐이다.

3) 성공할 가치가 있다고 느껴야 한다

만약 당신이 성공할 자격이 없다고 생각한다면 당신의 노력을 방해할 것이다. 다른 사람에게 상처를 주는 것이 두려워 성장을 제한한다면, 더 나은 사람이 되는 것이 그들을 도울 수 있는 더 많은 자원을 제공한다는 것을 기억해야 한다.

만약 당신이 자신의 강점을 인정하지 못한다면 목표 달성에 도움이 될 수 있는 동기, 강점, 관계, 기타 자산의 목록을 만든다. 그런 다음 이러한 자원 덕분에 해결한 과거 상황을 생각해 본다.

4) 개인적인 책임을 져야 한다

당신은 모든 성공과 실패에 대해 개인적인 책임을 져야 한다. 과학적인 용어로 이것은 내적 통제 소재라고 하며, 모든 성공한 사람들이 공유하는 특성이다.

다음을 통해 통제 소재를 외부에서 내부로 이동한다. 통제력을 발휘했던 이전의 경험에 대한 인식 제고, 외부 요인에 의해 발생했다고 믿었던 실패의 원인이 될 수 있는 당신의 과거 행동 중 적어도 하나를 찾는 것, 현재 또는 미래의 도전 과제에 영향을 미칠 선택과 선택지를 제시(자신이 어느 정도 통제할 수 있음을 상기시키기 위해), 마지막으로 당신의 언어에서 "선택의 여지가 없다"와 같은 문구를 제거하는 것이다.

5) 당신이 원하는 것을 확인하고 그것을 추구해야 한다

삶에 있어서 궁극적인 실패는 원하는 것을 추구하지 않는 것이다. 만약 당신이 원하는 것이 무엇인지 적극적으로 확인하지 않고 삶을 산다면, 당신의 삶을 지배하는 것은 '운명'이나 다른 사람들이 될 것이다. 당신 자신의 삶의 대본을 작성하는 것보다 10분의 1도 재미가 없을 것이다.

만약 당신이 삶에 대한 명확한 비전이 없다면 다음과 같은 것을 결코 인식할 수 없다는 것을 깨달아야 한다.

- 적절한 기회가 바로 눈앞에 나타날 때
- 목표를 달성할 수 있도록 도와줄 수 있는 핵심 인물이 당신의 삶에 들어올 때
- 상황이 잘 맞아떨어지면 이를 활용하여 돌파구를 마련할 수 있을 때

당신이 원하는 것을 확인하고 추구해야 한다. 삶에 대한 명확한 비전을 갖는 것은 적절한 기회가 나타날 때 이를 알아차리고 활용하는 데 도움이 될 것이다. 더욱이, 그것은 모두 당신의 삶에 대한 통제권을 주장하는 것으로 돌아온다. 현재가 당신을 조종하게 할 때, 당신은 가장 큰 실패 중 하나를 겪게 될 것이다. 우리 각자가 가지고 있는 삶이라는 이 일에 대한 유일한 찌르기를 최대한 활용하지 못한 것에 대한 후회이다.

완벽한 삶을 원하는 방식을 설명하는 나만의 비전을 만들고, 도달하고 싶은 목표 목록을 만들어 기회가 올 때를 인식하는 데 도움이 되는 은유적 안경을 미세 조정해야 한다.

6) 자기 용서를 해야 한다

실패를 경험한 어떤 사람들은 자기혐오를 느끼며, 실패하는 행위를 실패하는 사람으로 잘못 동일시한다. 자기 비판을 자기 연민으로 바꾸는 방법을 배우는 것은 실패에 대처하고, 새로운 자신감으로 되돌아오는 데 중요하다. 이것은 실패와 회복을 건설적으로 처리할 수 없게 만드는 자기 비판의 부정적인 고리로 이끈다. 만약 당신이 이러한 문제로 고통을 받고 있다면 계속 진행하기 전에 자기 비판을 자기 연민으로 바꾸는 방법을 배워야 한다.

과학적 연구에 따르면 목표를 달성하지 못한 후 자기 연민을 나타낼 때 정신적 회복 탄력성이 향상된다고 한다. 또한 자기 친절은 미루는 일을 처리하는 데 도움이 되며

긍정성을 향상시킨다.

자신에게 친절을 베푸는 가장 좋은 세 가지 방법은 친구가 실패에 대처하는 것을 돕고 있다고 상상하는 것이다. 자기 비판적인 목소리를 들을 때 유용한 피드백을 찾아 비판적인 혼잣말을 재구성해야 한다. 또는 기분을 좋게 만드는 일을 함으로써 자신을 양육한다. 다음은 기분을 좋게 하는 방법에 대한 몇 가지 제안이다.

- 긴장을 풀고 안심시키는 데 도움이 될 수 있는 긍정적인 친구를 찾는다.
- 좋아하는 음악을 듣는다.
- 명상을 하거나 다른 유형의 명상 활동에 참여한다.
- 좋아하는 스포츠를 한다.
- 산책을 한다.
- 길고 따뜻한 샤워나 목욕을 한다.
- 애완동물과 놀아 준다.
- 포옹을 한다.
- 마사지를 받는다.

Chapter

03

실패의 의미

03 실패의 의미

Chapter

1. 실패의 개념

실패는 성공의 부족을 의미한다. 다음의 논리적인 가정은 최종 목표에 도달해야만 성공한다는 것이다. 다시 말해, 과정은 중요하지 않다. 그것은 흑백 용어로 설명되어 있다. 즉, 성공이거나 실패이다. 이 무력한 정의가 사람들이 실패를 두려워하고 경멸하는 주된 이유 중 하나이다.

당신은 이 모든 것이 의미론일 뿐이라고 주장할 수 있지만, 언어는 당신의 행동을 형성하기 때문에, 힘을 실어 주는 올바른 단어를 사용하는 것이 중요하다. 다음 내용들은 좀 난해하다고 생각할 수도 있지만, 참고해 주면 아마 새로운 시각에서 실패를 보게 될 것이다.

만약 당신이 어려운 문제에 직면했을 때, "어떻게 대처해야 할지 모르겠다"고 말한다면, 당신은 당신이 그것을 할 수 없는 이유를 생각할 것이고, 이것은 잠재적인 해결책이 아닐 것이다. 당신의 뇌는 당신의 지시에 따라 행동하고, 당신이 사용하는 단어들이 당신의 사고 과정을 이끈다. 만약 당신이 핑계를 대면서 에너지를 낭비하고 있다면 문제를 해결할 가능성은 얼마나 되는가?

만약 당신이 "좋아, 방법을 찾아보자."라고 말하면 잠재적인 해결책을 생각하고 문제를 해결할 수 있을 것이다. 같은 문제도 다른 단어을 사용하면 다른 결과가 된다.

또한 과학적인 연구는 단어들이 행동 변화를 유도할 만큼 충분히 강력하다고 제안한다. 한 연구에 따르면, 당근을 "투시력 당근(X-ray Vision Carrot)"이라고 부르는 것이 초등학생들 사이에서 채소 소비를 16% 증가시켰다. 그리고 이러한 효과는 잘 속는 아이들에만 국한되지 않았다. 식당에서 선택을 제안한 성인들은 "쌀을 곁들인 전통 카준 팥(Traditional Cajun Red Beans With Rice)"의 맛을 "쌀을 넣은 팥(Red Beans With Rice)"의 맛보다 더 좋게 평가하거나, 또는 정확하게 같은 요리를 먹을 때조차도 단순히 "호박 쿠키(Zucchini Cookies)"라고 묘사된 것보다 "할머니의 호박 쿠키(Grandma's Zucchini Cookies)"를 더 칭찬할 것이다.

우리의 뇌가 강력하기는 하지만 말은 뇌를 속일 수 있다. 그리고 당신은 이 현상을 당신의 이익을 위해 사용할 수 있다.

지금쯤이면 당신이 생각하는 것보다 말이 더 중요하다는 것을 확신하기를 바란다. 실패에 대한 정의를 좀 더 유용한 것으로 바꾸어 보자. American Heritage Dictionary of the English Language는 실패를 "원하는 목적을 달성하지 못하는 상태 또는 사실"로 정의한다.

우리가 이 정의를 조금만 더 잘 적용한다면, 우리는 실패에 대해 생각할 수 있는 더 강력한 방법을 개발할 수 있다. 이 정의는 "원하는 목적"에 대해 설명한다. 만약 최종적인 성공에 대해서만 원하는 결과를 내기보다는, 그것을 배움으로 정의한다면, 전통적인 의미에서는 다시는 실패하지 않을 것이다. 또한 포기해야 할 이유가 아니라 친구의 실패를 고려하게 될 것이다.

만약 당신이 학습 경험에 초점을 맞춘다면, 실패와 성공에 대한 일반적인 정의가 얼마나 결함이 있는지를 깨닫게 될 것이다. 당신은 시행착오를 통해 성공을 구축하게 된다. 당신을 승자로 만드는 것은 실패를 피하는 것이 아니라 실패가 제공하는 교훈이다. 이미 알려진 것을 쉽고 편안하게 고수하는 것은 목표를 달성하지 못하는 확실한 방법이다.

수줍어 하는 남자가 여자에게 말을 걸고 그녀가 그를 거부할 때 그는 실패했는가 성공했는가? 상호작용을 지켜보는 평범한 사람에게 그 남자는 거부당했고 그는 실패했다. 그러나 정말로 그런가?

그의 의도가 수줍음을 극복하는 것, 즉 무언가를 배우는 것이라면 그의 접근 방식의 결과는 중요하지 않다. 그가 원하는 목표는 더 자신감을 갖는 방법을 배우는 것이다. 그는 자신의 안전지대를 벗어나 이야기할 만큼 용감했다. 그의 목적에 비추어 볼 때 거절을 당하는 것이 여자의 전화번호를 받는 것보다 훨씬 더 나은 결과일 수 있다. 반복적으로 거절을 당하는 것이 익숙해지는 데 도움이 되기 때문이다.

만약 원하는 목적이 배움이라면 넘어지는 것이 실패인가 성공인가? 쉬운 길을 오르고 성공(학습 과정 없이)하거나 어려운 길에서 떨어져서 새로운 것을 배우고 더 나은 등반가가 되는 것이 정말로 더 나은가?

격투기에서는 훈련 목적으로 지는 것이 이기는 것보다 더 가치가 있을 수 있다. 더 유능한 파트너에게 지면 기술적인 단점을 발견하게 된다. 약한 경쟁자를 물리치면 배울 것이 거의 또는 전혀 없다. 그렇지 않았다면 배우지 못했을 새로운 것을 배웠다면 두들겨 맞는 것이 실패인가?

2. 실패로부터 배우거나 결과로 고통받는다

미국의 행복 연구자인 숀 어춰(Shawn Acho)는 그의 저서 『행복의 이점: 직장에서의 성공과 성과를 촉진하는 긍정심리학의 7가지 원칙(Happiness Advantage: The Seven Principles of Positive Psychology That Fuel Success and Performance at Work)』에서 우리가 더 행복하고 긍정적일 때 더 성공적이라고 지적하였다.

그는 진단을 내리기 전에 긍정적인 분위기에 놓였을 때 중립적인 상태에 있는 의사보다 거의 3배 더 많은 지능과 창의성을 보여 주는 의사의 예를 제시하였다. 또한 정확한 진단을 19% 더 빠르게 한다고 하였다.

어쿼는 낙관적인 영업사원이 비관적인 영업사원보다 56% 더 많이 팔고, 수학 시험을 보기 전에 행복을 느끼도록 준비된 학생들이 "중립적인" 또래들보다 훨씬 더 나은 성과를 낸다고 하였다.

긍정적인 태도를 보이는 것 또한 실패를 건설적인 방식으로 처리하고 이전 성취를 파괴하지 않도록 하는 열쇠 중 하나이다.

만약 당신이 다이어트를 속인 적이 있다면 당신은 아마도 "빌어먹을! 내가 망쳤어"라는 생각이 들었을 것이다. 실수는 그 자체로 큰 문제가 아니었지만 이러한 생각에 굴복하여 결과적으로 본격적인 부정행위 주간을 보내는 것이 당신의 이전 진행 상황을 망쳐 놓았다. 만약 당신이 그것이 단지 작은 실수일 뿐이라고 자신을 안심시켰다면, 그 긍정적인 태도는 당신이 더 오래 지속되는 부정적인 결과를 피하는 데 도움이 될 것이다.

신경학자 윌리스(Willis)는 소진된 뇌를 다시 연결하는 논문에서 "뇌는 말 그대로 가장 자주 활성화되는 회로를 통해 정보를 더 효율적으로 전달하기 위해 다시 연결된다. 목표를 달성하기 위한 좌절된 노력을 내면화하고 그것을 개인적 실패로 해석하면서, 당신의 자기 의심과 스트레스는 뇌의 무의식적이고 반응적인 신경 네트워크를 활성화하고 강화한다. 이 회로들이 자동으로 연결되는 네트워크가 되면서, 뇌는 문제 해결과 정서 조절을 성공적으로 하지 못한다. 이전에는 더 높은 뇌의 추론에 의해 평가되었을 문제가 발생하면, 하위 뇌의 지배적인 네트워크가 빼앗는 통제를 한다."고 말했다.

다시 말해, 실패에 대해 생각하는 것은 실패를 강화하고 미래의 실패에 대처하는 데 덜 효과적이게 만든다. 실패를 교훈으로 바꾸는 것은(실패에 대한 우리의 정의를 기억하는가?) 긍정적인 대처 메커니즘을 강화하는 데 도움이 될 것이다.

3. 실패에 대한 정의를 바꾸는 데 사용할 수 있는 세 가지 비유

당신은 이미 말이 강력하다는 것을 알고 있다. 이제 실패를 쓸모없고 실망스럽고 좌절감을 주는 사건이 아니라 귀중한 도구로 생각하기를 바란다.

당신은 비유를 사용하여 실패에 대해 생각하는 방식을 더욱 재구성할 수 있다. 다른 것에 대해 이야기하면서 한 가지를 나타내는 단어나 구는 당신이 어떤 것에 대해 무의식적으로 생각하는 방식을 바꾸는 은밀한 방법이다.

어떤 문제를 엄청난 부담으로 생각하면 그것을 시련과 연관시키게 된다. 어깨에서 내려놓고 다시 자유롭게 숨을 쉬기에는 자신이 너무 약하다는 느낌이 든다. 생각만 해도 몸이 움츠러드는 상황에서 어떻게 극복해야 할까?

이 비유를 좀 더 힘을 실어 주는 것으로 무언가로 대체하면(예를 들어, 근육을 만들고 더 강해지기 위해 들어올려야 하는 바벨과 같은 문제를 생각하는 것) 태도가 더 긍정적으로 바뀔 것이다.

다음은 실패가 필요하고 유용하다는 점을 더욱 강조하는 데 사용할 수 있는 세 가지 비유이다.

1) 실패는 미로를 헤매는 것과 같다

만약 당신이 목표를 달성하는 과정이 미로를 헤쳐 나가는 것이라고 상상한다면 실패할 때마다 무엇이 작동하지 않는지 알게 된다. 비효율적인 접근 방식을 하나씩 제거하고 있다. 이러한 비유를 채택하면 실패가 끝을 의미하지는 않는다. 새로운 시작을 의미할 것이다.

막다른 골목에 빠지지 않고 미로를 탈출하는 것은 거의 불가능하다. 어떤 사람들은 옥수수밭 미로에 들어가 평생 동안 빠져나오려고 노력하지만, 목표를 추구할 때와 똑

같은 비록 비유적이긴 하지만 미로 속에서 길을 잃으면 즉시 포기하는 것이 흥미롭지 않은가?

2) 실패는 조각 도구와 같다

미켈란젤로(Michelangelo)는 "모든 돌덩어리 안에는 조각상이 있고 그것을 발견하는 것은 조각가의 임무"라고 말했다.

당신이 이 비유를 적용할 때, 실패할 때마다 당신이 조각하고 있는 돌 안에 있는 조각상을 발견하려는 호기심을 자극할 것이다. 이 비유적인 돌을 조각하는 과정은 단순히 돌의 모양을 만드는 것이 아니라 이것은 조각가를 만드는 것이다. 실패할 때마다 조각 기술이 향상되고 조각하고 있는 돌 내부의 조각품을 천천히 발견하면서 자신의 더 나은 조각가도 발견하게 된다.

3) 실패는 여과지이다

실패에 대해 가장 좋은 비유 중 하나는 실패는 여과지라는 것이다. 무언가가 더 오래 걸리고 더 많은 인내가 필요할수록 더 많은 사람들을 걸러 낸다. 어려운 목표는 그것의 달성에 인내가 큰 역할을 하는 경우 경쟁이 적기 때문에 더 쉽게 도달할 수 있다.

어떤 일이 어렵다는 사실은 결의가 부족한 사람을 걸러 내고 결의를 가지고 하는 사람들을 보상하는데, 성공뿐만 아니라 개인의 엄청난 성장과 증가된 정신적 회복탄력성으로 축복을 받는다.

이러한 관점에서 실패를 바라볼 때, 당신은 당신의 목표 달성이 어렵다는 것에 감사해야 한다. 왜냐하면, 목표는 당신을 더 나은 사람으로 만들기 위해 길고 힘든 과정을 거쳐야 하기 때문이다.

복권에 당첨된 사람들이 “운이 좋은” 날 이전보다 더 나빠지지 않고 모든 것을 잃는다는 이야기가 많이 있다. 그것은 당신이 얻지 못한 쉬운 승리를 기록했을 때 일어나는 일이다. 당신은 이벤트(성공)를 얻지만, 실제로 받을 자격이 있고 그것을 다루는 방법을 아는 사람이 되기 위한 과정을 얻지 못한 것이다.

그 “운이 좋은” 승자들을 오랜 시간 동안 자신의 사업에 애쓰고, 하나의 실패를 연속적으로 처리하고, 밀어붙이는 사람들과 비교해 보자. 그들이 마침내 성공적인 비즈니스를 구축하고 많은 돈을 벌기 시작하면 모든 것을 잃을 가능성이 무한히 줄어들 것이다. 달성하기가 쉽지 않았기 때문에 이제 그들은 앞으로 수십 년 동안 성공을 즐길 수 있을 것이다.

이것은 증상 치료 대 근본 원인 제거로 생각해야 한다. 복권에 당첨되거나 체중 감량 수술을 받는 것과 같은 쉬운 승리는 증상을 치료하는 것이다. 당신은 하나의 사람으로 변하지 않은 것이다. 당신의 습관은 그대로 유지되고 당신을 처음 시작했던 곳으로 되돌릴 것이다. 긍정적인 습관의 부족, 행동하지 않음, 미루거나 자제력 부족과 같은 근본 원인을 제거하면 당신은 영원히 바뀌고 당신의 세계는 당신의 내적 변화에 따라 바뀔 것이다.

목표를 달성하는 것이 얼마나 어려운지에 대해 화가 날 때마다, 그것이 성공을 위한 적절한 도구라는 것을 자신에게 상기시켜야 한다. 만약 당신이 요구했을 때 모든 것이 주어졌다면, 당신은 감사하지도 않을 것이고, 그러한 보상을 어떻게 다루어야 하는지 아는 사람이 되지 않을 것이다. 결국, 당신은 아마 그것을 낭비하게 될 것이다. 대장장이가 연마하듯 여과지가 마법을 부리게 하고 당신을 만들도록 해야 한다.

4. 실패 유형과 실패 처리 방법

1) 예방할 수 없었던 실패에 대처하기

첫 번째 일반적인 실패 유형은 예방할 수 없는 실패이다. 다른 실패와는 달리, 이름에서 알 수 있듯이 일반적으로 이것은 예방할 수 없다. 다행히도, 그것을 더 잘 처리하기 위해 할 수 있는 일이 많이 있다. 가장 강력한 접근법은 스토아 철학과 통제할 수 없는 것이 있다면 받아들이고 나아가야 한다는 입장을 취하는 것이다.

불편한 변화를 의도적으로 도입하고, 정서에 저항하지 않고(화를 내거나 부정하면 상황이 악화됨), 어떤 것들은 당신에게 달려 있지 않으며, 문제가 해결되었기 때문에 실제로 당신에게 위안의 원천이 되어야 한다는 것을 자기에게 상기시키면서 수용을 연습한다.

부정적인 사건을 상상하거나 불편한 상황을 만들어 냄으로써 불운을 연습하는 것은 궁극적으로 당신이 통제하는 몇 가지 중 하나이기 때문에 자신의 정서를 통제할 수 있는 좋은 방법이다.

마지막으로, 모든 것이 일시적이라는 것을 기억해야 한다. 그 또한 지나가리라. 이 철학을 수용하는 것은 두 가지 면에서 도움이 될 수 있다. 즉, 당신은 사물을 당연하게 여기지 않고 유지하기 위해 더 많은 노력을 기울일 것이고, 충격에 잘 대처할 것이다. 결국 모든 것은 일시적이며 고통도 일시적이다.

2) 비현실적인 기대감으로 인한 실패에 대처하기

두 번째 일반적인 실패 유형은 비현실적인 기대로 인한 실패이다. 어떤 사람들은 자신이 성취할 수 있는 것이 비현실적이어서 불합리한 기대를 하고, 실패하고, 다시 시도하고, 또 실패하는 순환에 갇히게 된다. 자넷 폴라비(Janet Polivy) 교수는 과거의 실패에도 불구하고 삶의 변화를 도입하려고 할 때 사람들은 계속해서 논리적으로 행동하지 않는다고 주장한다. 그녀의 "거짓 희망 증후군(false hope syndrome)"이라는 개념에 따르면, 많은 사람들은 그들의 목표를 달성하는 것에 대해 비현실적인 기대를 가지고 있는 순환에 갇혀 있다. 그들은 시도의 속도, 양, 용이성, 그리고 그 결과에 대해 잘못 알고 있는 경향이 있다. 그들은 시도하고, 실패하고, 곰곰이 생각하고, 처리하고, 다시 시도하지만, 똑같은 비현실적인 기대를 가지고 있으며, 또 다른 실패를 보장한다.

이러한 실패를 방지하려면 목표를 설정하기 전에 적절한 조사를 해야 한다. 무지는 비현실적인 기대로 이어져 실패로 이어진다. 초보자일 때는 특히 주의해야 한다. 평균적인 결과를 얻고 마법의 약을 찾는 대신 입증된 전략에 집중할 것이라고 가정한다.

현재 전략이 효과가 없을 경우 접근 방식을 변경할 수 있다. 당신의 접근 방식이 효과적이지 않을 때 고집을 부리는 것은 마법처럼 작동하지 않을 것이다.

모든 일은 계획대로 진행되는 경우가 거의 없다는 사실을 인정해야 한다. 원하는 것보다 목표에 도달하는 데 시간이 더 걸릴 수 있으며, 짧은 시간에 달성할 수 있는 것을 과대평가할 수 있다. 인내심(끈기)을 가져야 한다.

3) 집중력 부족으로 인한 실패 대처

세 번째 일반적인 실패 유형은 집중력 부족으로 인해 발생한다. 너무 많은 다른 목표에 관심을 쏟을 때마다 성과를 방해하게 된다. 덜 중요한 목표를 희생하지 않고는 핵심 목표에 도달하는 것이 불가능하기 때문에 이는 빠른 실패로 이어질 수 있다.

이러한 유형의 실패를 피하려면 큰 목표의 우선순위를 지정하고, 대부분의 에너지를 그 목표에 바쳐야 한다. 당신은 케이크를 가질 수 없을 뿐만 아니라 그것을 먹을 수도 없다는 것을 알아야 한다. 당신의 초점을 제한하는 것은 성공에 필수적이다.

지루함을 받아들이고 더 이상 처음처럼 흥미롭지 않더라도 당신에게 잘 맞는 것을 고수한다.

마지막으로 도달하고자 하는 목표의 본질에 집중한다. 다른 모든 과제를 더 쉽게 또는 불필요하게 만드는 핵심 과제 하나만 찾아낼 수 있는 경우가 많다. 이러한 과제를 수행하면 더 명확하고 집중할 수 있다. 장기적으로 올바른 목표에 집중하는 방법을 간단히 요약하자면, 너무 많은 목표를 설정하여 실패할 위험을 없애는 데 도움이 되는 기본 지침은 다음과 같다.

- 희생은 필수적이다. 덜 중요한 목표를 희생하면 가장 중요한 목표를 수행할 수 있는 더 많은 힘을 얻을 수 있다. 덜 중요한 목표보다 식단 변경, 더 나은 직업 얻기, 사업 시작 또는 인생 파트너 찾기와 같은 큰 삶의 개선을 우선시하는 것이 필요하다. 모든 것을 하겠다는 것은 아무것도 하지 않겠다는 것과 같다.
- 지루함을 기꺼이 받아들여야 한다. 새로운 목표를 설정하거나 새로운 전략을 따르는 것은 신나는 일이지만, 효율성보다 흥분을 우선시하면 초점을 잃고 실패할 수도 있다. 어떤 것이 효과가 있다면 그것에 충실해야 한다.
- 내려놓아야 한다. 과제의 우선순위를 지정하는 데 어려움을 겪을 때마다 어떤 과제가 다른 과제와 관련이 없거나 쉽게 만들 수 있는지 고려하여 그것을 먼저 수행한다. 먼저 해야 할 일 중 가장 쉬운 일을 함으로써 미루고 싶은 유혹을 이겨낼 수 있다. 대신 덜 중요한 과제를 목록에서 영구적으로 삭제할 방법을 찾아야 한다.

4) 두려움에 이끌린 실패에 대처하기

실패의 네 번째 유형은 두려움에 의한 실패이다. 그것은 더 세분화될 수 있다. 즉, 미지에 대한 두려움, 거절에 대한 두려움, 당신의 정체성 상실에 대한 두려움, 그리고 연결 끊김에 대한 두려움이다.

미지의 것에 대한 두려움과 거절에 대한 두려움을 다룰 때, 그것을 예방할 수 있는 유일한 방법은 당신이 알지 못하거나 거절당할 수 있는 어렵고 불편한 상황에 자신을 노출시키는 것이다. 자주 할수록 더 편하게 사용할 수 있을 것이다. 곧 그런 불쾌한 불편함에도 불구하고 행동하는 법을 배우게 될 것이고, 두려움은 당신의 삶을 마비시키는 요인이 되는 것을 중단시키게 될 것이다.

당신이 정체성을 잃는 것에 대한 두려움 때문에 실패했을 때, 그것은 당신이 "자신"이라고 여기는 인생의 부정적인 측면이 있기 때문이다. 만약 당신이 비만, 가난, 수줍음, 또는 다른 부정적인 특성을 당신의 정체성의 일부로 생각한다면, 그것들을 버리는 것은 무섭고 불편할 것이다. 하지만, 결국, 당신은 삶의 나쁜 면을 낭만화하는 것을 멈추고, 삶이 성장이라는 것을 깨달아야 한다. 이런 나쁜 것들을 빨리 없앨수록, 당신의 삶은 더 좋아질 것이다.

마지막으로, 사람들은 일을 시작하거나 그들의 대담한 목표에 도달할 때 관계를 잃을까 봐 두려워한다. 이 두려움은 근거가 없는 것이 아니다. 어떤 사람들은 당신의 노력이 그들의 자존심에 위협이 된다고 생각할 것이다. 가장 좋은 해결책은 그런 행동을 보이지 않고 적극적으로 당신의 목표에 도달하도록 도와주는 사람들을 당신 주변에 두는 것이다.

5) 자기 태만으로 인한 실패에 대처하기

다섯 번째 유형의 실패는 자기 태만으로 인한 실패이다. 어떤 사람이 두려움을 정면으로 직면할 자신감이 부족하거나, 주어진 목표를 달성할 수 있다고 믿지 않거나, 인간으로서의 가치를 믿지 않을 때, 그들은 불가피하게 그들의 노력을 방해할 것이다. 이러한 행동은 대개 실패나 무위로 이어지는 핑계나 상황을 만들어 냄으로써 나타난다.

예를 들어, 어떤 사람은 무의식적으로 중요한 이유로 늦게까지 깨어 있는 것을 선택해서 구직 면접 동안 피곤해 보이고 성공할 가능성을 줄일 수 있다. 그리고 나서, 만약 그들이 실패한다면, 그들은 "나는 늦게까지 깨어 있어야 했기 때문에 이 직업을 얻지 못했다."라는 말을 따라 말하면서 그들의 자아를 보호할 수 있을 것이다.

당신은 낮은 자존감으로 인한 실패에 대비할 수 있다. 이것은 다음과 같은 자기 태만(self-Sabotage) 행동의 결과일 수 있다.

- 충분히 노력하지 않는다(결국, 당신은 당신이 성공할 것이라고 믿지 않는데, 최선을 다하는 것이 무슨 의미가 있는가?).
- 의심을 한다(만약 당신이 무의식적으로 불확실성에 대한 신호를 보낸다면, 누가 당신과 데이트를 하고, 당신의 사업에 투자하고, 당신을 고용하겠는가?).
- 문제의 첫 징후에 포기한다(당신이 이미 실패할 가능성이 가장 높다고 결정했다면 왜 싸워야 하는가?).
- 실패에 대비할 수 있는 상황이나 핑계를 만든다(중요한 시험 전날 밤 파티를 하는 학생과 같은).

자신감 부족에 시달리는 사람이 사소한 문제를 만들어서 큰 문제에 직면하지 않을 구실을 마련하는 것은 흔한 일이다.

이러한 유형의 실패에 대처하기 위한, 첫 번째 단계는 당신의 목표를 믿는 것이다. 만약 당신이 당신 자신에 대한 자신감을 기를 수 없다면, 당신이 추구하는 목표가 당신이 반드시 도달해야 하는 것이라는 믿음을 키워야 한다. 마치 연상처럼 이것은 당신이 그것을 성취할 수 있는 능력에 대한 확신을 기르는 데 도움을 줄 것이다.

두 번째 단계는 자기 핸디캡 전략(불안을 피하거나 실패를 정당화하기 위해 장애물과 변명 만들기)을 방어적 비관론 또는 전략적 낙관주의와 같은 보다 효과적인 것으로 대체하는 것이다.

방어적 비관주의자는 부정적인 결과를 예상하고 가능한 모든 차질에 대비한다. 결과적으로 그들은 덜 불안하고 더 잘 수행한다. 방어적 비관주의자가 되려면 걱정을 하나씩 살펴보고 대처 전략을 개발해야 한다.

반면에 전략적 낙관론자는 일이 잘 될 것이라고 가정하고, 그것이 불안을 관리하고 높은 수준의 성과를 내는 데 도움이 된다. 좀 더 낙관적이 되기 위해서는 삶의 모든 실패와 성공에 대해 개인적인 책임을 주장함으로써 통제 소재를 바꾸고, 자신감과 추진력을 얻기 위해 안전 지대를 늘리고, 부정적인 사건을 재구성하여 당신의 실패에 대해 '왜'라는 변명 대신 교훈으로 바꾼다.

마지막으로, 환상의 세계에서 생활한다. 이것은 한계가 없다는 믿음을 받아들이는 것을 의미한다. 성공에 도달하는 데 필요한 기간에 대해 현실적이어야 하지만 평균을 유지하고 순응하도록 지시하는 소셜 프로그램에 저항한다. 당신이 옳다고 마음 깊은 곳에서 느낄 때마다 감히 대세를 거스릴 필요가 있다.

6) 조급함으로 인한 실패에 대처하기

사람들은 참을성이 없어서 실패하는 경우가 많다. 그들은 느린 진행에 좌절하여 포기하거나 가능한 한 빨리 성공하기를 열망하여 지속 불가능한 속도를 설정할 것이다. 두 경우 모두 성공보다 실패할 가능성이 더 크다.

느린 진전에 낙담하여 자주 실패한다면 정해진 마감 시간 내에 도달하는 것이 아니라 목표 자체에 도달하는 데 집중한다. 마감일은 대략적인 추정이어야 한다. 그것들은 당신의 삶을 결정할 수 없다. 자신을 다른 사람과 비교하거나 다른 사람이 성공하는 동안 실패하는 것에 화를 내지 않도록 주의해야 한다. 당신은 한 가지 면에서는 남들보다 뛰어나지 않을 수 있지만 다른 면에서는 능가할 수 있다. 또한, 더 어렵다면 더 많은 노력을 기울일 가능성이 크다. 장기적으로 보면 자신의 재능을 당연하게 여기는 사람들을 능가할 가능성이 높다.

만약 당신이 목표 달성에 대한 열망이 너무 커서 지속 불가능한 일상을 따르다 실패했다면, 단거리 경주와 마라톤의 차이를 이해해야 한다. 단거리 경주는 새로운 목표로 초기 추진력을 얻는 데 매우 도움이 될 수 있다. 하지만 문제가 있다. 장기적인 전략이 아니라 짧은 경주여야 한다. 특정 기간(예: 몇 주 또는 몇 달)이 지나면 특히 달성하는 데 몇 년이 걸리는 큰 목표를 위해 보다 지속 가능한 일상으로 전환해야 한다. 결국, 그것은 당신이 매일 하는 일에 관한 것이지, 가끔이 아니다. 매일 그리고 일관되게 만드는 작은 단계는 추락하고 소진되는 작업보다 낫다.

7) 자기 허가(Self-Licensing)로 인한 실패에 대처하기

자기 허가는 좋은 행동을 한 사람이 과거의 좋은 행동을 나쁜 것으로 과도하게 보상하여 부정적인 행동을 할 가능성이 더 높은 현상이다.

살을 뺄 때는 운동 후에 먹는 음식에 신경을 많이 써야 한다. 이상적으로는 정크푸드를 "벌었다"고 생각하는 경향이 없도록 신체 활동 자체에 대한 보상을 고려해야 한다. 대부분의 사람들은 운동 중에 소모하는 칼로리의 양을 과대평가한다. 결국 필요한 것보다 더 많이 먹게 되어 운동이 체중 감소 대신 체중 증가에 기여하게 된다.

건강에 관해서는 "건강에 좋은" 음식에 대해 회의적이다. 식품이 "건강한" 통로에 있거나 "건강한" 라벨이 붙어 있다고 해서 실제로 건강에 좋은 것은 아니다. 그리고 그것이 실제로 그렇다 하더라도, 당신의 건강한 선택에 대해 쇼핑 카트에 칩 한 봉지를 던져서 과도하게 보상하지 않도록 주의해야 한다. 운동과 마찬가지로 긍정적인 습관을 들이는 것이 부정적인 행동을 할 권리를 얻었다는 의미는 아니다.

재정 분야에서 재정적으로 현명한 결정을 내릴 때마다 불필요한 구매로 보상을 받고 싶은 유혹을 받을 수 있다는 점을 명심해야 한다. 실제로 필요하지 않은 품목을 비축할 때 자신이 똑똑한 쇼핑객이라고 느끼게 하는 할인에 대해 특히 주의해야 한다. 자기 허가로부터 자신을 보호하려면 재정을 자동화해야 한다. 자동 이체를 설정하여 소득의 최소한 일부를 절약해야 한다. 신용 카드에 낮은 지출 한도를 설정하거나 대신 직불 카드 또는 현금으로 지불하는 것도 도움이 될 수 있다.

경험상, 할 권리를 얻었다고 생각하는 일을 하려고 한다면 그것은 아마도 당신에게 좋지 않다는 것을 기억해야 한다. 나쁜 습관으로 좋은 행동을 보상할 때마다 한 걸음 전진하고 두 걸음 후퇴하는 것이다. 실제로 긍정적인 습관을 즐기고 있는지 확인해야 한다. 그러면 그것들에게 참여하는 것만으로도 충분한 보상이 될 것이다.

마지막으로, 이제는 초콜릿 바를 먹을 수 있는 것처럼 느끼게 하는 건강한 샐러드를 먹고, 당신이 태운 칼로리보다 더 많은 칼로리를 보상하도록 하는 운동을 하는 것과 같은 좋은 결정을 내림으로써 당신의 자아상을 부풀렸다면 당신의 결정에 대해 의문을 제기해야 한다.

Chapter

04

우정의 의미

04 우정의 의미

Chapter

1. 우정의 개념

우정은 사람들 사이의 상호 애정의 관계이다(Moreman, 2008). 동급생, 이웃, 직장 동료, 또래 등 '지인'이나 '교제'보다 더 강한 형태의 대인관계 결속이다.

일부 문화권에서 우정의 개념은 소수의 매우 깊은 관계로 제한된다. 미국과 캐나다와 같은 나라에서는 한 사람이 많은 친구를 가질 수 있으며, 아마도 좋은 친구 또는 가장 친한 친구라고 부를 수 있는 한두 사람과 더 강렬한 관계를 가질 수 있다. 다른 구어체 용어로는 besties 또는 Best Friends Forever(BFF)가 있다. 우정에는 여러 형태가 있으며 그중 일부는 지역에 따라 다를 수 있지만, 그러한 많은 유대에는 특정한 특성이 있다. 이러한 특성에는 서로 함께하기로 선택하고, 함께 보내는 시간을 즐기고, 서로에게 긍정적이고 지원적인 역할을 할 수 있는 것이 포함된다.

"친구와 가족"이라는 말처럼 때로는 친구와 가족, 때로는 연인(예: "연인과 친구")이 구별되기도 하지만, 혜택을 받는 친구와의 경계는 모호하다. 프렌드존(Friend zone)은 누군가가 연인의 지위에 오르는 것을 제한하는 장소이다.

우정은 상호 이익을 위한 두 사람 사이의 자발적인 유대이다. 혜택에는 이기심에서 정서적 만족을 통한 자선 활동에 이르기까지 유대 관계의 거의 모든 측면이 포함될 수 있다.

2. 친구가 되는 이유

사람들이 유대감을 형성하기 위해 서로에게 왜 끌리는지를 살펴봐야 한다. 리커만(Lickerman, 2013)은 사람들을 친구로 만드는 네 가지 주요 이유를 다음과 같이 제시하였다. 우정은 보다 많은 측면에 의해 형성되지만, 다음의 네 가지가 우정의 기초를 대표한다.

- **공통 관심사**: 아이디어, 의견 또는 취미를 공유하는 것이 유대감을 시작하고 잠재적으로 우정으로 발전하는 주된 이유일 가능성이 크다. 그것은 사람들에게 정서적 안정감과 소속감을 준다.
- **역사**: 두 사람이 어떤 일을 함께했을 때 친구가 될 확률이 크게 높아진다. 공통의 경험은 다시 유대의 기초를 형성한다. 어린 시절은 이런 종류의 기초에 대한 가장 좋은 예이다. 좋은 소꿉친구는 일반적으로 요구되는 정도까지 관심사나 가치를 공유하지 않더라도 함께 지내는 경향이 있다.
- **공통 가치**: 이 측면은 일반적으로 같은 집단의 사람들을 한데 모아서, 예를 들어 너무 큰 집단으로서 서로를 너무 많이 알지는 않아도 된다. 예를 들어, 종교가 있을 수 있다. 다른 종교 집단은 모든 사람을 모든 사람과 결속시키기에는 너무 클 수 있지만, 공유 가치에 대한 우정의 기반을 형성할 수 있다.
- **평등**: 상호 존중과 사회적 소속에 기반한 우정은 사회에서 서로의 현재 역할을 증명한다. 예를 들어, 직장에서 두 명의 직장 동료는 일할 때마다 함께 시간을 보내고, 관심사, 이력, 가치를 필요 이상으로 공유하지는 않지만 사회적 역할에 따라 여전히 친구가 될 수 있다.

암울하게 들릴지 모르지만 우정이나 다른 강제되지 않은 대인관계는 항상 이기적인 목적을 위한 것이다. 모든 우정이나 따뜻한 유대에는 항상 긍정적인 결과가 있다. 긍정적인 결과가 없으면 관계를 시작하거나 유지할 이유가 없으며 이는 유대의 끝으로 이어진다. 공유된 이익의 경우 누군가가 다른 사람에게 이익을 공유하도록 요구하고 그 대가로 동일한 것을 제공한다. 우정이 자선에 기반을 두고 있더라도 자선가는 그러한 유대로부터 긍정적인 결과도 얻는다. 예를 들어, 자기 존중, 자신감, 만족감 같은 것들이다(Evans, 2014; Lickerman, 2013).

사람들이 친구가 되는 이유를 바탕으로, 우리는 특정한 사람들이 우정에서 얻는 개인적인 결과나 관심사에 집중할 수 있다. 도탄(Dotan, 2007)은 우정의 여섯 가지 주요 기둥으로 구성된 이론적 틀을 형성하였다.

- **안전/신뢰**: "안전/신뢰는 본질적으로 정의적이거나 정서적인 우정 형성 요인이다."(Dotan 2007) 이 측면은 일반적으로 정기적으로 협력해야 하므로, 상호 신뢰가 필요한 동료가 사용하며 잠재적으로 우정으로 발전할 수 있다.
- **역할 누락**: 친구는 종종 한 사람의 잃어버린 가족 역할을 제공하므로(Farrell, 2003), 이 경우 우정은 부모나 자녀와 같은 충실한 역할을 할 수 있다.
- **건전성 점검**: "건전성 점검(sanity check)는 본질적으로 인지적인 형성 요인이며, 개인이 동료와 우정을 형성하여 생각하는 방식에 대한 확신을 얻을 가능성이 있음을 시사한다."(Dotan 2007) 이러한 이유는 가치를 공유할 뿐만 아니라 의견을 확신시키기 위해서이므로 공유된 가치를 나타낸다.
- **일-가치/삶-관심 유사성**: 공통의 가치와 평등을 참조하여, 이러한 이유는 사람들이 단지 직장이나 시간을 함께 나누는 것 이상을 결속시키는 것이다.
- **도구성**: "도구성(instrumentality)은 본질적으로 도구적인 직장 우정 형성의 요인이다."(Dotan 2007) 이러한 결속의 동기는 A라는 사람과 B라는 사람의 우정이 A의 작업의 질을 향상시키고, 따라서 우정이 도구적 역할을 하는 방식으로 다소 상호 획득적이다. 도구적 우정은 생산성과 직원 유지를 증가시킨다(Clark, 2013).
- **근접성**: 근접성 역할은 두 사람의 물리적 위치와 많은 시간을 함께하거나 서로

직접적으로 근접하여 보내는 것과 관련된다. 예를 들어, 같은 장소에서 일하는 동료는 이러한 이유로 우정을 쌓을 수 있다.

일반적으로 우정은 근거(foundation)와 이유(reason)의 한 측면 이상을 공유한다. 각 측면의 결합 유형과 정도는 전체로서의 우정이나 기타 대인관계의 강도를 결정한다. 이러한 측면을 유지하는 것은 우정의 지속 기간을 결정하고, 각각의 내용인 측면 중 하나의 궁극적인 손실은 우정의 끝으로 이어질 수 있다.

3. 우정의 이점

좋은 친구는 당신의 건강에 좋다. 친구는 좋은 시간을 축하하고 나쁜 시간에 지지를 제공하는 데 도움이 될 수 있다. 친구는 고립과 외로움을 방지하고 필요한 교제를 제공할 기회를 제공한다. 친구는 다음을 할 수 있다.

- 소속감과 목적 의식을 높인다.
- 행복을 높이고 스트레스를 줄인다.
- 자신감과 자존감을 향상시킨다.
- 이혼, 중병, 실직, 사랑하는 사람의 죽음과 같은 외상에 대처하는 데 도움이 된다.
- 과도한 음주 또는 운동 부족과 같은 건강에 해로운 생활 습관을 바꾸거나 피하도록 격려한다.

또한 친구는 전반적인 건강 증진에 중요한 역할을 한다. 사회적 연결이 강한 성인은 우울증, 고혈압, 건강에 해로운 체질량 지수(BMI)를 비롯한 많은 중요한 건강 문제의 위험이 감소한다. 연구에 따르면, 의미 있는 관계와 사회적 지지를 받는 노인은 연결이 적은 또래보다 더 오래 살 가능성이 있다.

4. 새로운 친구를 사귀는 방법

친구의 수는 양보다 질이 더 중요하다. 친구와 지인의 다양한 네트워크를 구축하는 것이 좋을 수도 있지만, 당신을 지지해 줄 가깝고 의미 있는 관계를 육성함으로써 더 큰 소속감과 웰빙을 느낄 수 있다. 다음을 통해 새로운 친구를 만들고 기존 관계를 발전시킬 수 있다.

- 함께 일하거나 수업을 들었던 사람들과 연락을 유지한다.
- 오랜 친구들과 재회한다.
- 사교 모임에서 채팅을 즐겼던 사람들에게 연락한다.
- 이웃에게 자신을 소개한다.
- 가족과 소통하는 시간을 만든다.

만약 당신이 더 잘 알고 싶은 사람으로 기억에 남는 사람이 있다면 연락한다. 상호 친구나 지인에게 그 사람의 연락처 정보를 공유하도록 요청하거나 문자, 이메일 또는 직접 방문을 통해 두 사람을 다시 소개하는 것이 더 좋다. 커피나 점심에 초대한다.

친구가 될 수 있는 새로운 사람들을 만나려면 다른 사람들이 모이는 곳으로 가야 한다. 사람들을 만나기 위한 한 가지 전략으로 자신을 제한하지 않아야 한다. 노력의 폭이 넓을수록 성공 가능성이 커진다.

지속성도 중요하다. 초대장이 올 때까지 기다리지 말고 주도권을 잡고 계속 시도한다. 새로운 친구에 대한 관심이 상호적인지 알기 전에 몇 번 계획을 제안해야 할 수도 있다.

예를 들어, 다음 아이디어 중 몇 가지를 시도해 보자.

- 지역사회 행사에 참석한다. 당신이 공유하는 관심이나 취미를 중심으로 모이는 집단이나 동아리를 찾는다. 이러한 집단은 온라인에서 찾을 수도 있고, 신문이나 지역사회 게시판에 게시될 수도 있다. 또한 이웃이나 도시의 새로운 친구와 연결하는 데 도움이 되는 많은 웹사이트가 있다.
- 자원봉사를 한다. 병원, 교회, 박물관, 지역사회 센터, 자선 단체 또는 기타 조직에서 시간이나 재능을 제공한다. 상호 관심사를 가진 사람들과 일할 때 강한 유대를 형성할 수 있다.
- 초대를 수락하고 확장한다. 친구를 초대하여 커피나 점심을 함께 한다. 사교 모임에 초대를 받으면 예라고 말한다. 최근에 활동에 초대한 사람에게 연락하여 호의에 보답한다.
- 새로운 것에 관심을 가진다. 비슷한 관심사를 가진 사람들을 만나기 위해 대학 또는 지역사회 교육 과정을 수강한다. 지역 체육관, 센터, 지역사회 피트니스 시설에서 수업에 참여한다.
- 신앙 공동체에 가입한다. 신규 회원을 위한 특별 활동 및 친목 이벤트를 활용한다.
- 산책을 한다. 자녀나 애완동물을 안고 밖으로 나간다. 밖에 나간 이웃들과 담소를 나누거나 인기 있는 공원으로 향하여 그곳에서 대화를 나눈다.

무엇보다 긍정적인 태도를 유지해야 한다. 만나는 모든 사람과 친구가 될 수는 없지만 친근한 태도와 행실을 유지하면 삶의 관계를 개선하는 데 도움이 될 수 있다. 또한 새로운 지인들과 우정의 씨앗을 뿌릴 수도 있다.

건강한 우정을 발전시키고 유지하려면 주고받기가 필요하다. 때로는 당신이 지원을 제공하고 다른 때는 받는 쪽이다. 친구에게 당신이 그들에게 관심을 갖고 있다는 사실을 알리고 감사하게 생각하는 것은 유대감을 강화하는 데 도움이 될 수 있다. 좋은 친구를 사귀는 것만큼 좋은 친구가 되는 것이 중요하다.

우정을 키우려면 다음과 같은 것을 실천한다.

- 친절하게 대해야 한다. 이 가장 기본적인 행동은 성공적인 관계의 핵심이다. 우정을 감정적인 은행 계좌로 생각한다. 모든 친절한 행동과 모든 감사의 표현은 이 계정에 적립되는 반면, 비판과 부정은 계정을 감소시킨다.
- 좋은 경청자가 된다. 친구의 삶에 무슨 일이 일어나고 있는지 물어보자. 상대방에게 당신이 눈 맞춤, 몸짓 언어, 가끔 "재미있군."과 같은 간단한 언급을 통해 상대방에게 세심한 주의를 기울이고 있다는 것을 알린다. 친구들이 힘든 시간이나 어려운 경험의 세부 사항을 공유할 때, 동정심을 가진다. 하지만 당신의 친구들이 그것을 요구하지 않는 한 조언을 하지 말아야 한다.
- 마음을 열어 보인다. 당신 자신에 대해 마음을 터놓음으로써 친구들과 친밀감을 쌓는다. 개인적인 경험과 우려를 기꺼이 드러내는 것은 당신의 친구가 당신의 삶에서 특별한 위치를 차지하고 있다는 것을 보여 주고, 그것은 당신의 관계를 깊게 할 수도 있다.
- 당신이 믿을 수 있다는 것을 보여 준다. 책임감 있고, 신뢰할 수 있고, 의지할 수 있는 것이 강한 우정을 형성하는 열쇠이다. 약속을 지키고 제시간에 도착한다. 친구들에게 한 약속을 끝까지 지킨다. 친구들이 기밀 정보를 공유할 때, 그것을 비공개로 유지해야 한다.
- 당신 자신을 이용할 수 있도록 한다. 친밀한 우정을 쌓는 데는 시간이 걸린다. 정기적으로 새로운 친구를 만나고 모임 사이에 확인하려고 노력한다. 처음 몇 번은 전화 통화를 하거나 함께 모이면 어색할 수 있지만, 이 감정은 서로가 더 편안해지면 지나갈 가능성이 높다.
- 마음챙김으로 당신의 신경을 관리한다. 최악의 사회적 상황을 상상하고 집에 머

물고 싶은 마음이 들 수도 있다. 마음챙김 연습을 사용하여 생각을 재구성한다. 최악의 상황을 상상할 때마다 실제로 두려워하는 난처한 상황이 얼마나 자주 발생하는지 주의를 기울인다. 당신이 두려워하는 시나리오는 일반적으로 일어나지 않는다는 것을 알 수 있다.

대학은 흥미롭지만 동시에 두렵기도 하다. 당신에게는 수많은 자유가 있지만, 당신은 수백 명의 완전히 낯선 사람들로 둘러싸인 새로운 환경에 있다. 새로운 친구를 사귀는 것은 의식적인 노력이 필요하고 그것은 가능하기도 하다. 심호흡을 하고 안전지대에서 벗어나야 한다. 기숙사에 앉아 친구를 만들 수는 없다. 급우들과 대화를 시작하고 사람들을 초대하고 다양한 활동에 참여해야 한다. 열린 마음을 유지하고 자신에게 진실하고 충실해야 한다.

- 일찍 수업에 들어가 대화를 시작한다. 10분 일찍 강의실에 도착하면 동료들과 자리를 잡고 이야기를 나눌 시간을 보낼 수 있다. 새로운 사람들과 이야기하는 것이 두려울 수 있지만 친구를 사귀는 것은 조금 불편하지만 가치가 있다. 숙제, 학교에서 진행 중인 일 또는 특히 별난 교수에 대해 의견을 나눈다.
- 매일 새로운 사람과 대화를 시도한다. 어디서든 대화를 시작할 수 있다. 엘리베이터에서 옆에 있는 사람이나 건조기에서 옷을 꺼내고 있는 사람과 이야기를 나눈다. 더 많은 사람을 만날수록 더 좋은 친구를 찾을 가능성이 높아진다.
- 대학 내 이벤트를 찾아간다. 하루 종일 기숙사 방에 있으면 친구가 될 수 없다. 옷을 입고 심호흡을 하고 축구 경기, 댄스, 파티 또는 캠퍼스 축제에 참여한다. 이러한 이벤트에는 잠재적인 친구가 많이 있을 수 있다. 또한 캠퍼스 이벤트에 대한 최신 정보를 얻으면 동료와 더 많은 이야기를 나눌 수 있다.
- 과제는 사회적 공간에서 한다. 물론 시험 기간에는 도서관에서 본격적으로 열심히 공부해야 하지만, 한가한 시간에는 학생회관이나 커피숍에서 숙제를 한다. 다

정해 보이는 학생 옆에 앉아 대화를 시작한다.

- 매일 밤 같은 식당에서 저녁을 먹는다. 기숙사 방에서 식사하는 대신 식당으로 간다. 식당을 자주 찾는 다른 사람들과 친해지도록 노력한다. 새로운 사람 옆에 앉거나 카페에서 대화를 시작하는 것을 두려워하지 말아야 한다. "안녕하세요, 000입니다. 몇 번 본 것 같아요. 저는 기숙사 000동에 있는 000입니다."라고 자신을 소개한다.
- 동아리에 가입한다. 학생회 사무실이나 대학 홈페이지에서 확인한다. 학술 동아리, 예비 프로 동아리, 문화 동아리, 공연 예술 동아리, 자원봉사 동아리를 찾을 수 있을 것이다. 멋지게 들리는 하나에 가입하고 공통 관심사를 가진 많은 사람들을 만날 준비를 한다. 학교에 하고 싶은 동아리가 없다면 과감하게 동아리를 만든다. 좋아하는 예술 형식이나 독특한 학문적 관심과 관련된 동아리를 만들 수 있다. 감당할 수 있는 것보다 더 많은 책임을 지지는 말아야 한다. 신입생이라면 대학 생활에 적응할 시간을 갖는 것이 더 중요하다. 동아리 하나는 괜찮지만 세 개는 부담이 많이 될 수 있다.
- 자원봉사를 한다. 어떤 자원봉사가 있는지 확인한다. 대학에는 자원봉사 단체가 몇 개씩 있거나 지역사회에 봉사할 수 있는 기관과 연결할 수 있다. 자원봉사는 대학 내 경쟁에서 벗어나고, 기부를 하고, 같은 생각을 하는 사람들을 만나는 좋은 방법이다.
- 스터디 그룹을 시작한다. 기숙사에 이메일을 보내거나 학급에서 사람들을 모집한다. 어려운 자료를 함께 처리하는 것은 유대감을 형성하는 빠른 방법이다. 또한 성적이 향상될 수 있다.

5. 우정을 끝내는 방법

처음 새 친구를 사귈 때 우정이 끝날 수 있다는 가능성에 대해 생각하지 않을 것이다. 그러나 결국에는 친구 중 일부가 더 이상 당신의 삶에서 사라지게 되는 것은 피할 수 없는 일이다. 사람들은 다양한 이유로 헤어지며 모든 우정이 평생 지속되는 것은 아니다.

동시에 대부분의 사람들은 친구와 헤어지는 방법을 모른다. 누군가와 헤어지는 방법에 대한 명확한 전례가 있고, 연애 중인지 아닌지를 지칭하는 명확한 명칭이 있는 낭만적인 관계와 달리, 우정은 그렇지 않다.

이것은 더 이상 누군가와 친구가 되고 싶지 않지만, 우정을 끝내는 방법을 모르는 사람들의 불확실한 상태에서 당신을 떠나게 할 수 있는 방법이다.

1) 우정을 끝내는 이유

친구와 헤어지는 방법을 결정하기 전에 특정 사람과 더 이상 친구가 되고 싶지 않은 이유를 스스로 설명하는 것이 좋다. 이것은 당신이 우정을 끝낼 때 앞으로 나아가는 데 도움이 된다.

이것을 하는 한 가지 방법은 당신의 감정을 기록하는 것이다. 이렇게 하면 다른 사람들과 논의하지 않고 자신의 생각을 털어놓을 수 있는 안전한 공간이 된다. 헤어지고 싶은 친구와 감정이 명확해질 때까지 감정에 대한 이야기는 하지 말아야 한다.

친구 관계를 끊는 일반적인 이유는 다음과 같다(Moreman, 2008).

- **상황**: 당신의 삶이 바뀌었다. 더 이상 함께 일하지 않거나 같은 학교에 다니지 않는 등이다.
- **거리**: 당신은 관심이나 약속 면에서 멀어졌다.

- **거짓말**: 당신의 친구는 기만적이다.
- **부정적인 점**: 친구는 당신을 세우는 것보다 깎아내리는 데 더 많은 시간을 보낸다.
- **의무**: 그 사람은 더 이상 즐기지 않는 의무적인 친구가 되었다.
- **라이벌**: 그 사람은 실제로 친구이면서 동시에 적이다. 사랑과 미움이 오가며 유지되는 관계이다.
- **유독성**: 친구가 당신의 인생에서 유독한 사람이 되었다.
- **가치**: 당신의 가치는 어떤 면에서는 반대로 달라졌다.

다시 말하지만, 친구와 헤어지는 방법에 대한 정보가 너무 적거나 거의 없기 때문에 대부분의 사람들은 우정을 끝내는 방법을 모르고, 그들이 그렇게 하고 싶어 하는 것이 언제 정당화될지도 모른다.

친구가 당신에게 당신의 성실성을 타협하거나, 당신의 가치나 약속에 어긋나거나, 거짓말을 하거나, 누군가를 다치게 해서는 안 된다는 것을 알아야 한다. 비록 친구를 잃는 것이 큰 상실처럼 느껴질 수 있지만, 더 이상 당신의 삶을 좋게 하지 않는 사람은 당신의 삶에서 그 자리를 가질 자격이 없다.

2) 유독한 우정을 인식하기

일반적으로 건강한 관계는 두 사람이 동등하게 주고받는 관계이다. 유독한 관계에서 한 사람은 종종 더 많이 받고 다른 사람은 더 많이 제공한다. 다음에 이 사람과 함께 있을 때의 기분과 그 사람과 시간을 보낸 후의 기분에 주의를 기울인다.

유독한 우정의 징후는 다음과 같다(Noggle, 2022).

- 당신의 친구는 당신에게 관심이 없고 당신의 삶에 관심을 보이지 않는다.

- 그들은 종종 거짓말을 하고, 조종하고, 당신을 통제하려고 한다.
- 그들은 당신을 지지하거나 당신을 위해 나타나지 않는다. 그들은 신뢰할 수 없다.
- 당신은 그들에게 무시당하거나 판단을 받는다고 느낀다.
- 당신은 그들과 시간을 보내고 나면 감정적으로 고갈됨을 느낀다.

만약 이러한 사람이 당신의 기분을 좋게 하고 에너지를 주는 사람이라면 우정을 다시 시도해 보는 것도 고려해 볼 수 있다. 그러나 당신의 삶에 미치는 부정적인 영향이 긍정적인 것보다 더 크다면 당신은 유독한 관계에 있을 수 있다.

3) 우정을 끝내는 건강한 방법

일반적으로 우정을 끝낼 때 네 가지 건전한 선택지가 있다. 경우에 따라 이러한 전략을 조합하여 사용할 수 있다.

- 점진적으로 사라진다.

이 전술은 다른 사람과의 사회적 상호작용을 점차적으로 줄임으로써 우정이 자연스럽게 끝나게 하는 것이다(Bowker, 2010). 만약 당신이 대립을 두려워하거나, 상대방이 당신의 말을 듣거나 받아들이지 않을 가능성이 높거나, 위험한 상황에서 우정에서 점차 멀어지는 것은 좋은 선택이 될 수 있다.

일반적으로 우정에서 멀어지는 것은 상처받은 감정을 피하기 위한 시도이다. 감정을 억누르는 대신에 너무 바빠서 함께 어울리지 못하거나 일반적으로 연락하기 어려워진다. 전화 대신 문자를 보내고, 그 사람의 소셜 미디어에서 사라지고, 필요에 따라 팔로우를 취소하거나 계정을 소거하고, 다시 연락하는 데 시간이 오래 걸리고, 짧은 답장으로 답하는 등의 작업을 할 수 있다.

당신은 멀어져 가는 우정 속에서 자연스럽게 일어날 수 있는 일들을 하고 있다. 단지 우정을 끝내기 위해 의도적으로 그것들을 선택했을 뿐이다.

우정에서 사라져 가는 것이 더 친절해 보일 수 있지만, 만약 친구가 그 힌트를 받아들이지 않는다면 그것은 질질 끌 수 있다. 그런 경우, 당신은 그 사람이 무슨 일이 일어나고 있는지 또는 왜 당신이 갑자기 사라졌는지 추측하려고 할 때 스트레스를 받는 상황을 겪게 할 수도 있다.

하지만, 만약 그 우정이 독성이 있고 당신이 그 사람에 의해 피해를 입었거나, 혹은 당신이 그들에게 설명을 할 만큼 충분히 신경 쓰지 않는다면, 사라지는 것이 당신의 최선의 선택일 수 있다.

- 이야기를 나눈다.

점진적으로 사라지는 것이 적절하지 않거나 작동하지 않는 것으로 판단되면, 친구와 이야기해야 할 수도 있다. 이것은 연인 관계에서 각자의 입장을 결정하고 미래에 대해 이야기하는 대화와 비슷하다.

대화는 우정의 끝을 향한 디딤돌이 될 수 있지만, 당신은 당신의 차이점을 해결하고 우정을 고칠 수 있다는 것을 발견할지도 모른다. 다음과 같은 단계를 활용한다.

1단계: 그 사람에게 커피를 마시기 위해 만나자고 요청한다. 그러나 문자, 전화 또는 이메일을 통해 연락하는 것이 신체적으로나 감정적으로 더 안전하다고 생각되면 이러한 것 중 하나를 선택한다.

2단계: 당신이 말하고자 하는 목표를 설정한다. 달성하고자 하는 바를 생각한다. 잘못된 의사소통을 해결하고, 분노를 설명하고, 오래된 논쟁을 다루거나, 경계를 설정하고 싶은가? 당신이 성취하기를 바라는 것이 무엇이든, 만나기 전에 머릿속에 명확해야 한다. 더 많은 대화를 위한 문을 여는 진술로 시작한다. 예를 들면: “지난 몇 달간 우리의 우정에서 나를 괴롭히는 몇 가지 패턴을 발견했다. 우리가 그것에 대해 이야기할 수 있는지 궁금하다.”

3단계: 상대방이 무엇을 잘못했는지가 아니라 당신 자신의 감정에 대해 이야기한다. 대화의 목표를 염두에 두어야 한다. 말하는 만큼 듣는 것도 잊지 말아야 한다.

이야기를 나눌 때 "나"를 사용하는 데 집중해야 한다. "우리가 계획을 세운 후에 당신이 나타나지 않아서 나는 슬펐다"와 같은 "나" 표현은 친구에게만 책임을 돌리는 대신 당신의 감정에 중점을 두는 것이다.

비록 친구에게 화가 나거나 화를 내더라도 그들을 쉽게 실망시키면 두 사람 모두 스트레스를 덜 받을 수 있다. 당신이 그들에 대해 감사하는 것을 그들에게 알려 준다. 당신이 우정을 끝낸다고 해서 당신이 함께 보낸 시간을 소중히 여기지 않는다는 의미는 아니다.

4) 휴식기를 가진다

당신은 대화를 통해서 당신의 차이점을 해결할 수 없다고 결정할 수 있다. 그렇다면 어떻게 하겠는가? 사람들이 때때로 연애 관계에서 휴식을 취하는 것과 마찬가지로 친구 관계를 즉시 끊거나 휴식을 취하기로 결정할 수 있다.

휴식기를 취하면 많은 긍정적인 효과를 얻을 수 있으며, 다음과 같은 이점이 있다(Kansky & Allen, 2018).

- 우정에 대한 새로운 관점을 가진다.
- 화가 났을 때 진정하는 순간을 가진다.
- 만약 당신이 너무 많은 시간을 함께 보낸다면 친구를 그리워할 기회를 가진다.
- 우정을 재평가하는 시간을 가진다.

당신은 휴식기를 취하는 이유는 얼마든지 말할 수 있다. 만약 당신이 애매한 것을 선호한다면, 당신은 2주 동안 더 바쁠 것이라고 말할 수 있다. 반면에, 만약 당신이 방금 이야기를 나눴다면, 당신은 논의한 모든 것을 소화하기 위한 시간이 필요하다고 말할 수 있다. 나중에 다시 만날 시간을 정하거나 준비가 되었다고 생각될 때 연락할 것을 제안한다.

휴식기를 가진 동안 소셜 미디어에서 항상 그들의 계정을 닫거나 팔로우를 해제하여 추가 거리를 제공할 수 있다. 당신은 이 친구가 한 번 차지했던 마음의 공간을 비우는 것이 도움이 되고 관계에 도움이 될 수 있다는 것을 발견할지도 모른다.

만약 당신이 우정을 계속하기로 선택한다면, 두 사람 모두 앞으로 나아가기 위해 당신의 경계와 기대를 확실히 전달해야 한다.

5) 즉시 끝낸다

때때로 우정이 끝날 때 일어나는 혼돈을 피하는 것은 불가능하다. 만약 당신이 유독한 친구나 당신이 설정하려고 하는 경계를 존중하지 않는 누군가를 상대한다면 이렇게 하는 것이 좋다.

이러한 상황에서는 간단하게 당신의 요구가 충족되지 않는다고 말한다. 앞으로 상대방에게 좋은 일만 가득하길 바란다고 말한다. 이런 종류의 우정 헤어짐은 명확하고 분명하다는 점에서 좋을 수 있고, 당신은 미뤄 왔던 어떤 이슈든 말할 기회를 얻을 수 있다. 동시에, 이런 식으로 누군가를 대하는 것은 어색할 수 있다.

이런 종류의 우정 헤어짐은 당신이 누군가를 오랫동안 알고 지냈고 그들이 마지막 작별의 존경을 받을 만하다고 느끼거나, 누군가가 무시하기 어려울 정도로 끔찍한 일을 한다면 가장 적절할 것이다. 어느 순간, 당신은 간단하게 "안녕히 계세요, 가야겠어요."라고 말할 수 있다. 만약 도움이 된다면, 당신이 느끼고 있는 것을 표현하는 작은 대본을 쓴다.

아무런 말도 하지 않고 누군가와 의사소통을 끊는 것은 논란의 여지가 있다. 그러나 때로는 다른 사람과 이야기하지 않고 우정을 끝내는 것이 괜찮다는 것을 알아야 한다.

특히 조종, 신체적 또는 정서적 학대, 경계 위반이 있는 관계에서 당신은 왜 당신이 우정을 끊는지에 대해 다른 사람에게 설명할 의무는 없다. 당신의 최우선 순위는 자신을 안전하게 유지하고, 특히 당신의 안전이 위험에 처한 경우 더 많은 스트레스를 받지 않는 것이다.

그들의 번호를 차단하고, 소셜 미디어에서 떠나고, 서로의 친구에게 더 이상 이 사람과 연락하지 않을 것임을 알린다.

그러나 우정을 끝내는 데 도움이 되지 않는 방법도 알아야 한다. 우정의 끝을 둘러싼 상황은 다양하지만 다음을 포함하여 친구와 이별을 처리하는 특정 방법은 피하는 것이 도움이 될 수 있다. 심지어 유독한 친구와 관련된 경우라도 피하는 것이 도움이 될 수 있다.

- 적대적이거나 공격적이 된다.
- 우정을 끝내기 위해 다른 친구의 협조를 얻는다.
- 복수를 한다. 예를 들어, 소셜 미디어에 그들에 대한 부정적인 내용 게시한다.

새로운 친구를 만들고 오랜 친구와 관계를 강화하기

학기 첫 몇 주 동안 공동체를 구축하는 것은 대부분의 학생들에게 중요한 과제이다. 긍정 심리학에서 연구는 당신이 더 행복하면 행복해질수록 좋은 친구를 가질 가능성이 더 높다고 말한다. 우정이 깊으면 깊을수록 더 행복해진다. 좋은 소식은 우정을 쌓고 강화함으로써 당신의 행복을 증가시킬 수 있다는 것이다. 우리 모두는 소속감을 주기 위해 세 명의 좋은 친구가 필요하다.

연습

친구들에게 기꺼이 마음을 터놓아야 한다. 상호 간의 공유는 진정한 친밀감으로 이어지는 것이다. 당신의 친구들에게 100% 주의를 기울이면서 경청하고, 그들이 중요한 것에 대해 이야기할 때 눈을 마주치도록 해야 한다. 당신이 얼마나 그들에게 감사하고, 이 시간을 함께하는 것을 소중하게 생각하는지 말한다. 우정의 보편적인 규칙은 그들의 비밀을 지키고, 충성심을 갖고, 최소한 그들이 당신과 함께 있는 것만큼 그들에게 관대해야 한다는 것이다. 친구들과 인사할 때와 헤어질 때 가볍게 껴안고 작별 인사를 한다.

이것이 지금 학생들에게 중요한 이유:

학기 첫 몇 주 동안 공동체를 구축하는 것은 소속감을 강화한다. 학생이 반 친구들과 우정을 쌓으면 학생 유지와 학업 성취도가 크게 높아진다. 이 새로운 맥락에서 새로운 우정을 쌓는 것은 한 사람의 학업 프로그램에 남아 있기 위한 성패가 될 수 있다.

새로운 친구를 만들고 오랜 친구와 관계를 강화하기

당신의 우정의 질에 더 많은 노력을 기울였을 때 어떤 영향이 있었는가? 그러한 노력이 우정의 질에 차이를 만들었는가?

Chapter

05

감사의 의미

05 감사의 의미
Chapter

1. 감사의 개념

감사(gratitude, thankfulness, gratefulness)는 라틴어 형용사 gratus인 "기쁨, 감사함"에서 유래했으며, 친절을 받는 사람, 선물, 도움, 호의 또는 그러한 선물을 주는 사람에 대한 기타 유형의 관대함에 나타나는 긍정적 반응과 비슷한 appreciation(감사)의 느낌이다.

감사(gratitude)는 원하는 것이 아니라 가진 것에 대한 감사를 표현하는 감정이다. 감사는 삶의 선함을 인정할 때 유형 또는 무형의 것을 받는 것에 대해 thankful(감사하는) appreciation(감사)이다. thankful(감사하는)은 누군가가 당신에게 무엇인가 준 것에 대해 인사를 표하는 것을 의미한다. appreciation(감사)은 우리 주변의 사람들에게 매일 표현하는 thanks(감사) 정도이다. 물론 "감사합니다(thank you)"라고 말하는 것이 일반적이지만, 우리를 대신해 누군가의 도움이나 서비스에 감사하다는 말을 하는 것이 일반적이다.

즉, 감사(gratitude)는 자신의 생명과 같이 주어진 것과 보존된 것에 대한 부채감의 영적인 표현이다. 그것은 감사(appreciation)와 감사(thankfulness)보다 폭넓은 감정이다. 그것은 외적인 표현보다 더 내적인 상태이다.

이러한 감사는 thankful과 appreciative를 포함하는 긍정적인 감정이며, 여러 가지 정신적 건강과 신체적 건강의 이점과 관련이 있다. 감사를 경험할 때, 당신은 삶의 무언가 또는 누군가에 대해 감사함을 느끼고 친절, 따뜻함, 기타 형태의 관대함의 느낌으로 반응한다.

감사라는 단어는 다른 사람들이 그것을 어떻게 사용하고 어떤 맥락에서 사용하느냐에 따라 다양한 의미를 가질 수 있다.

감사의 경험은 역사적으로 여러 세계 종교의 초점이었다. 또한 그것은 고대, 중세 및 현대 철학자들의 관심 주제였으며, 현대 철학자들도 계속해서 관계하고 있다.

심리학에서 감사에 대한 체계적인 연구는 2000년경에 시작되었는데, 아마도 심리학이 전통적으로 긍정적 정서를 이해하는 것보다 고통을 이해하는 데 더 초점을 맞추기 때문일 수 있다. 심리학에서 감사에 대한 연구에는 감사의 정서(상태 감사)의 단기 경험, 사람들이 감사를 느끼는 빈도의 개인차(특성 감사), 감사의 치료적 이점뿐만 아니라 이 두 측면 사이의 관계에 대한 이해가 포함된다.

- 감사, 사의(gratitude): the quality of being thankful; readiness to show appreciation for and to return kindness
- 감탄, 감상, 감사(appreciation): recognition and enjoyment of the good qualities of someone or something
- 감사, 사은(thankfulness): conscious of benefit received, expressive of thanks, well pleased
- 인정(recognition): appreciation or acclaim for an achievement, service, or ability

2. 감사와 은혜

감사는 은혜(indebtedness)와는 다르다. 두 가지 정서는 모두 도움에 따라 발생하지만, 은혜는 도움에 대해 보상을 해야 한다는 의무감을 지각할 때 발생한다. 정서는 다른 행동으로 이어지는데, 은혜는 도움을 받은 사람이 도움을 준 사람을 피하도록 동기를 부여할 수 있는 반면, 감사는 받는 사람이 후원자를 찾고 그들과의 관계를 개선하도록 동기를 부여할 수 있다.

옥스퍼드 사전에는 친절을 받는 것, 후원자의 선의에 대한 감사(appreciation), 호의에 대한 보답의 의도로 정의하는 특징 또는 상태를 말한다. 이러한 정의를 바탕으로 감사에는 특성 감사(trait gratitude)와 상태 감사(state gratitude) 두 가지가 있다. 특성 감사는 개인 내부에 내재된 특성이고, 상태 감사는 사건에 대한 반응이다.

왓킨스 등(Watkins et al., 2006)은 후원자가 호의에 대한 보답의 기대가 생기면 수혜자는 감사를 덜 느끼는 반면 은혜는 더 많이 느낀다는 것을 발견했다. 수혜자의 사고방식과 행동 경향도 같지 않았다. 연구 대상자들은 보답 기대의 변화를 겪었지만, 이는 감사와 은혜의 변화로 이어졌다. 감사와 은혜가 같은 개념이라면 결과는 동일해야 한다. 따라서 이 연구는 감사와 은혜가 두 가지 다른 개념이라는 개념을 확증하는데 사용할 수 있다.

창(Tsang, 2006)은 자선적인 동기와 불명확한 동기 측면에서 후원자가 불명확한 동기보다 자선적인 동기에 따라 행동했을 때 수혜자는 더 감사함을 느꼈지만, 불명확한 동기와 자선적 동기 모두 은혜에 다른 영향을 미치지 않았다는 것을 발견했다. 또한 이기적 동기와 이타적 동기라는 측면에서, 후원자가 이기적 동기보다 이타적 동기에 따라 행동하는 경우 수혜자가 더 감사함을 느꼈으나, 후원자의 이기적 동기와 이타적 동기는 은혜에 별 영향을 미치지 않았다. 이러한 결과를 바탕으로 감사와 은혜는 두 가지 다른 영향을 미친다는 결론을 내렸다. 개념적으로 창은 관련 문헌을 요약하여 감사와 은혜는 세 가지 측면에서 다르다고 지적했다. 즉, ① 은혜는 불편함과 불안과 같은 부정적인 정서와 함께 발생하지만, 그러나 감사는 긍정적인 가치를 지닌 정서이다. ② 은혜는 회피 동기를 유발하지만, 그러나 감사는 친사회적 동기를 유발한다. ③ 은혜는 상호성의 규범에서 비롯되지만, 감사는 호혜성의 규범에 의해 영향을 받을 수도 있지만, 그것은 답례를 능가하여 확장될 수 있다. 만약 수혜자가 은혜 때문에 호의에 보답하는 경우 수혜자는 먼저 후원자가 지출한 비용을 고려한 다음 동일한 가치를 상환한다. 반대로 감사한 수혜자는 호의를 갚을 때 동일한 가치의 것보다 다른 선택을 고려할 것이다.

앨고 등(Algoe et al., 2010)은 감사는 긍정적인 정서이고 은혜는 부정적인 정서라고 분명히 설명했다. 감사는 사람들이 창의적인 방법으로 후원자에게 감사를 표하도록 영감을 주지만, 사람들이 빚을 지고 있다고 느낄 때 초점은 은혜를 갚는 데에만 있다. 즉, 그들은 대가에 더 집중한다. 또한 연구에 따르면 은혜는 관계를 유지하지만, 감사는 관계를 강화하여 감사와 은혜가 다르다는 것을 보여 준다.

또한, 수혜자가 호의를 갚지 못할 때 죄책감을 느낀다는 선행 연구의 연구 결과(Cohen, 2006; Dahl et al., 2005; Soscia, 2007)에 따르면 비록 죄책감과 부채가 완전히 다르지만, 수혜자는 호의를 갚을 수 없을 때 죄책감을 느끼기 때문에(빚진 것보다 더 심각한) 빚을 져야 한다. 이것은 은혜는 감사 후에 생길 수 있음을 보여 준다. 왓킨스 등(2006)은 감사로 인한 부채는 은혜로 인한 부채와 달리 내부적으로 발생한다고 지적했다. 은혜는 외부 경제 패턴 요인에서 도출되는 것이다. 위에서 언급한 두 가지 관점을 종합하여 우리는 다음과 같은 주장을 제안한다. 감사로 인한 부채에는 빚을 졌다는 느낌이 포함될 수 있다(적어도 빚을 지고 있다는 느낌은 감사의 빚 중 하나이다). "내부적으로 생성됨"은 이러한 유형의 은혜가 수혜자가 내부적으로 생성한 반응임을 의미한다. 즉, 은혜는 수혜자가 먼저 감사해야 하지만 호의를 갚지 못한다는 전제하에 발생하는 내적 반응이다. 이러한 유형의 은혜를 내적 은혜라고 한다. 내적 은혜는 수혜자가 감사함을 느낀 후에 생성된다.

이른바 전통적 은혜는 외부 요인으로 인해 수혜자에게 감사의 마음을 불러일으키지 못하는 것을 의미한다. 이러한 은혜를 외적 은혜라고 한다. 외적 은혜와 내적 은혜는 서로 다른 시점에서 발생한다. 외적 은혜는 후원자가 호의를 베푸는 순간에 발생하고 내적 은혜는 수혜자가 감사함을 느끼지만 그 호의를 갚을 수 없을 때 발생한다. 다음의 그림은 감사와 은혜가 발생하는 순서를 보여 주는 것이다.

3. 행동의 동기로서 감사

또한 감사는 후원자의 미래 친사회적 행동을 강화하는 데 도움이 될 수 있다. 예를 들어, 한 실험에서는 전화를 걸어 감사를 받은 보석 가게의 고객은 이후 구매가 70% 증가한 것으로 나타났다. 이에 비해 전화를 걸어 세일 소식을 들은 고객은 구매가 30% 증가하는 데 그쳤고, 전화를 전혀 받지 않은 고객은 전혀 증가하지 않았다(Carey et al., 1976). 린드와 보르디아(Rind & Bordia, 1995)의 또 다른 연구에서 레스토랑의 일반 고객은 직원이 청구서에 "감사합니다"라고 적었을 때 더 큰 팁을 주었다.

사람들은 감사할 때 삶의 부정적인 부분을 잊거나 거부하지 않는다. 그들은 좋은 점만 본다. 다른 사람보다 감사하는 사람이 어려움을 극복할 가능성이 더 크다. 맥컬로프, 창과 에몬스(McCullough, Tsang & Emmons, 2004)는 감사가 높은 긍정적 정서, 개방성, 행복과 같은 성격 특성에서 비롯된다는 것을 발견했다.

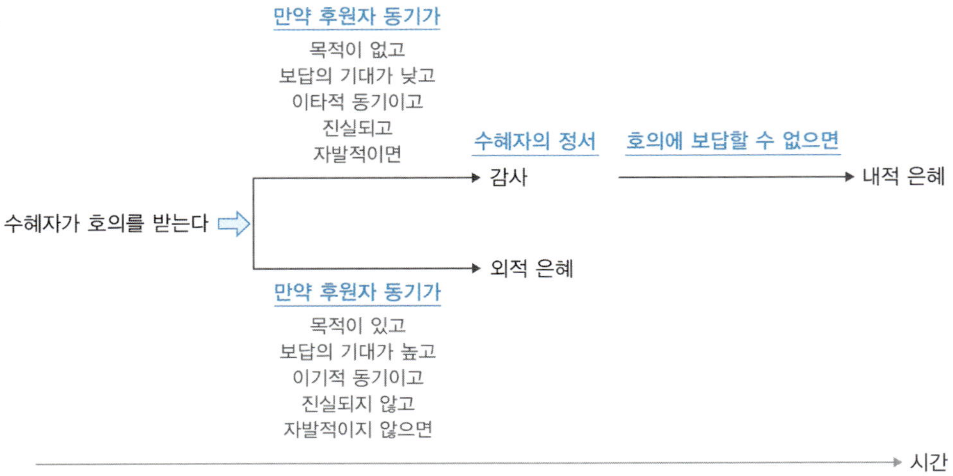

감사와 은혜의 계열적 순서

4. 감사의 신호

그렇다면 감사는 어떤 모습일까? 당신이 감사함을 느끼고 있는지 어떻게 알 수 있는가? 당신이 가진 것에 대한 감사를 표현하는 것은 다양한 방법으로 일어날 수 있다. 예를 들어, 다음과 같은 것들이 포함될 수 있다.

- 당신의 삶에서 당신이 감사하는 것들에 대해 잠시 생각해 보는 시간을 가진다.
- 당신의 일상생활에서 만나는 놀라운 것들의 아름다움을 관찰하고 인정하기 위해 멈추어 선다.
- 당신의 건강에 대해 감사하는 마음을 가진다.
- 당신의 삶에 긍정적인 영향을 준 사람에게 감사한다.
- 당신이 감사하다는 것을 다른 사람에게 보여 주기 위해 친절한 행동을 한다.
- 당신에게 기쁨과 평화를 가져다주는 당신의 삶의 작은 것들에 관심을 기울인다.
- 감사에 초점을 맞춘 명상이나 기도를 한다.

감사는 종종 당신이 그 순간에 느끼는 자발적인 감정이다. 어떤 사람들은 다른 사람들보다 더 자주 경험하는 경향이 있지만, 전문가들은 이 또한 당신이 더 자주 연습하는 것을 기르고 배울 수 있는 것이라고 제안한다.

다음과 같은 질문을 통해 감사를 경험하는 경향을 평가할 수 있다(Kong et al., 2017).

- 당신은 당신의 삶에서 감사해야 할 것이 많다고 느끼는가?
- 만약 당신이 감사한 것들을 모두 적는다면 그 목록이 매우 길까?
- 당신이 세상을 바라볼 때 감사할 것이 많이 있는가?
- 당신은 나이가 들수록 삶과 다른 사람들에 대한 감사가 더 강해진다고 느끼는가?

- 당신은 누군가 또는 무언가에 감사하는 순간을 자주 경험하는가?
- 당신은 당신의 삶에서 다양한 사람들을 높이 평가하는가?

만약 당신이 이 질문의 대부분에 '예'라고 답했다면 아마도 감사의 마음이 강할 것이다. 만약 당신이 다수 또는 모두에 '아니오'라고 답했다면, 삶에 더 많은 감사를 가져오기 위한 조치를 취할 수 있다.

5. 감사의 유형

감사는 다음과 같은 세 가지 방식으로 분류할 수 있다(Allen, 2018).

- 정의적 특성으로, 사람의 일반적인 성향과 관련이 있음을 의미한다. 어떤 사람들은 자연스럽게 다른 사람들보다 더 자주 감사를 경험한다. 그러나 연구는 성실성, 친화성, 외향성과 같은 5요인 성격 특성과 명확한 연관성을 보여 주지 못했다.
- 기분으로서, 시간이 지남에 따라 변동할 수 있음을 의미한다. 사람들은 일반적으로 더 감사함을 느끼는 기간을 경험할 수 있으며, 그렇지 않는 경우에는 덜 자주 경험할 수도 있다.
- 정서로서, 사람들이 순간에 경험하는 더 짧은 감정이다. 사람들은 감사의 감정을 불러일으키는 특별한 경험을 할 수 있다.

6. 감사를 실천하는 방법

감사하는 마음을 키우는 것은 복잡하거나 어려운 일이 아니다. 특별한 도구나 훈련이 필요하지 않다. 그리고 그것을 더 많이 연습할수록 더 나아지고 감사하는 마음의 상태가 될 것이다. 이것을 수행하는 방법은 다음과 같다.

- **순간을 관찰한다**: 잠시 시간을 내어 자신의 경험과 감정이 어떤지에 집중한다. 당신의 감각을 살펴보고 대처하는 데 도움이 되는 것이 무엇인지 생각한다. 당신을 위해 무언가를 해 준 사람들이 있는가, 아니면 당신이 스트레스를 관리하고, 당신의 삶에 대해 기분이 좋거나, 당신이 해야 할 일을 성취하는 데 도움이 되는 특별한 것들이 있는가? 또한 현재 순간을 더 자각하는 데 초점을 맞춘 마음챙김 수련이 유용한 도구임을 찾을 수 있을 것이다.
- **기록한다**: 매일 감사한 일을 몇 가지 적는 감사 일지를 시작하는 것이 도움이 될 것이다. 이러한 관찰을 되돌아볼 수 있으면 당신이 감사함을 느끼기 어려울 때 도움이 될 수 있다.
- **순간을 만끽한다**: 당신이 그 순간을 진정으로 즐길 시간을 가진다. 경험에 집중하고 좋은 감정을 흡수하도록 한다.
- **감사 의례를 만든다**: 잠시 멈추어 무엇인가 감사를 표하는 것은 더 큰 감사를 느끼는 데 도움이 될 수 있다. 명상, 기도 또는 주문은 더 큰 감사의 마음을 불러일으킬 수 있는 의례의 예이다.
- **감사를 표한다**: 감사는 우리 삶에 기쁨, 평화 또는 위안을 가져다주는 사람, 사물, 순간, 기술 또는 선물을 인식하고 감사하는 것이다. 당신의 감사를 보여 준다. 그 사람에게 감사를 표할 수도 있고, 단순히 정신적으로 당신이 가진 것에 감사하는 시간을 보낼 수도 있다.

다른 사람에게 감사를 표하는 것은 대인관계, 특히 파트너와의 관계에 영향을 줄 수 있는 중요한 요소이다. 감사하는 마음이 높은 사람들은 상대방이 답례로 감사를 표현하지 않을 때 부부 만족도가 급격히 떨어진다(McNulty & Dugas, 2019). 주변 사람들에게 감사를 표하는 것은 당신의 관계의 질과 만족도를 향상시키는 데 도움이 될 수 있다.

7. 감사의 영향

감사하는 습관은 신체적 건강과 정신적 건강 모두에 긍정적인 영향을 미칠 수 있다. 연구자들이 밝혀낸 감사의 이점은 다음과 같다(Jackowska et al., 2016; Chen & Wu, 2014; Cregg & Cheavens, 2021; Salces-Cubero et al., 2019).

- 더 나은 수면
- 더 나은 면역
- 높은 자존감
- 스트레스 감소
- 낮은 혈압
- 불안과 우울증 감소
- 더 강한 관계
- 더 높은 수준의 낙관주의

또한 연구에 따르면 감사하는 경향이 있는 사람들은 운동, 의사의 권고 사항 준수, 더 건강한 생활 방식 고수 등 건강을 증진하는 다른 행동을 할 가능성이 더 크다(Hill et al., 2013).

심리학자 에몬스에 따르면 감사는 여러 가지 이유로 사람들의 삶에 변화를 가져올 수 있다. 현재에 집중할 수 있도록 도와주기 때문에 긍정적인 감정을 증폭시키는 역할을 한다. 또한 감사는 사람들의 자기 가치를 향상시키는 데 도움이 될 수 있다. 세상에 당신을 걱정하고 당신의 관심사를 돌보는 사람들이 있다는 것을 인정한다면, 그것은 당신이 자신의 가치를 인식하는 데 도움이 될 수 있다. 또한 에몬스는 감사는 우리의 행복을 파괴할 수 있는 질투, 분개, 후회, 우울과 같은 유독한 감정을 차단한다고 하였다(UC Davis Health Center, 2015).

8. 감사를 개발하기 위한 요령

사람들이 일상 활에서 더 강한 감사 의식을 기르는 데 도움이 되는 다양한 연습과 중재가 입증되었다. 감사를 발전시키기 위해 다음과 같이 할 수 있다(Sexton & Adair, 2019; Emmons, 2010).

- **감사 일지를 작성한다**: 매일 몇 분 동안 감사하는 일에 대해 쓴다. 이것은 길거나 복잡한 과정일 필요가 없다. 단순히 하루에 두세 가지 항목을 나열하고, 그것에 대한 감사를 경험하는 데 집중하는 것이 도움이 될 수 있다. 한 연구에 따르면, 매일 "좋은 일 세 가지"를 적는 의료 종사자는 정서적 피로와 우울증이 감소하고 일과 삶의 균형과 전반적인 행복이 향상되었다.
- **경험을 재구성한다**: 감사를 높이는 또 다른 방법은 현재 상황을 과거의 부정적인 경험과 비교하는 것이다. 이렇게 하면 자신의 장점이 그러한 사건을 통해 어떻게 도움이 되었는지 알 수 있을 뿐만 아니라 지금 여기에서 감사할 수 있는 것에 집중하는 데 도움이 된다.
- **감각에 집중한다**: 에몬스는 보고, 듣고, 맛보고, 만지고, 느끼는 것에 시간을 할애

할 것을 제안하였다. 이것은 주변 세계와 살아 있다는 것의 의미에 대해 더 잘 이해하는 데 도움이 될 수 있다.

- 나쁜 것을 상기한다. 현재의 상태에 감사하려면 한때 겪었던 힘든 시간을 상기하는 것이 도움이 된다. 삶이 얼마나 힘들고 얼마나 멀리 왔는지 기억할 때, 당신은 마음에 명백한 대조를 설정하고, 이 대조는 감사를 위한 비옥한 땅이 된다.
- 자신에게 세 가지 질문을 한다. 다음 세 가지 질문을 사용하여 부모, 친구, 형제자매, 직장 동료, 자녀, 파트너와의 관계에 대해 조용히 생각해 본다. "나는 __에게서 무엇을 받았는가?", "나는 __에게 무엇을 주었는가?", "내가 초래한 문제와 어려움은 무엇인가?"
- 다른 사람과 감사를 나눈다. 감사를 표현하면 관계가 강화될 수 있다. 그래서 다음에 당신의 파트너, 친구 또는 가족이 당신이 감사하게 생각하는 일을 할 때 그 마음을 반드시 알려야 한다.
- 시각적 기억 단서를 사용한다. 감사에 대한 두 가지 주요 장애물은 건망증과 주의 깊은 인식의 부족이기 때문에 시각적 기억 단서(reminders)는 감사의 생각을 촉발하는 단서 역할을 할 수 있다. 종종, 가장 좋은 시각적 기억 단서는 다른 사람들이다.
- 감사를 실천할 것을 맹세한다. 어떤 행동을 하기 위해 맹세를 하는 것은 그 행동이 실행될 가능성을 증가시킨다. 그러므로, "나는 매일 나의 축복을 셀 것을 맹세한다"처럼 간단할 수 있는 당신 자신의 감사 서약을 쓰고, 그것을 당신이 매일 볼 수 있는 곳에 붙인다.
- 당신의 언어를 주시한다. 감사하는 사람들은 선물, 주는 사람, 축복, 행운을 주는, 행운을 받는, 그리고 풍요의 언어를 사용하는 특별한 언어 양식을 가지고 있다. 당신이 감사할 때 본질적으로 당신이 얼마나 좋은 사람인지에 초점을 맞추는 것이 아니라, 다른 사람이 당신 대신에 한 본질적으로 좋은 것에 초점을 맞추어야 한다.

- 동작을 살펴본다. 감사하는 동작에는 미소 짓기, 감사 인사하기, 감사 편지 쓰기가 포함된다. "감사하는 몸짓을 통해" 당신은 감사하는 감정을 더 자주 촉발시킬 것이다.

9. 감사의 잠재적인 함정

감사는 일반적으로 다양한 이점이 있는 것으로 간주되지만, 몇 가지 단점이 있을 수 있는 상황이 있다. 예를 들어, 만약 당신이 그것을 빚이 되는 상황으로 본다면 그것은 잠재적으로 스트레스를 받을 수 있는 의무감을 느끼게 될 수 있다.

특히 추수감사절이나 크리스마스와 같은 특정 시기에 감사를 느껴야 한다는 압박감 역시 스트레스의 원인이 될 수 있다.

그리고 때때로 감사하는 마음에 모든 에너지를 쏟는 것은 실제로 약간의 비판이 필요한 일을 소홀히 하게 만들 수 있다. 예를 들어, 당신이 파트너에게 감사하는 마음에 너무 집중한다면 당신의 웰빙에 해로운 특정 행동을 간과하거나 받아들일 수 있다.

그러나 이러한 잠재적인 함정은 감사를 실천하는 것의 압도적인 이점에 비해 상대적으로 사소하다는 것을 기억하는 것이 중요하다. 스스로에게 너무 많은 부담을 주어서는 안 되지만, 감사하는 마음을 기르기 위해 노력하는 것은 일상에 더할 가치가 있는 일이다.

감사 실천하기

어떤 새로운 환경에 적응하는 것은 당신의 강점과 약점을 주의 깊게 관찰하고 평가하는 것을 포함한다. 기회와 가능성을 알아차리고 하루 동안 일어나는 좋은 일들에 감사하는 것은 당신의 건강과 행복을 전반적으로 증진시킬 수 있다. 감사는 반 친구, 룸메이트, 강사, 조교, 직원과의 우정과 다른 연결고리를 강화시키고 당신이 스트레스에 대처하도록 도와준다. 또한 감사는 긍정적인 경험을 음미하는 것과 관련된 강렬함과 즐거움을 증가시킨다.

연습

당신이 감사하다고 느끼는 누군가에게 처음으로 편지를 써서 그들에게 감사를 표현한다. 공유된 경험을 바탕으로 그 이유를 구체적으로 설명한다. 인쇄해서 읽어 준다. 끝나면 그들에게 편지를 준다.

이것이 지금 학생들에게 중요한 이유:

감사는 반 친구, 교수나 강사, 조교와의 우정과 다른 연결고리를 강화하고 가능성에 대한 집중력을 증가시켜 학생들이 스트레스에 대처하도록 도와준다.

감사 실천하기

당신은 인생에서 좋은 것에 관심을 기울임으로써 새로운 가능성을 깨닫기 시작했는가?

Chapter

06

낙관주의의 의미

06 낙관주의의 의미

Chapter

1. 낙관주의의 개념

성공적인 사람들은 본질적으로 매우 낙관적이다. 그들은 다른 사람들이 문제와 어려움만 보는 것을 기회와 도전으로 본다. 그들의 낙관주의는 더 나은 미래를 상상할 수 있게 해 준다. 사실 긍정적인 변화에 영향을 줄 수 있다는 믿음 자체가 더 나은 미래를 책임질 수 있는 원동력이 된다. 이러한 깊은 확신이 없으면 행동을 취할 가능성이 작아진다.

매우 성공적인 사람들은 현실적인 낙관론자이다. 그들은 목표를 달성하기 위해 행동이 필요하다는 것을 알 만큼 충분히 현실적이다. 그러나 그들은 또한 그들이 성공할 것이라고 확신할 만큼 충분히 낙관적이다.

낙관주의는 항상 현실을 직시하고, 현실을 있는 그대로 보면서 바로 그 현실에서 출발하는 태도다. 낙관주의는 일이 잘될 것으로 생각하는 것이다. 낙관적인 사람은 실패를 해도 놀라지 않는다. 낙관주의는 삶이나 세상 형편을 즐겁고 희망적으로 보는 것으로, 그 반대는 비관주의이다. 반면 낙천주의는 무슨 일이 일어나도 괜찮다며 아무것도 하지 않는 것이다. 세상이나 삶을 즐겁고 좋게 생각하는 것으로, 그 반대는 염세주의이다.

낙관주의는 성공과 긍정적인 미래에 대한 희망과 자신감을 특징으로 하는 정신적 태도이다. 낙관론자는 좋은 일이 일어나기를 기대하는 반면, 비관론자는 불리한 결과를 예측한다. 낙관적 태도는 더 나은 대처 기술, 더 낮은 스트레스 수준, 더 나은 신체 건강, 목표 추구 시 더 높은 끈기를 포함하는 많은 이점과 관련이 있다(Carver et al., 2010). 낙관론자는 어려움을 학습 경험이나 일시적인 좌절로 보는 경향이 있다. 가장 비참한 날에도 "내일은 더 나을 것"이라는 약속이 있다. 항상 사물의 밝은 면을 본다면 다른 사람보다 인생에서 더 많은 긍정적인 사건을 경험하고, 스트레스를 덜 받고, 더 큰 건강상의 이점을 누릴 수 있다고 느낄 수 있다.

2. 낙관주의를 아는 방법

낙관론자들이 공유하는 경향이 있는 몇 가지 주요 특성이 있다. 당신이 낙관적인 경향이 있다는 것을 아는 다음과 같은 몇 가지 징후가 있다.

- 당신은 미래에 좋은 일이 일어날 것이라고 느낀다.
- 당신은 일에 최선을 다하기를 기대한다.
- 인생의 도전에 직면하여 성공할 것 같은 느낌이 든다.
- 당신은 미래가 밝아 보인다고 느낀다.
- 당신은 좋은 일조차도 부정적인 사건에서 올 수 있다고 생각한다.
- 당신은 도전이나 장애물을 배움의 기회로 본다.
- 당신은 당신의 삶에서 좋은 것들에 대해 감사를 느낀다.
- 당신은 항상 기회를 최대한 활용할 수 있는 방법을 찾고 있다.
- 당신은 자신과 다른 사람에 대해 긍정적인 태도를 가지고 있다.

- 당신은 실수에 대한 책임을 받아들이지만 그것에 연연해 하지 않는다.
- 한 번의 나쁜 경험이 미래에 대한 기대를 흐리게 하도록 하지 않는다.

낙관주의에 영향을 미치는 많은 요인이 있지만, 당신이 더 낙관적인 경향이 있는지 아니면 더 비관적인 경향이 있는지는 종종 당신이 인생의 사건을 어떻게 설명하느냐에 따라 설명될 수 있다.

3. 설명 양식

설명 양식 또는 귀인 양식은 사람들이 자신의 삶의 사건을 설명하는 방법을 나타낸다. 사람들이 상황을 설명하는 방법에는 세 가지 측면이 있다. 이것은 그들이 낙관론자인지 비관론자인지에 영향을 미칠 수 있다.

- **안정 대 불안정**: 시간이 일을 바꿀 수 있는가, 아니면 시간에 관계없이 동일하게 유지될 수 있는가?
- **총체적 대 지엽적**: 상황이 당신의 삶의 한 부분만을 반영하는가, 아니면 당신의 삶 전체를 반영하는가?
- **내적 대 외적**: 사건이 당신이나 외부 세력에 의해 발생했다고 느끼는가?

현실주의자는 어떤 것을 비교적 명확하게 보지만 우리 대부분은 현실주의자가 아니다. 대신 우리는 삶의 사건을 낙관적으로 또는 비관적으로 돌리는 경향이 있다.

1) 낙관론자 설명 양식

낙관주의자는 긍정적인 사건을 자신의 행동이나 특성(내부) 때문에 발생한 것으로 설명한다. 또한 그들은 그것들을 미래에(안정적인) 삶의 다른 영역에서(총체적으로) 더 긍정적인 일이 일어날 것이라는 증거로 본다. 반대로 그들은 부정적인 사건을 자신의 잘못이 아닌 것으로 본다(외적). 또한 그들은 그것들을 삶의 다른 영역이나 미래의 사건(지엽적)과 아무 관련이 없는(고립된) 우연한 존재로 본다.

예를 들어, 낙관주의자가 승진을 하게 된다면, 자신이 일을 잘하기 때문이며 앞으로 더 많은 혜택과 승진을 받을 것이라고 생각할 것이다. 만약 그들이 승진을 하지 못하면, 부득이한 사정으로 힘든 한 달을 보냈을 수도 있지만, 앞으로는 더 잘할 것이다.

2) 비관론자 설명 양식

비관론자는 낙관론자와는 반대로 생각한다. 그들은 부정적인 사건이 자신의 실수나 특성(내적)으로 인해 발생한다고 믿는다. 그들은 한 번의 실수가 더 많은 것을 의미하고(안정적), 삶의 다른 영역에서의 실수(총체적)가 원인이기 때문에 피할 수 없는 것이라고 믿는다. 그들은 긍정적인 사건을 통제할 수 없는 것(외적)에 의해 발생하고 아마도 다시는 일어나지 않을(불안정한) 우연(지엽적)으로 본다.

비관론자는 승진을 아마도 다시는 일어나지 않을 행운의 사건으로 볼 것이며, 이제 그들이 더 면밀한 조사를 받게 될까 봐 걱정할 수도 있다. 승진을 하지 못하면 아마도 충분히 숙련되지 않은 것으로 설명될 것이다. 따라서 그들은 다시 통과되어 승진하기를 기대한다.

4. 낙관주의 실천 방법

당신이 낙관론자라면 이것은 당신의 미래에 좋은 징조이다. 부정적인 사건은 뒤로 물러날 가능성이 더 높지만 긍정적인 사건은 자신에 대한 믿음, 현재와 미래, 그리고 삶의 장점에 대한 당신의 능력에 대한 믿음을 확인시켜 준다.

연구에 따르면 유전은 낙관주의 수준의 약 25%를 결정하고, 사회경제적 지위와 같이 통제할 수 없는 환경 변수도 중요한 역할을 한다고 한다(Carver et al., 2014). 하지만 그렇다고 해서 당신의 태도를 적극적으로 개선할 수 없다는 의미는 아니다.

당신이 낙관적이거나 비관적인 설명 양식을 갖고 있는 경향이 있을 수 있지만, 더 낙관적인 태도를 기르는 데 도움이 될 수 있는 다음과 같은 방법이 있다(Wells et al., 2018; Smyth et al., 2018).

1) 더 많은 마음챙김을 한다

마음챙김은 지금 여기에서 참여하고, 주의를 기울이고, 현재에 집중하는 데 중점을 두는 것이다. 현재 중요한 일에 집중하고 미래의 사건과 통제할 수 없는 일에 대한 걱정을 피하는 데 도움이 되는 유용한 기술이 될 수 있다. 현재에 충실하게 살고 있다면 부정적인 과거 경험을 반추하거나 다가오는 사건에 대해 걱정할 가능성이 훨씬 적다. 이것은 당신이 지금 가지고 있는 것에 대해 더 감사하게 느끼고 후회와 불안에 덜 소모되도록 해 준다.

2) 감사를 실천한다

감사는 삶에서 중요한 것에 대한 감사로 정의될 수 있다. 한 연구에 따르면 감사 일기를 쓰도록 배정받은 참가자들은 낙관주의와 회복력이 증가한 것으로 나타났다.

좀 더 낙관적인 태도를 기르고 싶다면 매일 몇 분씩 시간을 내어 당신이 감사하는 것에 대해 적어 본다.

3) 긍정적인 감정을 기록한다

연구에 따르면 긍정적인 생각을 적는 것과 같은 간단한 것이 낙관론을 향상시키는 데 도움이 될 수 있다. 한 연구에 따르면 긍정적인 감정에 초점을 맞춘 표현적인 글쓰기는 정신적 고통 감소 및 정신적 웰빙 개선과 관련이 있다.

4) 학습된 낙관주의를 개발한다

비관론자는 역경에 대한 자신의 반응에 대해 새로운 방식으로 생각하고, 부정적인 혼잣말에 의식적으로 도전함으로써 본질적으로 낙관주의를 배울 수 있다. 특히 부정적인 혼잣말을 긍정적 혼잣말 또는 긍정적 확언하기를 연습하는 것이 낙관주의를 학습하는 데 도움이 될 수 있다.

5) 인지적 재구조를 실천한다

인지 재구조라는 실제를 사용하면 부정적이고 자기 제한적인 사고에 의식적으로 도전하고 이를 더 낙관적인 사고 패턴으로 대체함으로써 자신과 다른 사람들이 더 낙관적이 되도록 도울 수 있다. 인지 재구조 과정에는 다음과 같은 몇 가지 단계가 포함된다.

- 부정적인 생각이나 기분을 유발하는 상황을 확인한다.
- 당신이 그 순간에 어떻게 느끼는지 평가한다.

- 상황에 대한 반응으로 당신이 가지고 있는 부정적인 생각을 확인한다.
- 당신의 부정적인 생각을 지지하거나 반박하기 위해 증거를 살펴본다.
- 객관적인 사실에 집중하고 자동적인 부정적인 생각을 보다 긍정적이고 현실적인 생각으로 바꾼다.

6) 당신이 있는 곳을 받아들인다

문제를 확인할 수 없거나 확인하지 못하는 경우 생각하는 방식을 변경할 수 없다. 당신이 부정적인 생각과 감정을 가졌고, 현재 그것에 반응하는 방식이 마음에 들지 않는다는 사실을 수용하면 변화의 과정을 시작하는 데 도움이 될 수 있다.

- 자기 생각이나 감정으로 자신을 판단하지 말아야 한다. 떠오르는 생각이나 경험하는 감정은 본질적으로 "좋거나", "나쁜" 것이 아니라 생각과 느낌일 뿐이라는 것을 기억해야 한다. 당신이 통제할 수 있는 것은 그것들을 해석하고 대응하는 방법이다.
- 당신이 바꿀 수 없는 자신에 대한 것들도 수용해야 한다. 예를 들어, 당신은 "재충전"하기 위해 혼자만의 조용한 시간이 필요한 내성적인 사람인데, 항상 외향적인 사람이 되려고 한다면 피곤하고 불행하다고 느낄 것이다. 있는 그대로의 자신을 수용해야 한다. 그러면 스스로를 가장 긍정적인 자신으로 자유롭게 발전시킬 수 있다.

7) 자기 확언을 사용한다

자기 확언은 다소 유치해 보일 수 있지만 연구에 따르면 기본적인 수준에서 작동한다고 한다. 그것들은 실제로 새로운 "긍정적인 생각" 신경 다발을 형성할 수 있다. 당신의 두뇌는 지름길을 사용하는 것을 좋아하며, 가장 빠른 경로를 사용하기 위해 단축키를 사용한다는 것을 기억해야 한다. 자신에게 자비로운 말을 하는 습관을 들이면 뇌가 그것을 "기준"으로 보게 될 것이다. 더불어 긍정적인 자기 대화와 자기 긍정은 스트레스와 우울증을 줄이고 면역 체계를 강화하고, 대처 능력을 기를 수 있다.

- 개인적으로 의미가 있는 확언을 선택한다. 당신의 몸, 자신에 대한 생각 또는 당신의 영적 전통을 상기시키기 위해 연민을 나타내는 확언을 사용할 수 있다. 자신에 대해 긍정적이고 고요한 느낌을 주는 것은 무엇이든 한다.
- "내 몸은 건강하고 내 마음은 아름답다", "오늘은 최선을 다해 친절을 베풀겠다", "오늘은 내 신/영적인 모습이 나와 함께 한다"와 같이 말할 수 있다.
- 특정 영역에서 어려움을 겪고 있다면 해당 영역에서 긍정적인 확언을 찾는 데 적극적으로 집중한다. 예를 들어, 신체 이미지 문제가 있는 경우 "나는 아름답고 강하다", "나는 다른 사람을 사랑하듯이 나 자신을 사랑하는 법을 배울 수 있다", "나는 사랑받고 존경받을 가치가 있다"와 같이 말한다.

8) 당신의 몸을 사용한다

당신의 몸과 마음은 밀접하게 연결되어 있다. 긍정적인 감정을 느끼기 위해 고군분투하고 있다면, 당신의 몸이 당신에게 불리하게 작용하고 있기 때문일 수 있다. 사회심리학자 에이미 커디(Amy Cuddy)는 자세가 신체의 스트레스 호르몬 수치에도 영향을 줄 수 있다고 하였다. 똑바로 서 보자. 어깨를 뒤로 하고 가슴을 앞으로 내밀고, 시선을 앞에 두고, 공간을 차지한다. 이것을 "파워 포즈"라고 하며 실제로 더 자신감 있고 낙관적인 느낌을 주는 데 도움이 될 수 있다.

- 미소를 짓는다. 연구에 따르면 웃을 때 행복을 "느끼는" 여부와 상관없이 뇌는 기

분을 고양한다. 눈과 입 주변의 근육을 활성화하는 뒤센의 미소(Duchenne Smile)를 사용하는 경우 특히 그렇다. 고통스러운 의료 과정 중에 미소를 지은 사람들은 그렇지 않은 사람들보다 통증이 덜하다고 보고했다.

- 자신을 표현하는 방식으로 옷을 입는다. 당신이 입는 것은 당신이 느끼는 방식에 영향을 미친다. 한 연구에 따르면 실험복을 입은 사람들이 간단한 과학 과제를 하는 동안 실험복을 입지 않은 사람들보다 훨씬 더 과제를 잘했다. 비록 외투가 유일한 차이점이었음에도 불구하고. 기분이 좋아지게 하는 옷을 찾아서 입어라. 사회가 뭐라고 하든 상관없이 착용한다. 그리고 어떤 의미로든 자신의 사이즈를 위해 투자하는 데 매달리지 않아야 한다. 의류 사이즈는 완전히 임의적이며 어떤 매장의 사이즈 4는 다른 매장의 사이즈 12이다. 임의의 숫자가 당신의 가치를 결정하지 않는다는 것을 기억해야 한다.

9) 부정적인 영향을 피한다

인간은 “감정 전염”에 매우 취약하며, 이는 주변 사람들의 감정이 우리 자신의 감정에 영향을 미친다는 것을 의미한다. 나쁜 행동과 부정적인 태도가 당신에게 영향을 미치지 않도록 멀리해야 한다.

- 친구를 현명하게 선택해야 한다. 우리 주변에 있는 친구들은 우리에게 좋은 영향과 나쁜 영향을 모두 미칠 수 있다. 친구가 항상 부정적이라면 자신의 긍정적인 과정을 친구와 공유하는 것을 고려해야 한다. 그것은 긍정적으로 되는 방법을 배우도록 격려한다. 그들이 여전히 부정적인 상태를 유지하려는 경향이 있다면, 자신을 위해 그들로부터 분리해야 할 수도 있다.
- 당신이 편안하다고 느끼는 일만 한다. 어떤 일을 하는 것이 편하지 않다면 그 일을 하는 것에 대해 기분이 나쁘거나 죄책감이 들거나 걱정이 될 것이다. 그렇다

고 긍정적인 경험을 하는 것은 아니다. 하기 싫은 일에 대해 "아니오"라고 말하는 법을 배우면 자신에 대해 더 강해지고 편안해질 수 있다. 이것은 친구와 사랑하는 사람과 직장에서도 마찬가지이다.

5. 낙관주의의 영향

1) 더 나은 건강

연구에 따르면 낙관주의자는 비관주의자에 비해 심혈관질환 위험이 50% 낮고, 암과 싸울 때 생존율이 높아지는 등 신체적 건강을 더 잘 유지할 가능성이 높은 것으로 나타났다(Conversano et al., 2010). 일부 연구들은 비관적인 설명 양식은 더 높은 전염병 비율, 나쁜 건강 상태, 그리고 조기 사망률과 관계가 있는다는 것을 발견하였다.

2) 더 큰 성취

긍정심리학의 창시자인 심리학자 마틴 셀리그먼은 스포츠 팀을 분석한 결과 낙관적인 팀이 비관적인 팀보다 긍정적인 시너지 효과를 더 많이 창출하고 더 나은 성과를 낸다는 사실을 발견했다. 또 다른 연구에 따르면 자신이 과거보다 더 나쁜 성적을 냈다고 믿게 된 비관적인 수영 선수는 미래에 저조한 경기력을 보이기 쉽다. 낙관적인 수영 선수는 이 취약점이 없었다(Stanula et al., 2012).

3) 끈기

낙관론자는 비관론자처럼 쉽게 포기하지 않으며, 그로 인해 성공할 가능성이 더 크다. 낙관적인 태도를 가진 사람들은 장애, 도전, 좌절에 직면하더라도 목표를 향해 계속 노력할 가능성이 더 크다. 이러한 끈기는 궁극적으로 목표를 달성할 가능성이 더 높다는 것을 의미한다.

4) 정서적 건강

연구에 따르면 사람의 사고 과정을 재구성하는 것과 관련된 인지치료가 우울증 치료에 있어 항우울제만큼 효과적이거나 더 효과적일 수 있다(Driessen & Hollon, 2010). 또한 이러한 개선은 오래 지속되는 경향이 있으며, 이것은 일시적인 해결책 이상임을 시사한다. 낙관주의에 대한 이러한 훈련을 받은 사람들은 미래의 좌절을 효과적으로 처리할 수 있게 된 것으로 보인다.

5) 수명 연장

1900년에서 1950년 사이에 활약한 34명의 건강한 명예의 전당 야구 선수에 대한 회고적 연구에서 낙관론자들은 훨씬 더 오래 살았다. 다른 연구에서는 낙관적인 유방암 환자가 비관적이고 희망이 없는 환자보다 삶의 질이 더 좋은 것으로 나타났다(Applebaum et al., 2014).

6) 적은 스트레스

또한 낙관주의자는 비관주의자나 현실주의자보다 스트레스를 덜 받는 경향이 있다. 그들은 자신과 자신의 능력을 믿기 때문에 좋은 일이 일어나기를 기대한다. 그들은 부정적인 사건을 쉽게 극복할 수 있는 작은 좌절로 보고, 긍정적인 사건을 더 좋은 일이 있을 것이라는 증거로 본다. 자신을 믿으면서 더 많은 위험을 감수하고 삶에서 더 긍정적인 사건을 만든다.

연구에 따르면 낙관주의자는 스트레스 관리에 더 적극적이다. 그들은 스트레스 요인과 정서적 결과를 줄이거나 제거하는 접근 방식을 선호하는 경향이 있다. 낙관주의자는 스트레스 관리에 더 열심히 활동하기 때문에 스트레스를 덜 받는다.

6. 잠재적 함정

낙관주의는 일반적으로 많은 신체적, 정신적 건강상의 이점을 제공하는 긍정적인 특성이다. 그러나 이것이 몇 가지 잠재적인 함정이 없다는 것을 의미하지는 않는다. 낙관주의가 해로울 수 있는 몇 가지 측면은 다음과 같다.

1) 낙관주의 편향

때로 과도한 낙관주의는 사람들로 하여금 나쁜 일을 피하면서 좋은 일을 경험할 수 있는 가능성을 과대평가하게 만들 수 있다. 낙관주의 편향은 사람들이 종종 부정적인 결과를 경험할 위험을 과소평가한다는 것을 암시한다. 이것은 때때로 사람들로 하여금 실제로 나쁜 결과를 초래할 가능성을 높이는 위험한 행동을 하도록 이끌 수 있다.

> 낙관주의는 내가 노력한 만큼 돌아올 것이라고 믿는 것이고, 낙천주의는 별다른 노력 없이 기다리면서 그저 인생이 다 잘될 것이라 믿는다.

2) 열악한 위험 평가

사람들이 무언가에 대해 지나치게 낙관적일 때 모든 잠재적 위험에 대해 생각하고, 이러한 문제를 완화하기 위한 조치를 취하지 않을 수 있다. 이것은 궁극적으로 그들의 노력이 실패하거나 적어도 그 과정에서 중대한 문제에 부딪힐 가능성이 더 높아지도록 만들 수 있다.

3) 유독성 긍정성

때때로 사람들은 부정적인 감정을 무시하거나 억누르면서 긍정적인 감정을 과대평가하는 경향이 있다. 또한 그것은 사람들로 하여금 어려운 시기를 겪고 있는 사람들의 감정적 경험을 무효화하도록 만들 수 있다.

낙관론자는 긍정적인 태도에 대해 건강하고 현실적인 접근 방식을 유지하는 데 집중함으로써 이러한 함정 중 일부를 피할 수 있다. '긍정적으로 유지하는' 것에만 치중하고 다른 감정은 무시하기보다 상황의 어려움을 인정하면서도 밝은 면을 보려고 노력하는 것이 목표여야 한다.

7. 유독성 긍정성

유독성 긍정성(toxic positivity)은 상황이 아무리 끔찍하거나 어렵더라도 사람들은 긍정적인 사고방식을 유지해야 한다는 믿음이다. 그것은 삶에 대한 "오직 좋은 분위기만"에 대한 접근 방식이다. 낙관주의자가 되고 긍정적인 사고를 하는 데는 이점이 있지만, 유독성 긍정성은 대신 쾌활하고 종종 잘못된 긍정적인 외관을 선호하여 어려운 감정을 거부한다.

삶에 대한 긍정적인 견해를 갖는 것이 정신 건강에 좋다는 것은 우리 모두 알고 있다. 문제는 삶이 항상 긍정적이지 않다는 것이다. 우리 모두는 고통스러운 감정과 경험을 다룬다. 그러한 감정은 종종 불쾌하지만 중요하며 공개적이고 정직하게 느끼고 다루어야 한다.

유독성 긍정성은 긍정적인 사고를 지나치게 일반화해 극단적으로 만든다. 이러한 태도는 낙관주의의 중요성을 강조할 뿐만 아니라 엄격하게 행복하거나 긍정적이지 않은 인간 감정의 흔적을 최소화하고 부정한다.

1) 유동성 긍정성의 형태

- 실직과 같은 안 좋은 일이 생기면 사람들은 "그냥 긍정적으로 지내라" 또는 "밝은 면을 보라"고 말한다. 그러한 언급은 종종 동정심을 나타내기 위한 것이지만, 또한 당신이 경험하고 있는 것에 대해 말하고 싶은 모든 것을 차단하는 방법이 될 수도 있다.
- 어떤 종류의 상실을 경험한 후 사람들은 "모든 일이 다 이유가 있다"고 말한다. 사람들은 자신이 위로가 된다고 믿기 때문에 그런 말을 하는 경우가 많지만, 이는 다른 사람의 고통을 피하는 방법이기도 하다.
- 실망이나 슬픔을 표현할 때 누군가는 "행복은 선택"이라고 말한다. 이것은 당신이 부정적인 감정을 느낀다면, 행복을 "선택"하지 않은 것은 당신 자신의 잘못임을 시사하는 것이다.

이러한 말은 종종 선의에 의한 것이다. 사람들은 다른 말을 할 줄 모르고 공감하는 방법을 모른다. 그러나 이러한 반응이 해로울 수 있음을 인식하는 것이 중요하다.

기껏해야 그런 말은 진부한 상투적인 말들로 나타나서 당신이 다른 사람의 감정을 다룰 필요가 없게 한다. 최악의 경우 이러한 댓글은 믿을 수 없을 정도로 어려운 상황에 자주 직면하는 사람들을 부끄럽게 만들고 비난하게 된다.

유독성 긍정성은 사람들이 직면한 상황에 대처하는 데 필요한 진정한 지원을 거부하도록 한다.

2) 유독성 긍정성이 해로운 이유

유독성 긍정성은 실제로 어려운 시기를 겪고 있는 사람들에게 해를 끼칠 수 있다. 사람들은 진정한 인간의 감정을 공유하고 무조건적인 지원을 받기보다는 자신의 감정을 상투적으로 만들거나, 무시하거나, 완전히 무효화한다고 생각한다.

- 부끄러운 일이다. 누군가가 고통을 당할 때 자신의 감정이 유효하지만 친구와 가족에게서 안도감과 사랑을 찾을 수 있다는 것을 알아야 한다. 유독성 긍정성은 사람들에게 그들이 느끼는 감정이 용납될 수 없음을 알려 준다.
- 죄책감을 유발한다. 비극에 직면하여도 긍정적인 느낌을 받을 수 있는 방법을 찾지 못한다면 당신이 뭔가 잘못하고 있다는 메시지를 보낸다.
- 진정한 인간의 감정을 피한다. 유독성 긍정성은 회피 메커니즘으로 기능한다. 다른 사람들이 이러한 유형의 행동을 하면 불편함을 느낄 수 있는 감정적 상황을 피할 수 있다. 그러나 때때로 우리는 이와 같은 생각을 자신에게 돌리고 이러한 해로운 생각을 내면화한다. 어려운 감정을 느낄 때 우리는 그것을 상투적인 것으로 만들고, 무시하고, 거부한다.
- 성장을 방해한다. 고통스러울 수 있는 감정을 피할 수 있게 해 주지만 궁극적으로 성장과 더 깊은 통찰력으로 이어질 수 있는 도전적인 감정에 직면하는 능력을 거부한다.

"오직 긍정적인 분위기만"이라는 말은 개인적인 고통이 극심할 때 특히 거슬릴 수 있다. 사람들이 경제적 어려움, 실직, 질병, 사랑하는 사람을 잃는 것과 같은 상황에 대처할 때 밝은 면을 봐야 한다는 말은 정말 잔인하게 보일 수 있다.

3) 유독성 긍정성의 징후

유독성 긍정성은 종종 미묘할 수 있지만, 징후를 인식하는 법을 배우면 이러한 유형의 행동을 더 잘 확인하는 데 도움이 될 수 있다. 몇 가지 징후는 다음과 같다.

- 문제에 직면하기보다 문제를 무시한다.
- 슬프거나, 화나거나, 실망한 것에 대해 죄책감을 느낀다.
- 보다 사회적으로 용인되는 것처럼 보이는 기분 좋은 인용문 뒤에 진정한 감정을 숨긴다.
- 당신의 진짜 기분을 숨기거나 가장한다.
- 당신을 불편하게 만들기 때문에 다른 사람들의 감정을 최소화한다.
- 다른 사람들이 긍정적인 태도를 가지고 있지 않을 때 수치심을 준다.
- 냉정을 유지하거나 고통스러운 감정을 "극복"하려고 노력한다.

4) 유독성 긍정성 피하는 방법

당신이 유독성 긍정성 반응의 영향을 받은 적이 있거나 자신이 이런 종류의 행동을 인지하고 있다면 더 건강하고 지지적인 접근 방식을 개발하기 위해 다음과 같은 몇 가지 아이디어를 실천할 수 있다.

- 부정적인 감정을 관리하되 부정하지는 않는다. 부정적인 감정은 억제되지 않을

때 스트레스를 유발할 수 있지만(Fischer, 2018), 또한 그것은 삶에 유익한 변화를 가져올 수 있는 중요한 정보를 제공할 수도 있다.

- 당신이 느껴야 할 것에 대해 현실적이 된다. 스트레스가 많은 상황에 직면했을 때 스트레스를 받거나 걱정하거나 두려워하는 것은 정상이다. 자신에게 너무 많은 것을 기대하지 않아야 한다. 자기 관리에 집중하고 상황을 개선하는 데 도움이 될 수 있는 조치를 취한다.
- 한 가지 이상을 느껴도 괜찮다. 도전에 직면하면 미래에 대한 불안과 성공에 대한 희망이 생길 수 있다. 당신의 감정은 상황 자체만큼이나 복잡하다.
- 다른 사람의 말을 경청하고 지지하는 데 집중한다. 누군가가 어려운 감정을 표현할 때 해로운 진부한 말로 억누르지 말아야 한다. 대신, 그들이 느끼는 것이 정상이며 당신이 거기에 있다는 것을 알려 준다.
- 당신이 어떻게 느끼는지 주목한다. "긍정적인" 소셜 미디어 계정을 팔로우하는 것은 때때로 영감의 원천이 될 수 있지만 그러한 콘텐츠를 보고 상호 작용한 후의 느낌에 주의를 기울인다. '고양되는' 게시물을 보고 수치심이나 죄책감이 남는다면, 그것은 유독성 긍정성 때문일 수 있다. 이러한 경우 소셜 미디어 사용을 제한하는 것이 좋다.

낙관주의 배양

낙관주의는 왜 당신에게 일이 일어나는지 자신에게 설명하는 방법에 관한 것이다. 이것은 당신이 세상을 보는 방식과 그 안에서 당신의 역할을 선택하는 것을 의미한다. 비관적 사고는 생산성, 탄력성, 집중력을 방해할 수 있다. 낙관적인 생각을 하는 사람들은 나쁜 시기를 다룰 수 있는 더 많은 희망과 에너지를 가지고 있다. 왜냐하면 우리는 좋은 시기를 우리가 그것을 실현하기 위해 한 일로서 설명하고, 우리는 그것을 영구적이고 만연하다고 보기 때문이다. 학기의 세 번째 주가 되면 당신이 해야 할 것을 충분히 인식하게 되고, 교과목 선택과 교수가 당신에게 기대하는 것을 지키기 위한 능력에 대해 의문을 갖기 시작할 수 있다.

연습

좋은 일이 있을 때 스스로에게 물어본다.
(1) 내가 어떤 역할을 해서 이런 일이 일어났는가?
(2) 나는 이것을 어떻게 영구적이 되도록 할 수 있는가?
(3) 이 일이 내 인생의 다른 측면으로 흘러가게 하려면 어떻게 해야 할까?

나쁜 일이 일어날 때 스스로에게 물어본다.
(1) 어떤 면에서 이것은 다른 사람의 책임이거나 또는 내가 통제할 수 없는 상황인가?
(2) 이것을 어떻게 임시로 유지할 수 있는가?
(3) 이 사건의 피해나 장기적인 영향을 억제하려면 어떻게 해야 하는가?

이것이 지금 학생들에게 중요한 이유:

학기 시작 세 번째 또는 네 번째 주가 되면 당신이 해야 할 것을 충분히 알게 되고, 일부 학생들은 교과목 선택과 교수가 당신에게 기대하는 것을 지키기 위한 능력에 대해 의문을 갖기 시작할 수 있다.

낙관주의 배양

당신은 낙관적인 마음가짐으로 전환할 수 있었는가?

Chapter

07

현재를 사는 방법

07 현재를 사는 방법

Chapter

우리 대부분은 과거나 미래에 사는 경향이 있다. 어제 일어난 일이나 내일 일어날 일에 대해 얼마나 자주 생각하는가? 이것이 당신의 삶과 웰빙에 어떤 영향을 미치는가?

여기에서 우리는 현재 순간을 사는 방법과 마음챙김으로 다시 사는 데 도움이 될 수 있는 몇 가지 방법에 대해 설명한다.

1. 당신 주변에 주목한다

현재 순간에 있는 한 가지 방법은 당신 주변을 알아차리는 것이다. 하루 중 얼마나 자주 시간을 내어 실제로 주변을 둘러보고 무슨 일이 일어나고 있는지 확인하는가? 마지막으로 앉아서 눈을 감고 심호흡을 하고 주변의 모든 것을 바라보았던 것이 언제였는가?

지금 이러한 기회를 잡아 보자. 두 눈을 감고 심호흡을 한 다음, 눈을 뜨고 당신이 있는 곳을 진정으로 받아들인다.

- 벽이 어떻게 보이는가?
- 바닥이나 천장은 어떤가? 거기에서 어떤 패턴을 볼 수 있는가?
- 왼쪽과 오른쪽에 몇 개의 창문이 있는가?
- 여기에서 몇 개의 불빛을 셀 수 있는가?

멈춰서 주변을 살펴보고 주변의 모든 것을 받아들일 때 현재를 사는 것이 더 쉽다.

2. 한 번에 한 가지에 집중한다(멀티태스킹을 하지 않는다)

멀티태스킹과 한 번에 한 가지 이상의 작업을 하는 것이 더 생산적으로 느껴질 수 있지만, 여러 작업을 끊임없이 곡예하듯 다루면 현재 순간을 살기가 어렵다. 당신의 완전한 주의가 필요한 일을 하는 것이 처음에는 압도적으로 보일 수 있지만, 그 일에 완전히 몰두할 때 당신이 얼마나 더 생산적인지 인식해야 한다. 이것을 한 시간에 여러 가지를 짜내거나 세 가지 다른 프로젝트에 에너지의 절반을 사용하는 것과 비교해 보자. 그리고 인간의 뇌는 동시에 여러 가지 과제를 처리하지 못한다.

만약 당신이 어떤 일을 하고 있다면, 그것에 모든 주의를 기울여야 한다. 하고 있는 일을 하고 싶지 않아 다른 일을 생각하거나 휴대폰을 확인하고 있다면 멈추고 다시 눈앞에 있는 일에 집중한다. 연구에 따르면 그 순간에 일어나는 일에 완전히 집중하면 어쨌든 장기적으로 세부 사항을 더 잘 기억할 수 있다.

3. 당신이 지금 가진 것에 감사하라

현재 순간을 사는 것의 일부는 시간을 내어 과거 또는 미래가 아닌 지금 가진 것에 감사하는 것이다. 만약 당신이 가지고 있지 않은 것에 계속 집중하면, 당신은 지금 이 순간 당신이 가지고 있는 것에 감사할 시간을 갖지 못하고 있는 것이다.

감사를 실천하는 한 가지 방법은 감사하는 일의 목록을 작성하고 매일 그 목록을 검토하는 것이다. 지금 당신의 삶에서 감사한 일을 세 가지 이상 적어 본다. 또는 특정 기간 동안 생각할 수 있는 만큼 많은 것을 적으며 미친 듯이 감사를 할 수도 있다.

4. 원하는 대로가 아닌 있는 그대로 받아들인다

만약 당신이 현재를 살고 싶다면, 당신은 사물이 어떻게 되어야 한다고 생각하는지를 포기하고 있는 그것을 있는 그대로 받아들일 필요가 있다. 당신은 자기 주변에서 일어나는 모든 것을 통제할 수 없다. 때때로 삶은 당신이 원하는 것과 다를 것이다. 수용을 실천하는 것은 당신의 삶에서 통제할 수 없는 것들을 놓는 데 도움을 줄 것이다. 되는 대로 한다는 생각이 필요할 수도 있다.

5. 마음챙김 명상을 연습한다

더 많이 현재 순간에 사는 한 가지 방법은 마음챙김 명상을 수행하는 것이다. 이러한 유형의 명상은 사람들이 주어진 시간에 자신이 하고 있는 일에 대해 자각하고 집중력을 높이는 데 도움이 된다. 매일 명상 연습을 시작하면 생각과 감정을 더 잘 인식하는 데 도움이 되며, 이는 결과적으로 현재 순간에 보내는 시간을 늘릴 수 있다.

6. 당신이 행복하고 성취감을 느끼도록 하는 사람들과 시간을 보낸다

당신을 행복하게 하고 성취감을 주는 사람들과 시간을 보내는 것은 현재를 사는 데 도움이 되는 좋은 방법이 될 수 있다. 긍정적이고 지지하는 사람들로 자신을 둘러싸면 자신의 긍정성과 행복도가 높아진다. 그러면 과거나 미래의 일에 연연하지 않고 현재 잘되고 있는 일에 집중할 수 있다.

7. 당신이 하는 모든 일을 염두에 둔다

식사에서 휴대전화 스크롤에 이르기까지 무엇을 하든 염두에 두어야 한다. 당신은 얼마나 자주 TV를 보면서 식사를 하는가? 이것은 당신이 하고 있는 일과 거리를 두고 현재 순간에 살지 않을 수 있는 한 가지 방법이다. 왜냐하면 당신의 모든 관심이 그 일이나 활동에 집중되어 있지 않기 때문이다.

- TV를 보는 대신 식사하는 동안 매 끼니에 집중한다.
- 음식의 냄새는 어떤가?
- 맛은 어떤가?
- 지금까지 먹은 음식에 대한 몸의 반응은 어떤가?
- 식사하는 동안 주변에서 들리는 소리는 무엇인가? 전화 통화, 외부에서 오는 교통 소음, 배경으로 재생되는 음악 등을 살펴본다.

이러한 세부 사항에 초점을 맞추고 특정 작업이나 활동 중에 주변에서 일어나는 모든 일을 염두에 두면 삶에 현재 순간에 대한 인식을 더 많이 가져오는 데 도움이 된다.

8. 심호흡을 연습한다

시간을 내어 앉아서 심호흡 연습을 하면 당면한 과제에 마음을 집중하는 데 도움이 된다. 천천히 조절된 호흡을 하면 공황감이나 다른 부정적인 생각에 휩쓸리는 것을 방지하는 동시에 현재 하고 있는 활동을 더 잘 통제할 수 있다. 시도할 수 있는 빠르고 쉬운 방법 중 하나는 4-7-8 호흡 기법이다.

4-7-8 호흡을 하는 방법은 다음과 같다.

- **1단계**: 방해받지 않고 조용히 앉을 수 있는 편안한 장소를 찾는다.
- **2단계**: 혀가 윗니 뒤쪽을 누르도록 부드럽게 위치시킨다.
- **3단계**: 입을 벌리고 혀 주변의 모든 공기를 내뿜는다.
- **4단계**: 입을 다물고 4를 세면서 코로 숨을 들이마신다.
- **5단계**: 이제 숨을 참으면서 일곱까지 센다.
- **6단계**: 마지막으로 8을 세면서 입으로 숨을 내쉰다. 숨을 내쉴 때 "쉬---" 소리를 낸다. 완전히 숨을 내쉬고 나면 공기가 모두 빠진 것처럼 느껴져야 한다.
- **7단계**: 이전 단계를 반복하면서 총 4주기를 수행한다.

이 호흡 기법의 주요 용도는 시간이 지남에 따라 스트레스 반응을 낮추는 것이다. 이것은 장기적으로 개선을 확인하기 위해 매일 연습하는 것을 의미한다. 그러나 4-7-8 호흡은 다양한 스트레스 상황에서 침착함을 유지하는 데 도움이 될 수 있다. 스트레스, 불안, 공황 발작과 관련된 증상을 완화하는 데 사용할 수 있다. 다음은 이 4-7-8

호흡이 도움이 될 수 있는 몇 가지 특정 상황이다.

- 직장에서 스트레스를 받을 때
- 매일 교통 체증을 운전하거나 출퇴근하는 동안
- 학교나 직장에서 연설이나 발표를 하기 전에
- 대학 시험 기간 중
- 밤에 잠들려고 할 때
- 아침에 일어나면 가장 먼저
- 대학에서 수업 전 신경과민을 겪을 때
- 마음이 답답하거나 불안하거나 스트레스를 받는 경우
- 다른 이완 운동을 할 때
- 마음챙김 명상을 할 때

9. 소셜 미디어 및 기술을 잠시 중단한다

소셜 미디어 및 기타 기술을 중단하는 것도 현재에 더 집중하는 데 도움이 될 수 있다. 소셜 미디어 계정을 지속적으로 확인하는 것이 세상과 연결 상태를 유지하는 데 도움이 된다고 생각할 수도 있지만 실제로는 존재하는 능력에 부정적인 영향을 미치고 있다.

다른 일을 하다가 소셜 미디어를 확인하는 자신을 발견한 적이 있는가? 기술이 당신의 삶을 장악하지 못하도록 하는 방법을 배우는 것이 중요하다. 그렇게 하면 주변에서 일어나는 일에 대해 주의를 기울이지 못할 수 있기 때문이다.

특히, 다른 사람들과 함께 있을 때는 휴대전화에 정신이 팔리지 않고 주변 사람과 환경에 집중하는 것이 중요하다.

10. 규칙적인 운동이나 요가를 한다

규칙적인 운동을 하거나 공원을 산책하는 것만으로도 현재 활동에 더 집중할 수 있다. 일상의 일부로 요가를 포함하는 것은 현재를 사는 또 다른 좋은 방법이다. 특히 명상과 마음챙김 연습이 결합된 경우에 그렇다.

전체 요가 수업에 시간을 할애할 수 없다면 하던 일을 잠시 멈추고 몇 가지 기본적인 자세를 취하는 것만으로도 그 순간으로 돌아갈 수 있다.

결론적으로, 현재 순간에 살기 위해서는 시간을 내어 자신이 어디에 있는지, 무엇을 하고 있는지, 누구와 함께 있는지, 감사하는 시간을 가진다. 과거에 얽매이거나 앞으로 일어날 일에 대해 걱정하기보다는 지나가는 매 순간을 즐긴다. 이 과정에 도움이 필요하면 치료사와 이야기하는 것이 매우 도움이 될 수 있다. 그들은 현재를 더 쉽게 살 수 있게 해 주는 도구와 기법을 제공할 수 있다.

11. 걱정 기간을 만든다

미래의 일에 대해 초조해하는 자신을 발견했다면 걱정할 시간을 따로 마련한다. 오후에 약 15분 정도 시간을 내어 스트레스를 주는 모든 것을 검토한다. 그러면 당신은 현재에 있는 것에 더 많은 시간을 할애할 수 있다. 걱정에 대한 해결책을 생각해 냄으로써 이 시간을 건설적으로 만든다. 만약 온종일 걱정거리가 생긴다면 그것을 적어 두고 나중에 해결하겠다고 자신에게 말한다.

현재 순간에 살기

온전히 존재하고 집중할 수 있는 능력은 일년 중 이 때쯤이 압도하는 경향이 있는 불안과 스트레스의 영향을 줄여 줄 것이다. "허니문" 기간이 끝나고 학업 요구 사항이 증가하고 있다. 최악의 상황을 상상하고 무엇이 잘못되었을지 곰곰이 생각하는 경향이 있다. 자신을 다른 사람과 비교할 때 문제를 해결하고 적절한 조치를 취하는 데 집중할 가능성이 작다. 상황의 가장 가능성 있는 결과에 대한 관점을 얻는 것은 매우 도움이 될 수 있다.

연습

문제를 해결하기 위해서

1. 최악의 시나리오에서 어떤 일이 일어날지를 상상한다(창의적으로 행동하고, 여러 최악의 시나리오를 생성하고, 가능한 최악의 결과를 상상할 수 있도록 스스로 허용한다.) 이러한 선택지 각각에 대해 백분율을 할당한다.
2. 최상의 시나리오를 생성한다: 낙관적이고 창의적이며 이러한 시나리오에 대한 이상적인 결과를 생성한다. 이러한 최상의 시나리오 각각에 백분율을 할당한다.
3. 가장 가능성이 높은 시나리오를 고려한다. 각각에 백분율을 할당한다.
4. 가장 가능성이 높은 시나리오를 바탕으로 실행 계획을 수립한다.

만약 이것이 당신이 풀어야 하는 문제라면, 그것을 풀고 이 과정이 당신에게 가르쳐 준 교훈(조급함을 이겨 내는 인내심, 투쟁으로 이겨 내는 끈기, 동정심, 용기, 충성심 등)을 배운다.

이것이 지금 학생들에게 중요한 이유:

허니문 기간이 끝나고 학업적 요구가 높아지고 있다. 최악의 상황을 상상하고 무엇이 잘못되었을지 곰곰이 생각하는 경향이 있다. 객관적으로 사고하는 것은 상황을 관리하고 행동 계획을 세우는 데 큰 도움이 된다.

현재 순간에 살기

각 시나리오에서 일어날 일을 항목화하여 문제를 해결한다.

단계별 과정

1. 방아쇠를 확인하고 당신이 걱정하는 것이 무엇인지 인식한다.
2. 최악의 시나리오 생각을 나열한다.
3. 방아쇠를 당긴 상황에서 이러한 최악의 시나리오 생각의 가능성을 백분율로 확인한다.
4. 최상의 시나리오에 대한 생각을 나열한다.
5. 방아쇠를 당긴 최상의 시나리오 생각의 가능성 백분율을 확인한다.
6. 가장 가능성이 높은 시나리오 생각을 나열한다.
7. 방아쇠를 당긴 가장 가능성 있는 생각의 가능한 백분율을 확인한다.
8. 가장 가능성이 높은 시나리오를 기반으로 실행 계획을 만든다.

예를 들어:

방아쇠를 확인한다: 나는 이 시험에 낙제할 것이다.

최악의 시나리오	%	가장 가능한 시나리오	%	최상의 시나리오	%
이 시험에 실패하면 이 과정에서 낙제되고 학교를 그만둬야 한다.	10	나는 시험에 통과할 것이다(나는 급우와 함께 열심히 공부하고 추가 도움을 위해 근무 시간에 갔기 때문에)	60	나는 이 시험에서 A^{+}를 받는다.	0

계획 수립: 가장 가능성이 높은 시나리오가 주어지면, 나는 ...를 할 수 있다.

같이 공부할 친구를 찾고, 자료를 검토하고, 연습 문제를 수행하는 데 필요한 시간을 보낸다. 근무 시간에 가서 추가 도움을 받을 수 있다. 전날 밤에 숙면을 취하고 시험 전에 영양가 있는 아침 식사를 할 수 있다.

Chapter

08

대처 전략: 문제 해결 전략

08 대처 전략: 문제 해결 전략

Chapter

문제 해결은 문제를 발견하고, 분석하고, 해결하는 정신적 과정이다. 문제 해결의 궁극적인 목표는 어려움을 극복하고 문제를 가장 잘 해결하는 방법을 찾는 것이다.

문제를 해결하기 위한 최선의 전략은 상황에 크게 좌우된다. 어떤 경우에는 문제에 대해 가능한 모든 것을 배운 다음 사실적 지식을 사용하여 해결책을 찾는 것이 더 나은 경우도 있다. 다른 경우에는 창의성과 통찰력이 최선의 선택일 수도 있다.

문제를 올바르게 해결하려면 일련의 단계를 따르는 것이 중요하다. 연구자들은 때때로 이것을 문제 해결 주기라고 부른다(Davidson & Sternberg, 2003). 이 주기는 순차적으로 묘사되지만, 사람들은 해결책을 찾기 위해 엄격한 일련의 단계를 따르는 경우는 드물다. 문제 해결 단계를 순차적으로 따를 필요는 없다. 원하는 해결에 도달할 때까지 단계를 건너뛰거나 여러 단계를 반복하는 것이 일반적이다.

다음 단계에는 전략 개발과 지식 구성이 포함된다.

1. 문제를 확인한다

이것은 명백한 단계처럼 보일 수 있지만, 문제를 확인하는 것이 말처럼 항상 간단한 것은 아니다. 어떤 경우에는 사람들이 문제의 잘못된 원인을 잘못 확인하여 문제를 해결하려는 시도가 비효율적이거나 심지어 쓸모없게 될 수도 있다.

문제의 원인을 파악하는 데 사용할 수 있는 몇 가지 전략은 다음과 같다.

- 문제에 대해 질문하기
- 문제를 더 작은 조각으로 나누기
- 다양한 관점에서 문제 바라보기
- 서로 다른 변수들 사이에 어떤 관계가 존재하는지 알아내기 위한 연구 수행

2. 문제를 정의한다

문제가 확인된 후에는 문제를 해결할 수 있도록 문제를 완전히 정의하는 것이 중요하다. 문제의 각 측면을 조작적으로 정의하고 해결할 문제 측면에 대한 목표를 설정하여 문제를 정의할 수 있다.

이때 문제의 어떤 부분이 사실이고 어떤 부분이 의견인지 파악하는 데 집중해야 한다. 문제를 명확하게 설명하고 해결의 범위를 확인한다.

3. 전략을 수립한다

문제가 확인된 후에는 잠재적 해결에 대한 브레인스토밍을 시작한다. 이 단계는 일반적으로 질을 판단하지 않고 가능한 한 많은 아이디어를 생성하는 것을 포함한다. 여러 가능성이 생성되면 평가하고 범위를 좁힐 수 있다.

다음 단계는 문제를 해결하기 위한 전략을 개발하는 것이다. 사용되는 접근 방식은 상황과 개인의 독특한 선호도에 따라 달라진다. 일반적인 문제 해결 전략에는 발견적 방법, 연산적 방법, 시행착오, 통찰이 포함된다.

- 발견적 방법(heuristics)은 종종 과거에 효과가 있었던 해결을 기반으로 하는 정신적 경험 법칙이다. 이 방법은 항상 올바른 해결을 보장하지 못한다. 그러나 이 문제 해결 전략을 사용하면 복잡한 문제를 단순화하고 가능한 해결의 총 수를 보다 관리하기 쉬운 세트로 줄일 수 있다. 문제가 이전에 겪었던 것과 유사한 경우 잘 작동할 수 있으며, 빠른 해결이 필요한 경우 가장 좋은 선택인 경우가 많다.
- 연산적 방법(algorithms)은 올바른 결과를 생성하도록 보장하는 단계별 전략이다. 이 접근 방식은 정확성에 탁월하지만, 시간과 자원을 소모할 수도 있다. 수학 공식은 문제 해결 연산적 방법의 좋은 예이다. 이 방법은 정확한 답을 보장하지만, 항상 문제 해결에 최선의 접근 방식은 아니다. 이 전략은 많은 시간이 소요될 수 있기 때문에 많은 상황에서 실용적이지 않다.
- 시행착오(trial-and-error) 방법은 다양한 해결을 시도하고 작동하지 않는 해결을 배제하는 것이 포함된다. 이 접근 방식은 사용가능한 선택지가 매우 제한되는 경우 좋은 선택이 될 수 있다. 다양한 선택지가 있는 경우 시행착오를 시도하기 전에 다른 문제 해결 기법을 사용하여 가능한 선택의 범위를 좁히는 것이 좋다.
- 통찰(insight)은 어떤 경우에는 문제에 대한 해결책이 갑작스럽게 나타날 수 있는 상황을 말한다. 이것은 문제가 실제로 과거에 처리한 것과 유사하다는 것을 깨달

았기 때문에 발생할 수 있다. 그러나 통찰력으로 이끄는 근본적인 정신적 과정은 자각의 외부에서 발생한다.

4. 정보를 정리한다

해결을 찾기 전에 먼저 사용가능한 정보를 구성해야 한다. 문제에 대해 무엇을 알고 있는가? 모르는 것은 무엇인가? 사용가능한 정보가 많을수록 더 잘 준비되어 정확한 해결을 찾을 수 있다.

문제에 접근할 때 필요한 모든 자료가 있는지 확인하는 것이 중요하다. 적절한 정보 없이 결정을 내리면 편향되거나 부정확한 결과가 나올 수 있다.

5. 자원을 할당한다

물론 문제를 해결할 수 있는 돈, 시간, 기타 자원이 항상 무제한인 것은 아니다. 문제 해결을 시작하기 전에 우선순위가 얼마나 높은지 확인해야 한다.

중요한 문제인 경우 문제를 해결하기 위해 더 많은 자원을 할당할 가치가 있다. 그러나 이것이 상당히 중요하지 않은 문제라면 해결을 찾는 데 사용가능한 자원을 너무 많이 사용하고 싶지 않을 것이다.

이 단계에서는 당면한 문제에 영향을 줄 수 있는 모든 요소를 고려하는 것이 중요하다. 여기에는 사용가능한 자원, 충족해야 하는 기한, 각 해결과 관련된 가능한 위험을 살펴보는 것이 포함된다. 신중한 평가 후에 어떤 해결을 추구할지 결정할 수 있다.

6. 진행 상황을 모니터링한다

문제 해결 전략을 선택한 후에는 계획을 실행하고 효과가 있는지 확인해야 한다. 이 단계에는 가장 효과적인 해결을 확인하기 위해 다양한 해결을 시도하는 작업이 포함될 수 있다.

문제가 해결되었고 제안된 해결의 결과로 새로운 문제가 발생하지 않았는지 확인하기 위해 해결을 수행한 후 상황을 모니터링하는 것도 중요하다.

효과적인 문제 해결사는 해결을 향해 노력할 때 진행 상황을 모니터링하는 경향이 있다. 목표 달성을 향한 진전이 제대로 이루어지지 않으면 접근 방식을 재평가하거나 새로운 전략을 모색할 것이다.

7. 결과를 평가한다

해결에 도달한 후에는 결과를 평가하여 문제에 대한 최상의 해결인지 확인하는 것이 중요하다. 이 평가는 답이 정확한지 확인하기 위해 수학 문제의 결과를 확인하는 것과 같이 즉각적일 수도 있고, 몇 달 간의 치료 후 치료 프로그램의 성공을 평가하는 것과 같이 지연될 수도 있다.

문제가 해결되면 시간을 내어 사용된 과정을 검토하고 결과를 평가하는 것이 중요하다. 이것은 문제 해결 능력을 향상시키고 미래의 문제를 보다 효율적으로 해결하는 데 도움이 될 것이다.

단계가 다른 많은 문제 해결 과정이 있으며, 제시된 것은 하나의 예일 뿐이라는 점을 기억하는 것이 중요하다. 실제 상황에서 문제를 해결하려면 상당한 수완, 유연성, 탄력성, 환경과의 지속적인 상호작용이 필요하다(Sarathy, 2018).

다음을 통해 더 나은 문제 해결이 될 수 있다.

- 브레인스토밍을 연습하고 문제에 대한 여러 가지 잠재적인 해결을 제시한다.
- 열린 마음을 갖고 결정을 내리기 전에 가능한 모든 선택지를 고려한다.
- 문제를 더 작고 관리하기 쉬운 조각으로 나눈다.
- 필요할 때 도움을 요청한다.
- 다양한 문제 해결 기법을 공부하고 새로운 것을 시도한다.
- 실수로부터 배우고 그것을 성장의 기회로 활용한다.

8. 대학 생활 대처 전략

많은 사람들이 대학을 우습게 보는 데는 이유가 있다. 당신은 이전보다 더 많은 자유를 누리고 있지만, 아직 성인이 되어야 할 모든 책임을 지고 있지는 않다. 항상 그렇게 느끼는 것은 아니지만. 수업을 듣고, 친구를 사귀고, 룸메이트를 대하는 것 사이에서 지치기 쉽다. 대신 처음부터 상황을 통제하여 번영해야 한다.

1) 학업 관리

(1) 수업에 출석한다

대규모 교양 수업에는 결석을 하는 사람이 있을 수도 있다. 이것은 당신이 고등학교 때와 같은 방법으로는 문제가 되지 않는다는 것을 의미한다. 그렇다고 해서 수업에 가지 말아야 하는 것은 아니며 일부 교수에게는 자체 출석 규칙이 있다. 더 중요한 것은 수업을 건너뛰는 행동은 귀중한 학습을 놓치는 것을 의미한다는 것이다. 시험 기간에 벼락치기를 해서 삶을 더 어렵게 만들지 말아야 한다. 대학도 비용이 많이 들고 수업에 가지 않는다는 것은 수업 시간당 약 15,000원에서 30,000원에 이르는 많은 돈을 낭비하고 있다는 것을 의미한다.

독서를 하면서 메모를 한다. 적극적으로 읽으면 훨씬 더 많은 내용을 기억할 수 있으며, 시험 시간이 다가오면 노트가 큰 도움이 될 것이다.

수업에서 요구하는 경우 참여한다. 많은 대학생들이 집단 앞에서 말하는 것을 싫어하거나 두려워한다. 하지만 이를 극복할 수만 있다면 수업에서 훨씬 더 많은 것을 얻을 수 있고 수업을 훨씬 더 즐길 수 있다. 틀리는 것을 두려워하지 말아야 한다. 교수는 단지 당신이 시도하기를 원할 뿐이며, 아마도 참여하는 것에 대해 "맞다" 또는 "틀리다"라고 대답하는 질문을 하지 않았을 것이다.

(2) 학업에 많은 시간을 할애할 수 있도록 준비한다

당신의 직업은 정규 학생이다. 따라서 정규직과 동일한 양의 시간을 학업에 할애해야 한다. 일주일에 최소 40시간이다. 수업 시간에 보내는 매 시간마다 평균 2시간을 수업 외 시간에 투자해야 한다. 균형은 과목에 따라 다르지만, 도서관이나 기숙사 방은 정말 힘든 일이 많이 일어나는 곳이다.

(3) 교수를 알도록 한다

많은 교수들이 근무 시간에 책상에 앉아 누군가, 어떤 사람이든 들르기를 기다리고 희망하고 있다. 당신이 그 사람이라면 그들은 당신을 매우 높이 평가할 것이다. 질문이 있는 경우, 이것은 교수가 당신의 얼굴과 이름을 기억하는 데 도움이 될 것이기 때문에 좋은 방법이다. 따라서 학기 초에 들러 인사를 하고 자기소개를 하는 것이 좋다.

당신의 기대에 대해 합리적이어야 한다. 당신의 교수는 당신을 위해 논문을 교정하거나 에세이 주제를 주지 않을 것이다. 그러나 그들은 일반적으로 당신이 아이디어를 알아내는 데 도움이 되도록 당신의 아이디어에 대해 이야기하는 것을 매우 기쁘게 생각한다.

(4) 수시로 이메일을 확인한다

많은 대학생들에게 문자 메시지는 이메일보다 더 자연스럽다. 그러나 교수가 당신에게 휴대폰 번호를 줄 것이라고 기대할 수는 없다. 학업에 대한 최신 정보를 유지하려면 이메일을 정기적이고 수시로 확인해야 한다. 여기에서 교수나 학과 등의 공지사항을 볼 수 있다. 종종 과제와 시험, 성적은 여기에만 게시된다. 정기적으로 확인하지 않으면 놓치게 된다.

(5) 도서관 이용법을 공부한다

이것은 물리적 위치와 온라인 데이터베이스 모두에 적용된다. 당신의 교수는 특히 초기에 많은 것을 할당할 것이지만, 또한 당신은 스스로 연구하는 방법을 배워야 할 것이다. 특히 이전에 오프라인 도서관을 사용한 적이 없다면 사서와 오리엔테이션을 예약하는 것을 고려한다.

대부분의 도서관에는 문학, 철학, 과학, 예술과 같은 특정 영역에 대한 참고 사서가 있다. 큰 프로젝트가 있는 경우 해당 주제의 참고 사서에게 상담을 요청하는 것이 좋다. 그들은 모든 최신 연구를 최신 상태로 유지하고 최고의 소스로 안내할 수 있다.

(6) 새로운 아이디어에 열려 있어야 한다

당신이 누구이든, 당신은 아마 당신이 동의하지 않는 것들을 읽을 것이다. 이것은 의도적이다. 교수는 다양한 관점에서 읽기를 할당하는 것을 목표로 하므로 동의하지 않는 것도 할당한다. 당신의 신념에 도전하는 작가의 말에 동의할 필요는 없지만, 그들이 어디에서 왔고 무엇이 그들을 움직이게 만드는지 알아내려고 노력해야 한다. 아마도 그것이 그것들이 할당된 이유의 일부일 것이다.

(7) 학점 취득을 점검한다

대학에서는 교양 필수와 선택, 전공 필수와 선택, 정규 교과 외 학점과 같은 여러 영역에서 일정 수의 학점을 이수해야 한다. 정기적으로 지도교수와 만나 계획대로 진행하고 있는지 확인해야 한다. 그렇지 않으면 계획하지 않은 여름 학기 또는 추가 학기 비용을 지불해야 할 수도 있다. 상황에 따라서는 졸업이 늦추어질 수도 있다.

(8) 전공 외의 것도 생각한다

당신이 공학 전공이라면 문학 과정을 수강한다. 시인들이여, 생물학을 시도하라. 이것은 단지 예일 뿐이다. 어느 쪽이든, 당신은 새로운 사람, 새로운 아이디어, 그리고 아마도 당신이 관심을 가지고 있는지 몰랐던 새로운 주제에 노출될 것이다.

당신의 전공과 직접적이든 간접적이든 관련 학문 분야의 교과목도 수강하여 공부할 필요가 있다. 필요하다면 청강을 해서라도 수강하는 것이 좋다. 그것은 당신의 관점과 사고를 확장하는 데 크게 도움이 된다.

고용주는 초점이 너무 전문화되어 현대 직업 시장의 광범위한 요구를 처리할 수 없는 사람들보다 일관된 문장을 작성하고 공식을 분석하는 것과 같은 다양한 일을 할 수 있는 지원자에 더 관심이 있는 경우가 많다.

2) 사회생활 관리

(1) 당신이 원하는 생활 양식의 종류를 알고 그것을 고수한다

어떤 사람들에게 대학은 무엇보다도 방심할 수 있는 기회이다. 다른 사람들에게는 학업만이 유일한 우선순위이다. 많은 사람들이 아마 그 중간 어딘가에 있을 것이다. 당신이 어디에 서 있든, 당신 같은 사람들이 있을 것이다. 술을 마시거나 하기 싫은 일을 해야 한다는 부담은 갖지 말아야 한다.

그렇지만 대학은 자신이 성인이 되는 방법을 배우는 시간이라는 것을 기억해야 한다. 당신의 가치와 일치하고 당신을 행복하게 만드는 선택을 해야 한다. 때때로 당신과 당신의 부모 또는 다른 권위 있는 인물들이 동의하지 않을 수 있지만, 그래도 그것은 괜찮다는 것을 기억해야 한다.

(2) 룸메이트와 함께 생활하는 방법을 배운다

방을 공유하는 것은 어려운 일이다. 특히 이전에 한 번도 해 본 적이 없다면 더욱 그렇다. 공간이 어떻게 사용되어야 하는지에 대해 이야기하는 것으로 시작하고 일단 내린 결정을 존중한다.

여기에는 물리적 공간과 행동 모두에 대한 결정이 포함된다. 방에서 술을 마시는 것에 대한 당신의 입장은 무엇인가? 파티를 하는가? 하룻밤 묵는 손님을 초대하는가? 계약을 체결하려고 노력해야 하지만, 할 수 없는 경우 기숙사 대표와 상의한다.

문제가 발생하면 당신의 우려 사항을 전달한다. 수동적으로 공격하거나 상황이 악화되도록 놔 두는 것은 도움이 되지 않는다. 당신의 룸메이트가 의도적으로 당신을 괴롭게 하려는 일을 하지는 않을 것이다. 따라서 그들에게 의심의 눈초리를 보내고, 당신이 일을 해결할 수 있는지 확인한다.

당신과 당신의 룸메이트가 사이가 좋더라도 잠시 떨어져 있는 것도 좋은 생각이다. 다른 친구를 사귀는 것을 제외하고 그들에게 집착하지 않도록 한다.

만약 당신이 룸메이트를 참을 수 없거나 끊임없이 수다를 떠는 가장 친한 친구이든 간에, 당신은 도서관이나 지역 커피숍과 같이 방 밖에서 공부할 장소를 확인하는 것이 도움이 될 수 있다.

만약 다른 모든 방법이 실패할 경우 미래에 어려운 사람을 대하는 데 도움이 될 귀중한 대인 기술을 배우고 있다는 것으로 생각한다.

만약 당신이 룸메이트로부터 위협을 느끼거나 룸메이트가 불법적인 행동에 가담하는 경우 기숙사 대표에게 알려야 한다. 방을 바꿀 수도 있다. 최소한 활동에 참여하지 않고 활동을 보고했다는 기록이 남아 있을 것이다.

(3) 안전하게 있어야 한다

대학은 새로운 자유를 제공하지만 동시에 새로운 위험도 초래한다. 당신의 행동이 당신의 건강에 해를 끼치지 않도록 해야 한다.

만약 술을 마실 예정이라면 적당히 하고 대리 기사를 이용한다. 또한 당신이 법적 음주 연령인 경우에도 학교에 캠퍼스 내 음주에 대한 규칙이 있을 수 있음을 알아 두어야 한다.

여대생들은 아마도 강간 및 기타 형태의 성폭행을 피하는 방법에 대해 수년 동안 많은 조언을 들었을 것이다. 술을 마시지 말고, 조명이 밝은 길을 다니고, 친구에게 현재 위치와 도착할 시간을 알려 주어야 한다. 그러나 어떤 행동을 하든 공격에 대한 전적인 책임은 가해자에게 있으며 당신은 법적 기타 조치를 취할 권리가 있음을 아는 것이 중요하다. 경찰에 신고하고 상담사에게 다음 단계에 대해 이야기한다.

(4) 사람들이 하기 싫은 일을 하도록 압력을 가하지 않는다

이것은 음주, 결석, 성관계 등 전반적으로 적용된다. 당신을 감시하고 벌하기 위해 당신을 지켜보는 부모는 없으며, 당신은 자신의 행동에 책임을 져야 하는 성인이다.

(5) 캠퍼스의 다양성에 자신을 노출시킨다

이것은 아마도 당신의 인생에서 당신과 근본적으로 다른 배경을 가진 사람들로부터 배울 기회가 가장 많은 시간이 될 것이다. 이것에 접근할 수 있는 것은 정말 운이 좋이기 때문에 적극적으로 활용한다.

다문화에 초점을 맞춘 과정을 수강한다. 캠퍼스에서 문화 행사 및 강의에 참석한다. 이러한 것들은 당신의 관점을 넓히고 당신 자신의 가치를 명확히 하는 데 도움이 될 것이다. 자신의 생각을 더욱 굳건히 지키게 되더라도 다른 사람들이 어디에서 오는지 아는 것이 좋다.

3) 건강 관리

(1) 기숙사에서도 건강하게 먹는 법을 알아야 한다

당신은 처음으로 스스로 자신을 돌보면서, 무거운 음식들에 둘러싸여 있고 한정된 예산으로 바쁘게 지내고 있다. 이런 상황에서는 식당에서 사용할 수 있는 선택에 의존하는 것이 쉬울 수 있다. 즉, 항상 기분이 최고가 되는 것은 아니다. 당신의 모든 책임을 다하는 데 필요한 에너지를 가질 수 있도록 자신을 돌보아야 한다.

아침 식사로 에너지를 충전한다. 모든 사람이 아침에 배고픈 것은 아니지만, 건강한 하루의 시작이 아침 수업을 더 쉽게 할 수 있도록 해 줄 것이다. 가능하다면 식당에서 곡물 시리얼, 오트밀, 신선한 과일, 요구르트, 계란과 같은 섬유질 또는 단백질이 풍부한 음식을 찾는다. 정말 바쁠 때 아침을 위해 기숙사 방에 단백질 바와 부패하지 않는 과일을 보관하는 것도 괜찮은 방법이다.

점심과 저녁 식사로 하루를 힘차게 보낸다. 통곡물 빵에 샌드위치와 단백질이 적은 샐러드를 먹으면 하루를 버티는 데 필요한 에너지를 얻을 수 있다. 음식의 양은 특히 뷔페식 카페테리아에서는 특히 어려운 부분이다. 건강에 좋은 음식이라도 많이 먹으면 몸이 나른해질 수 있다.

건강한 간식을 비축한다. 냉장고나 전자레인지가 없어도 통밀빵, 땅콩버터 약간, 그래놀라바, 사과, 바나나, 육포, 견과류를 기숙사 방에 보관할 수 있다. 냉장고나 전자레인지를 사용할 수 있다면 우유, 요구르트, 더 많은 과일, 채소 버거로 확장할 수 있다. 통조림 수프나 냉동식품과 같이 나트륨이 많이 함유된 음식은 주의해야 한다.

모든 것이 절제라는 것을 알아야 한다. 당신이 다루고 있는 모든 것에 대해, 그 음식이 당신이 통제할 수 있는 유일한 것이라고 생각하기 쉬울 수 있지만, 당신이 자신을 너무 제한하지 않도록 확실히 하는 것이 중요하다. 가끔 친구와 함께 늦은 밤에 피자 한 조각을 챙겨 먹는 것은 괜찮다. 자신의 생각이나 행동이 위험한 영역으로 빠져들고 있다고 생각되면 섭식장애 지원에 대해 상담 센터에 상담한다.

(2) 운동으로 스트레스를 다룬다

규칙적인 운동은 대학생으로서 겪는 스트레스를 관리하는 가장 좋은 방법 중 하나이다. 당신은 너무 피곤하거나 운동을 할 시간이 없다고 생각할 수도 있지만, 그것은 당신에게 훨씬 더 많은 에너지를 주어 가치가 있는 것 이상일 것이다. 학교에는 무료로 이용할 수 있는 체육 시설이 있을 것이다.

운동을 할 수 있는 시간을 알아야 한다. 특히 초보자라면 붐비는 체육관이 당황스러울 수 있다. 그것은 매 학기 초, 아침과 저녁에 가장 붐빌 것이다. 가능하면 이러한 시간을 피함으로써 마음 편하게 운동할 수 있다.

트레이너와의 운동의 양과 강도를 상의한다. 대학 체육관의 트레이너는 일반적으로 당신의 체력 수준을 평가하고 운동 계획을 추천할 수 있는 동료 학생일 수 있다.

새로운 형태의 운동을 시도한다. 체육관에서는 에어로빅부터 Zumba까지 다양한 종류의 운동을 제공할 것이다. 친구와 함께 등록하여 운동을 지속할 수 있는 동기를 만든다.

(3) 정신 건강을 돌본다

대학생이 되면 우울증, 불안, 섭식장애, 약물 남용, 관계 문제 등을 새로운 방식으로 다룰 수 있다. 학교의 건강지원센터 또는 상담센터는 이러한 어려움에도 불구하고 당신이 성공할 수 있도록 많은 자원을 제공할 것이다. 주저하지 말고 이러한 시설을 활용한다.

많은 학교에서 면허가 있는 전문가 또는 대학원생과 비밀 상담을 제공하며, 대다수 상담은 무료이다.

또한 지원 집단, 특히 대학생에게 공통적인 문제를 다루는 집단을 찾을 수 있다.

위기에 처한 경우 즉시 119에 전화하거나, 각 지역의 정신건강복지센터(충청북도의 경우, 043-832-0330, 043-217-0597)에 연락한다.

4) 재정 관리

(1) 부채는 절대적으로 필요한 만큼만 가져야 한다

어디에서나 훌륭한 교육을 받을 수 있으므로 꿈에 그리던 학교가 정말 가치가 있는지 고려해야 한다. 학자금 대출 상환금이 월 예산의 많은 부분을 차지하기 때문에 멋진 인턴십을 하거나 대학원에 진학하거나 원하는 곳에서 살 여유가 없을 때 몇 년 후 후회할 수도 있다.

대출을 받아야 하는 경우 사설 학자금 대출을 받기 전에 정부의 재정 지원을 우선적으로 선택해야 한다. 정부 학자금 대출은 이자율이 낮고 상환 계획이 더 관대하며 재학 중에는 이자만 지불하면 된다.

(2) 신용 카드는 현명하게 사용해야 한다

대학의 일부는 성인의 책임을 받아들이는 법을 배우는 것이며, 좋은 신용 기록을 쌓는 것도 그 일부이다. 종종 신용 기록을 쌓는 데 도움이 되는 학생 신용 카드를 신청하는 것이 좋다. 이렇게 하면 졸업할 때 아파트나 자동차 대출을 찾는 데 도움이 되는 괜찮은 이력과 좋은 신용 점수를 얻게 된다.

원하는 대로 지출하기 위한 백지 수표로 생각하지 말아야 한다. 당신은 여전히 예산을 가지고 그것을 유지해야 한다.

월말에 지불할 수 있는 금액 이상을 청구하지 말아야 한다. 이렇게 하면 구매에 대한 이자가 발생하지 않고, 재미있지만 사소한 일에 수십만 원을 날릴 가능성이 줄어든다.

가장 현명한 방법은 신용 카드는 사용하지 않는 것이다. 만약 사용한다면 사용 내역이 부모에게 전달되도록 해야 한다.

(3) 아르바이트를 고려한다

이것은 시간을 허비하는 것이 또 하나의 책임이지만, 사회 활동에는 비용이 든다.

물론 많은 학생들이 등록금 전액을 납부한다. 학생들을 위해 설계되었으며 더 많은 유연성을 제공할 수 있는 일–학습 직업을 찾아 본다. 그러나 반드시 아르바이트를 해야만 등록금과 생활비를 마련할 수 있는 학생을 제외하고, 가능하면 학업 수행에 부담이 되는 아르바이트를 중단하는 것이 현명할 수 있다. 그 시간에 학업에 전념하는 것이 더 효과적일 수 있다.

(4) 학생 할인을 적극적 활용한다

당신이 대학생이라는 사실의 이점을 활용해야 한다. 스포츠 게임 외에도 캠퍼스에서 독서, 연극 및 기타 여러 활동을 저렴한 학생 요금으로 찾을 수 있다. 일부 지역사회에서는 학생 할인을 제공한다.

(5) 음식 지출을 계산한다

당신이 얼마나 먹고 사는지와 당신이 사는 곳에서 요리하는 것이 얼마나 쉬운지에 따라 대학 식사 쿠폰을 구입하는 것이 도움이 될 수 있다. 대부분의 식사는 일일 또는 식사당 비용을 제공한다. 주간 식료품 예산을 살펴보고 대부분의 식사를 식당에서 먹는 것이 더 저렴한지 아니면 더 많이 요리하는 것이 더 저렴한지 알아야 한다.

식사 계획이 포함된 장학금이 있는 경우 캠퍼스에서 가능한 한 많은 식사를 하여 돈을 최대한 절약한다. 그렇게 하면 책이나 가끔 과시하는 돈을 더 많이 가질 수 있다.

5) 필요한 경우 도움받기

(1) 어려움을 겪고 있는 수업은 즉시 도움을 받는다

대부분의 교수는 학생들을 돕는 것을 좋아하므로 도움을 청하는 것을 두려워하지 말아야 한다. 학기가 끝날 때까지 기다리지 말아야 한다. 그 시점에서 당신의 성적은 회복할 수 없을 정도로 나빠질 수 있으며, 당신의 교수는 학기 말 성적 산출 등으로 바쁠 것이다.

추가 학점이 대학 수업의 일부가 되는 경우는 거의 없음을 명심해야 한다. 모든 과제는 중요하다.

만약 당신이 극단적인 완화 방법을 찾으면, 상황에 따라 과제를 제 시간에 완료할 수 없는 경우 마감일 전에 교수에게 연락한다. 교수들은 당신이 왜 무언가를 제출하지 않았는지 설명하기보다 연장을 요청하기를 원한다.

(2) 글쓰기 센터를 방문한다

대학 교수들의 가장 큰 걱정 중 하나는 학생들이 성공할 만큼 충분한 작문 능력이 없다는 것이다. 당신이 예외라면, 당신은 그들의 눈에 띌 것이다. 많은 학교에서 어려운 과제를 해결하는 데 도움이 되는 글쓰기 센터를 제공한다.

철자법, 문법, 구두점 등에 익숙할 뿐만 아니라 논문 구조 및 인용 스타일 측면에서 다양한 주제에 대해 알고 있는지 확인한다.

당신이 유능하더라도 글쓰기 센터를 방문하는 것을 권고한다. 누구나 자신의 글을 읽고 개선 사항을 제안하는 객관적인 관점의 혜택을 볼 수 있다.

Chapter

09

마음가짐의 의미

09 마음가짐의 의미

Chapter

당신이 자신에 대해 믿는 것이 성공이나 실패에 영향을 미칠 수 있는가? 캐롤 드웩(Carol Dweck)에 따르면, 당신의 신념은 당신이 원하는 것과 그것을 성취할 수 있는지 여부에 중요한 역할을 한다. 드웩은 성취와 성공을 결정하는 데 중요한 역할을 하는 것은 마음가짐(mindset)이라는 것을 발견했다(O'Keefe et al., 2018). 그렇다면 마음가짐이란 정확히 무엇인가?

1. 마음가짐의 개념

마음가짐(mindset)이란 당신이 세상과 자신을 이해하는 방식을 형성하는 일련의 신념이다. 주어진 상황에서 생각하고 느끼고 행동하는 방식에 영향을 미치는 것이다.

2. 마음가짐의 유형

드웩(2007)에 따르면 고정 마음가짐(fixed mindset)과 성장 마음가짐(growth mindset)이라는 두 가지 기본적인 마음가짐이 있다. 당신이 고정 마음가짐을 가지고 있다면 당신의 능력은 고정된 특성이므로 변경할 수 없다고 생각한다. 또한 당신은 자신의 재능과 지성만이 성공으로 이어지고 노력이 필요하지 않다고 믿을 수도 있다.

반면에 성장 마음가짐을 가지고 있다면 노력과 끈기를 통해 자신의 재능과 능력이 시간이 지남에 따라 발전할 수 있다고 믿는다. 이 마음가짐을 가진 사람들은 모든 사람이 노력한다고 해서 모두가 아인슈타인이나 모차르트가 될 수 있다고 믿는 것은 아니다. 그러나 그들은 모든 사람이 일을 하면 더 똑똑해지고 더 재능을 가질 수 있다고 믿는다.

- **고정 마음가짐의 예:** 내가 잘하든지 못하든지 둘 중 하나다. 그게 바로 저예요. 바꿀 수 없어요. 열심히 해야 하지만 능력이 없다. 노력하지 않으면 실패하지 않을 거예요. 그 직책은 내 능력 밖이다.
- **성장 마음가짐의 예:** 나는 내가 원하는 것은 무엇이든 배울 수 있다. 나는 진행 중인 끊임없이 발전하는 작업이다. 도전하면 할수록 더 똑똑해진다. 나는 노력을 멈출 때만 실패한다. 그 직책은 어려워 보입니다. 제가 신청할게요.

3. 마음가짐 형성

그렇다면 당신의 마음가짐은 처음에 어떻게 만들어지는가? 드웩(2007)의 연구는 칭찬과 낙인찍기라는 두 가지 주요 출처를 밝혀내며, 둘 다 어린 시절에 발생한다.

일련의 획기적인 실험에서 드웩과 동료들은 아동들이 받은 칭찬의 유형에 따라 매우 다르게 행동한다는 것을 발견했다(Gunderson, 2013). 그들은 개인적인 칭찬이나 아동의 재능을 칭찬하거나 "똑똑하다"고 꼬리표를 붙이는 것이 고정 마음가짐을 조장한다는 것을 발견했다. 아동에게 능력이 있건 없건 간에 그 사실을 바꾸기 위해 할 수 있는 일은 아무것도 없다는 메시지를 보낸다.

반면에 과정 칭찬은 사람이 과업을 완수하기 위해 들이는 노력을 강조한다. 그것은 그들의 성공이 그들이 사용한 노력과 전략에 기인한다는 것을 의미한다. 둘 다 시간이 지남에 따라 통제하고 개선할 수 있다.

다음은 그들이 어떻게 다른지에 대한 예이다. 자녀가 수학 시험에서 좋은 점수를 받으면 개인적인 칭찬은 다음과 같을 수 있다. "너는 시험에서 A를 받았다." 반면에 과정 칭찬은 다음과 같이 들릴 수 있다. "나는 네가 수학 시험을 위해 얼마나 열심히 공부했는지에 깊은 인상을 받았다. 자료를 여러 번 읽고 어려운 문제를 파악하는 데 도움을 달라고 선생님께 요청하고 스스로 테스트했다. 정말 효과가 있었다!"

결과가 아닌 노력을 칭찬함으로써 성장 마음가짐을 발달시킬 수 있다. 결과보다는 과정에 집중함으로써, 그들의 노력, 힘듦, 헌신이 현재와 미래에 모두 변화, 학습, 성장을 이끌 수 있다는 것을 이해하도록 도울 수 있다.

4. 마음가짐의 영향

마음가짐은 삶의 도전에 대처하는 방법에 중요한 역할을 한다. 성장 마음가짐을 가질 때, 그들은 학습에 대한 갈망과 열심히 일하고 새로운 것을 발견하려는 열망을 갖는 경향이 있다. 이것은 종종 학업 성취로 이어진다.

성인이 되어서도 이 같은 사람들은 역경에 직면하여 더 인내할 가능성이 높다. 성장 마음가짐을 가진 성인들은 수건을 던지는 대신 그것을 배우고 성장할 수 있는 기회로 본다. 반면 고정 마음가짐을 가진 사람들은 어려운 상황에 직면하여 포기할 가능성이 더 높다.

5. 당신의 마음가짐

당신은 고정 마음가짐을 가지고 있는가 아니면 성장 마음가짐을 가지고 있는가? 그것을 알아내려면 먼저 다음 진술을 읽고 가장 동의하는 것을 결정한다.

1. 당신은 어느 정도의 지능을 가지고 태어났고 그것은 바꿀 수 있는 것이 아니다.
2. 당신이 누구이든 기본적 능력과 성격을 향상시키기 위해 할 수 있는 일은 많지 않다.
3. 사람들은 자신이 누구인지 바꿀 수 있다.
4. 당신을 새로운 것을 배우고 지능을 향상시킬 수 있다.
5. 사람들은 특별한 재능을 가지고 있거나 그렇지 않다. 음악, 글쓰기, 미술, 운동 등의 재능을 단순히 습득할 수는 없다.
6. 공부하고, 열심히 일하고, 새로운 기술을 연습하는 것은 모두 새로운 재능과 능력을 개발하는 방법이다.

만약 당신이 진술 1, 2, 5에 가장 동의하는 경향이 있다면, 아마도 고정 마음가짐을 갖고 있을 것이다. 그러나 진술 3, 4, 6에 가장 동의한다면 아마도 당신은 성장 마음가짐을 갖고 있는 경향이 있을 것이다.

6. 고정 마음가짐을 고치는 방법

고정 마음가짐을 가진 사람들은 동의하지 않을 수 있지만, 드웩(2007)은 사람들이 마음가짐을 변경할 수 있다고 제안하였다. 그 방법은 다음과 같다.

- 과정에 초점을 둔다. 성장 마음가짐을 구축할 때 중요한 요소는 과정에서 가치를 보는 것이다. 최종 결과에 집착하면 그 과정에서 배울 수 있는 모든 것을 놓치게 된다.
- "아직"을 포함한다. 작업에 어려움을 겪고 있다면 "아직" 마스터하지 못했다는 사실을 자신에게 상기시킨다. 이 단어를 어휘에 통합하는 것은 어떤 어려움에도 불구하고 무엇이든 극복할 수 있다는 신호이다.
- 당신의 말과 생각에 주의를 기울인다. 부정적인 말과 생각을 더 긍정적인 말과 생각으로 대체하여 성장 마음가짐을 구축한다.
- 도전한다. 실수를 하는 것은 배우는 가장 좋은 방법 중 하나이다(Moser et al., 2011). 따라서 도전을 피하지 말고 수용한다.

7. 성장 마음가짐 개발 방법

성장 마음가짐을 갖는다는 것은 지능, 창의적 능력, 성격이 타고난 것 이상이라고 믿는 것을 의미한다. 이러한 마음가짐으로, 당신은 항상 지능과 자기 인식을 향상시키기 위해 노력할 수 있으며, 지속적으로 성장할 수 있다. 또한 그것은 학습 경험으로 발생하는 모든 것을 처리하도록 가르치기 때문에 다른 관점에서 실패를 보는 데 도움이 될 수 있다.

1) 자기 인식 활동

(1) 당신의 우수성과 재능을 이해한다

당신의 우수성과 재능은 당신이 성공하는 데 도움이 될 것이지만, 당신이 그것이 무엇인지 아는 경우에만 그렇게 할 수 있다. 이미 가지고 있는 우수성을 사용하고 연마하려면 충분히 자각해야 한다.

자신이 잘하는 분야에 대해 생각하는 것부터 시작한다. 당신에게 가장 쉬운 것은 무엇인가? 당신은 학교에서 항상 어떤 과목을 잘했는가? 당신은 직장에서 수월하게 하는 것은 무엇인가?

친구, 가족, 동료에게 피드백을 요청한다. 종종 그들은 당신이 보지 못하는 재능을 볼 수 있다. 예를 들어, 당신은 누구에게나 무엇이든 이야기할 수 있는 타고난 능력이 있을 수 있다. 당신은 그 능력을 눈치채지 못할 수도 있지만, 그것은 많은 분야에서 편리한 기술이다.

당신은 친구들에게 "나는 더 많이 자기 인식을 하려고 노력하고 있다. 당신이 생각하는 나의 강점과 약점이 무엇인지 말해 줄 수 있는가?"라고 물어볼 수 있다.

(2) 당신의 도전을 안다

당신의 도전을 아는 것도 마찬가지로 중요하므로 당신은 그러한 영역에서 작업할 수 있다. 요청하였든 요청하지 않았든 다른 사람들로부터 피드백을 받았을 때 경청한다. 그러면 어디에서 성장할 수 있는지 배우는 데 도움이 될 것이다. 예를 들어, 친구가 "다른 새 프로젝트를 시작한다고? 마지막 프로젝트는 어떻게 되었나?"라고 묻는 경우, 당신은 프로젝트를 완수하지 못하고 있다는 것을 깨달을 수 있다.

(3) 노력에 대해 자신을 인정한다

연구 결과에 따르면 결과보다는 노력에 대해 칭찬을 받는 사람들이 성장 마음가짐을 개발할 가능성이 더 높다고 한다. 결과보다 과정에 집중하기 때문이다. 최종 결과가 아니라 자신의 노력에 대해 보상함으로써 그것을 자신의 이익을 위해 사용할 수 있다.

지정된 시간 동안 작업을 수행할 때마다 즐거운 휴식이나 간식으로 자신을 보상한다. 이렇게 하면 노력에 계속 집중할 수 있다.

또는 만약 당신이 집에서 새로운 요리법을 시도하고, 뭔가 어렵다고 생각되면 일반적으로 "정말 맛있다!"라고 자신에게 말할 것이다. 그것이 반드시 나쁜 것은 아니지만, 당신은 "새로운 요리를 시도하고 열심히 노력하는 내 자신이 자랑스럽다."라고 스스로 말하면서 과정에 대해서도 생각해야 한다.

(4) 당신의 노력에 대한 피드백을 요청한다

더 잘 알 수 있도록 사무실과 집에서 하는 일에 대한 피드백을 요청한다. 때때로 고통스러울 수 있지만, 피드백은 학습, 개선, 성장에 도움이 될 수 있으며, 이는 다음에 더 잘할 수 있도록 도전하게 한다.

예를 들어, 사무실에 처음 온 경우 동료에게 작업 중인 보고서를 살펴보고 올바른 아이디어가 있는지 확인하도록 요청할 수 있다. "저는 여기 처음 왔으니 이 보고서를 보고 올바른 아이디어인지 확인해 주시겠습니까?"라고 말할 수 있다. 보고서를 제출한 후에는 상사에게 "보고서가 잘 작성되었습니까? 앞으로 개선할 점은 무엇입니까?"라고 물을 수 있다.

사생활에서 다른 사람들이 당신에게 화를 내는 것처럼 보일 때 피드백을 요청한다. 예를 들어, 배우자가 당신에게 좌절감을 느낀다면 그 이유를 물어본다. 즉, "요즘 내 행동에 당신은 화가 난 것 같습니다. 내가 더 잘할 수 있는 것은 무엇입니까?"라고 물어본다.

(5) 상담사나 치료사와 이야기한다

자격을 갖춘 상담사나 치료사는 부정적인 사고 패턴과 성장 마음가짐 개발에 대한 다른 장애물을 확인하는 데 도움을 줄 수 있다. 치료사는 개인 관계, 전문성 개발, 개인 경험을 평가할 수 있다. 또한 그들은 부정적인 생각과 싸우고, 자존감을 높이며, 좌절을 겪을 때 지원을 제공하는 "도구"를 제공할 수 있다.

2) 실패 다루기

(1) 실패를 실수로 취급한다

어떤 사람들은 실패를 그만두는 이유로 본다. 그들은 실패했고, 멈출 시간이다. 그러나 성장 마음가짐을 가진 사람들은 실패를 단순한 실수로 본다. 차이점은 실수에서 배울 수 있는 것이다. 실수에서 교훈을 얻은 후에는 앞으로 나아가고 더 잘할 수 있다.

실수가 꼭 나쁜 것만은 아니다. 어쨌든, 당신은 도중에 실수를 저지른 것에 대해 더 현명해질 것이다.

차질이 생겼을 때 실수에 대해 반성하는 시간을 가진다. 무엇이 잘못되었는가? 당신은 그것을 방지하기 위해 다른 일을 할 수 있었는가? 당신이 그것을 검토하고 다음에 그것을 염두에 둘 수 있도록 당신의 발견을 기록한다.

예를 들어, 잘되지 않는 새로운 레시피를 시도했다고 가정해 보겠다. 당신은 자신을 나쁜 요리사라고 선언하고 다시 시도하지 않을 수 있다. 또는 무엇이 잘못되었는지 분석하고 다음에 더 잘하기 위해 노력할 수 있다. 당신이 그것에 충분한 주의를 기울이지 않았기 때문에 저녁 식사가 엉망이 되었을 수도 있다. 다음에는 더 세심한 주의를 기울이게 될 것이다.

(2) 실수가 당신을 규정하지 않는다는 것을 기억한다

당신이 실패로 가질 수 있는 또 다른 문제는 그것이 당신의 자아 감각을 규정하게 하는 것이다. 그렇게 하면 자신을 실패자로 보기 시작한다. 문제는 그것이 당신을 성장 마음가짐보다 고정 마음가짐으로 몰아가는 경향이 있다는 것이다. 실수는 당신이 하는 무엇인가이다. 그것은 사람으로서 당신의 모습이 아니다. 이 둘을 분리하는 법을 배울 수 있을 때 성장하고 실수로부터 배우는 것이 더 쉽다는 것을 알게 될 것이다.

예를 들어, 주요 주문을 망치는 것과 같이 직장에서 큰 실수를 저질렀을 수 있다. 한 가지 가능성은 자신을 아무 일도 제대로 할 수 없는 엉터리로 보는 것이다. 그러나 단순히 실수로 여기면 계속 진행할 수 있다.

즉, 당신은 실수를 저질렀고, 주문을 망쳤다. 그러나 그것은 단지 한 번의 실수에 불과했고 이제 더 잘 알 것이다. 실수에서 배웠기 때문에 다음 주문에서 더 잘할 것이다.

당신이 그 상황에서 잘했거나 옳은 일을 모두 확인하기 위해 잠시 시간을 낸다. 예를 들어, 실수를 깨달았을 때 내담자와 원활하게 일을 잘 처리했을 수 있다. 이렇게 하면 실수를 더 쉽게 수용할 수 있다.

(3) 새로운 것을 기꺼이 시도한다

성장 마음가짐 개발의 일부는 항상 자신을 성장시키고 도전하기 위해 노력하는 것이다. 즉, 새로운 것을 시도해야 한다. 그러나 새로운 것을 시도하다 보면 실수를 하게 되어 많은 사람들이 새로운 것을 시도조차 하지 못하게 된다. 중요한 것은 계속 도전하고 도전하는 것이다.

여기에는 너무 어려워 보이는 일을 맡는 것도 포함된다. 실수를 하겠지만 경험을 통해 배우고 무엇을 할 수 있는지 깨닫게 될 것이다.

예를 들어, 아마도 당신은 항상 새로운 언어를 배우고 싶었지만 그것을 이해할 수 없을까 봐 두려워했을 것이다. 어쨌든 도전한다. 유창해지지 않더라도 자신과 다른 문화에 대해 더 많이 배울 수 있다.

3) 지적 능력 향상을 위한 전략 개발

(1) 타고난 능력이 아닌 노력에 집중한다

만약 당신이 타고난 지능이 성공하는 유일한 방법이라고 생각한다면 실패할 가능성이 크다. 큰 성공을 거둔 대부분의 사람들은 타고난 재능이 있더라도 거기에 도달하기 위해 극도로 열심히 일한다. 또한 지속적으로 기술을 연마하고 숙달하기 위한 노력의 힘을 믿어야 한다.

이 원칙을 일상생활에 적용하는 것이 중요하다. 기술을 습득하기 위해 매일 노력해야 한다. 첫 번째 시도에서 얻을 수 없다고 포기하지 말아야 한다.

예를 들어, 항상 그림을 그리고 싶었다면 한 번도 시도하지 않고 당장 훌륭하지 않다고 해서 실패했다고 생각하지 않아야 한다. 매일 조금씩 기술을 연마한다.

또한 한 번에 모든 기술을 향상시키려고 하지 말아야 한다. 가장 중요한 것이 무엇인지 생각한 다음 먼저 작업한다. 그 기술을 습득하기 시작했다면, 다음으로 가장 중요한 기술이라고 생각하는 것에 대해 작업한다.

(2) 같은 실수를 반복하지 말아야 한다

이 조언은 간단하게 들릴지 모르지만 실제로는 쉽지 않다. 무언가를 할 때 동일한 해결책을 계속해서 사용하려는 경향이 있을 수 있다. 그 악순환에서 벗어나는 열쇠는 새로운 해결책을 찾기 위해 다양한 각도에서 문제에 접근하는 것이다.

이 전략을 수행할 수 있는 한 가지 방법은 프로젝트에 대한 가정에 대해 생각하는 것이다. 때로는 가정을 바꾸면 문제를 바라보는 관점이 바뀔 수 있다.

예를 들어, 당신의 문제는 당신의 사업을 위해 소유한 품목을 운반할 새 차가 필요하다는 것이다. 그러나 물건을 실을 수 있을 만큼 큰 차는 대부분 가격대를 벗어난다. 당신은 차 안에만 물건을 실을 수 있다고 가정했다. 그런 가정을 버리면 상단 랙이 있는 자동차나 소형 트레일러를 끌 수 있는 자동차가 할 수 있으며 둘 다 더 저렴하게 당신의 요구 사항에 맞을 수 있다.

(3) 끈기 있게 행동한다

끈기는 성장 마음가짐을 개발하는 데 절대적으로 중요하다. 문제를 계속 해결하고 지능과 기술을 계속 개발하려면 끈기가 필요하기 때문이다. 문제가 해결되지 않을 것 같더라도 계속 앞으로 나아가는 것이 중요하다. 이것이 실제 작업이 수행되는 방식이다.

끈기가 가차 없음을 의미하는 것은 아니다. 압도되거나 좌절하더라도 휴식을 취하는 것을 두려워하지 말아야 한다. 그냥 그 문제로 다시 돌아가야 한다.

(4) 모든 사람과 모든 것에서 배운다

성장 마음가짐을 개발하려면 자신이 누구인지 지속적으로 확장해야 한다. 그것은 당신이 할 수 있는 모든 수단을 통해 계속해서 당신 주변의 세상에 대해 더 많이 배우는 것을 의미한다. 더 많이 배울수록 더 많이 성장한다.

독서를 하고 강의를 듣는다. 박물관과 교육 현장을 방문한다. 다큐멘터리를 본다. 주변 세계에 대해 배울 수 있는 모든 기회를 잡아야 한다.

또한 다른 사람들에게서 배워야 한다. 커피숍에 있는 사람들과 이야기하고 그들의 세계에 대해 물어본다. 모르는 것이 있으면 친구, 가족, 동료에게 도움을 요청한다. 다른 사람의 경험이 당신을 인도할 것이다.

특히 마음이 매우 다른 상황에 부딪힐 때 배울 수 있다. 다른 문화권이나 다른 신념이나 이념을 가진 사람들과 친구가 된다. 해 보지 못한 일들을 경험해 본다. 가 본 적 없는 곳으로 가 본다. 당신의 마음이 모든 가능성에 익숙해지도록 해야 한다.

(5) 계속해서 자신을 더 밀어붙인다

깨닫지 못하는 사이에 당신은 때때로 당신을 더 힘들게 하기 위해 경쟁해야 하는 도전이 필요하기 때문에 최대치보다 적게 일하고 있을지도 모른다. 때때로 그 경쟁은 내부에서 올 수 있다. 즉, 항상 지난번보다 더 잘하기 위해 항상 자신을 밀어붙이고 항상 자신을 최고로 만들기 위해 노력해야 한다. 할 때마다 자신과 세상에 대해 조금 더 알게 될 것이다.

성장 마음가짐 연습하기

학습에 참여할 때 호기심과 열린 마음을 가진다. 학습은 노력이 필요하고, 어떤 시점에서는 천착하려는 의지가 필요하다. "지금 할 수 있을지 확신이 서지 않지만, 시간과 노력을 들이면 배울 수 있을 것 같아."라는 태도를 취한다. 학습에 투입한 노력과 수고에 대해 자신을 칭찬한다.

연습

- 성장 마인드셋에 대한 캐롤 드웩의 TED 강연 보기: https://www.ted.com/talks/carol_dweck_the_power_of_believing_that_you_can_improve?subtitle=ko

- 이번 주에는 학습에 대한 호기심과 열정을 가지고 각 과제나 과제에 접근하고, 노력하면 어려움을 극복할 수 있다는 믿음을 가진다.

이것이 지금 학생들에게 중요한 이유:

일부 학생들은 중간고사를 막 마쳤을 것이다. 다른 사람들은 잠깐의 공강 기간에서 돌아와 다음 주에 수업을 준비하고 있을지도 모른다. 어느 쪽이든, 일부 학생들은 잘하기 위해 얼마나 많은 노력이 필요한지 놀라고 일부 코스가 제시할 수 있는 어려움으로 인해 낙담할 수 있다. 성장 마음가짐 관점을 제공하는 것은 선물이다. 필요한 노력과 성공 가능성에 대한 믿음을 연민과 열정으로 전달하면 낙담한 학생을 격려하고 성공의 길로 돌아가는 데 큰 도움이 될 수 있다.

성장 마음가짐 연습하기

성장 마음가짐에 대한 캐롤 드웩의 TED 강연을 보고 어떤 느낌이 들었는가? 학습에 대한 호기심과 열정을 어떻게 키울 수 있는가?

Chapter

10

친절의 의미

10 친절의 의미

Chapter

1. 친절의 개념

친절은 칭찬이나 보상을 기대하지 않고, 관대함 또는 타인에 대한 배려의 행동으로 특징지어지는 행동의 한 유형이다. 친절은 다른 사람을 이롭게 하기 위한 행동으로 정의되었다. 또한 그것은 "친절하고, 관대하며, 사려 깊은 본성을 갖거나 보여 주는 것이고, 온화함, 존경심, 친화력, 관심을 포괄하는 것"으로 정의될 수도 있다(Johnstone, 2010).

일부 사람들은 우리의 웰빙을 향상시키는 친절의 유형인 진정한 친절은 친절하려는 욕망에서 나오기 때문에 친절을 "친절한 행위" 또는 윤리적 행동과 구별해야 한다고 제안했다. 사실, 원하지 않을 때 친절을 베푸는 것은 의무감을 느끼거나 심지어 분개하게 만들 수도 있다. 그렇기 때문에 각자 자신의 방식으로 친절을 정의해야 한다고 생각한다.

당신이 행복과 웰빙을 높이고 싶다면 옳다고 생각되는 친절한 행동을 해야 한다. 예를 들어, 희수가 여성 건강 클리닉에서 자원봉사를 하여 친절하기로 결정했다고 가정해 보자. 만약 희수가 낙태 찬성자라면 기분이 좋을 것이다. 그러나 만약 희수가 낙태 반대자라면 이러한 친절과 자원봉사는 그녀를 끔찍하게 만들 수 있다. 이 모든 것은 친절한 행동을 하기 전에 친절이 우리에게 무엇을 의미하며, 어떤 종류의 친절이 기분을 좋게 하는지 생각해야 한다는 것이다.

그렇다면 왜 친절을 선택해야 하는가? 많은 연구에서 친절은 보다 큰 웰빙과 관련이 있다. 예를 들어, 연구에서는 사람들이 친절을 통해 행복을 증가시킬 수 있는 두 가지 일반적인 방법으로 다른 사람에게 돈을 쓰는 것과 무작위로 친절을 베푸는 행위를 조사했다. 중요하게도, 친절의 이점은 우리가 누구에게 친절을 베푸는지에 달려 있는 것 같지 않다. 강한 유대감, 약한 유대감, 자기 자신에게 친절해지는 것은 행복에 똑같이 긍정적인 영향을 미친다(Rowland & Curry, 2019). 실제로 행복 분야에서 점점 더 많은 공감대가 형성되고 있는 것은 친절이 행복을 높이는 가장 좋은 방법일 수 있음을 시사한다.

2. 친절 행위의 유형

친절에는 여러 종류가 있는데, 다음과 같은 네 가지 유형으로 확인되었다(Curry et al., 2018).

1) 친족 이타주의

이것은 가족에게 친절하려는 우리의 자연스러운 경향이다. 이것은 가족 내 긍정적인 관계가 가족의 생존과 성공에 도움이 될 가능성이 높기 때문에 진화론적 관점에서 의미가 있다.

2) 상호주의

우리는 우리 공동체의 구성원들에게 친절하는 경향이 있다. 상호주의는 우리가 속한 집단의 구성원들에게 친절하기 위해 노력하기 때문에 충성, 결속, 동료애와 같은 것을 설명하는 데 도움이 된다.

3) 상호 이타주의

우리는 과거에 우리에게 친절했던 사람들에게 실제로 더 친절하다. 이것은 우리가 호의를 갚는 이유와 호의를 베푼 사람들에게 감사하는 이유를 설명하는 데 도움이 된다.

4) 경쟁적 이타주의

그것이 우리의 지위를 높여 줄 때 우리는 다른 사람들에게 더 친절할 가능성이 높다. 상사나 인기 있는 사람에게 더 친절하게 대하는 자신을 본 적이 있는가? 직장에서의 경쟁적 이타주의이다.

3. 친절 행위의 영향

1) 사랑의 호르몬을 증가시킨다

친절한 행위를 수행하고 목격함으로써 당신의 '사랑 호르몬'인 옥시토신이 생성된다. 옥시토신은 우리의 자존감과 낙관주의를 증가시키며, 이는 사회적 상황에서 불안하거나 수줍어할 때 특히 도움이 된다.

2) 우울증을 감소시키고 웰빙 감각을 향상시킨다

우울할 때는 자신에 대해 좋게 느끼기 어렵다. 우리는 우리의 한계를 빨리 깨닫고 우리의 장점을 기억하는 것은 어렵다. 무작위로 친절한 행동으로 다른 사람들을 돕는 것은 우리 자신과 세상에 대해 더 나은 느낌을 주는 것으로 나타났다.

3) 당신 마음을 좋게 한다

친절한 행동을 하면 스트레스 호르몬인 코르티솔이 낮아진다. 다른 사람을 돕는 것은 염증, 특히 C-반응성 단백질을 감소시켜 심장병을 예방하는 것으로 나타났다.

4) 행복감을 증가시킨다

연구에 따르면 대가를 바라지 않고 다른 사람의 행복을 우리 자신보다 우선시하는 것(이타적 행동이라고 함)은 뇌의 보상 중추를 자극한다. 기분 좋은 화학 물질이 우리 시스템에 넘쳐나면서 일종의 "헬퍼즈 하이(helper's high)"를 만들어 낸다. 예를 들어, 자원봉사는 스트레스를 최소화하고 우울증을 개선하는 것으로 나타났지만 그게 다가 아니다. 동일한 활동은 인지 장애의 위험을 줄이고 우리가 더 오래 사는 데에도 도움이 될 수 있다. 전문가들은 친절이 우리의 공동체 의식과 소속감에 기여하기 때문이라고 하였다. 그리고 연구에 따르면 이것이 건강하고 장수하는 데 중추적인 기여를 하는 것으로 나타났다.

5) 혈압을 낮춘다

친절한 행동은 혈압을 낮추는 것으로 나타났다. 앞서 언급했듯이 친절한 행동을 하면 혈관을 확장하고 혈압을 낮추는 데 도움이 되는 옥시토신이라는 화학 물질이 생성된다.

6) 통증을 감소시킨다

친절한 행동에 참여하면 뇌의 천연 진통제인 엔돌핀이 생성된다. 친절한 행동은 고통스러운 자극에 반응하는 뇌 영역을 즉시 비활성화하는 것으로 나타났다. 친절한 행동을 할 때 뇌의 해당 영역이 꺼진다.

7) 더 행복해진다

무작위로 친절을 베풀기 시작하면 멈추고 싶지 않을 것이다. 그 이유는 행복과 이타주의의 특수 지역이 심리적 피드백 루프 때문이다. 행복한 사람은 더 이타적인 경향이 있고 이타주의는 더 행복해진다. 친절한 행동은 익명이거나 가시적이거나 자발적이거나 계획적일 수 있으며 누군가를 위해 칭찬을 하거나 문을 열어 주는 것처럼 간단할 수 있다. 친절한 행동을 하면 만족감과 행복감을 증가시키는 세로토닌과 같은 호르몬 분비가 증가한다.

8) 수명이 길어진다

자원봉사를 하는 사람들은 통증과 고통을 덜 경험하는 경향이 있다. 다른 사람들에게 도움을 주는 것은 아스피린이 심장병을 예방하는 것보다 두 배나 더 전반적인 건강을 보호한다. 2개 이상의 조직에서 자원봉사를 하는 55세 이상의 사람들은 조기 사망할 가능성이 44% 더 낮다. 이는 신체 건강, 운동, 성별, 흡연과 같은 습관, 결혼 여부 등을 포함한 다른 모든 기여 요인을 분류한 후이다. 이것은 일주일에 네 번 운동하거나 교회에 가는 것보다 더 실질적인 효과이다.

9) 고통과 불안을 감소시킨다

친절은 고통과 불안으로부터 편안하게 해 준다. 누군가에게 도움을 주기 위해 나섰을 때 내면의 기쁨, 행복한 기분, 자기 경각심과 같은 긍정적인 기분을 경험한다. 불안하고 초조하다면 다른 사람을 도울 방법을 찾는다.

10) 관계를 향상시킨다

친절은 매우 강력하여 자신, 주변 사람들 및 도움을 준 사람과의 관계를 개선하는 데 도움이 된다. 그것은 궁극적으로 존중과 더 나은 정서적 유대를 촉진한다. 새로운 사람들과 친해질 때 좋은 관계를 맺는다고 상상해 보자. 또한 당신은 자연적으로 주어진 친절이라는 부를 가지고 현재의 관계를 개선할 수 있을 것이다.

4. 친절을 실천하는 방법

친절은 우리의 삶에 의미를 부여하는 중요한 방법이다. 그것은 우리 주변 사람들의 삶에 기쁨을 가져다준다. 친절은 우리가 더 잘 소통하게 하고, 동정심을 갖게 하며, 또한 사람들의 삶에 긍정적인 힘이 될 수 있도록 한다. 친절은 내면 깊숙한 곳에 진정한 근원이 있으며, 어떤 사람들은 자연스럽게 친절하지만 모든 사람들이 배우는 것을 선택할 수 있다.

1) 친절한 관점 개발하기

(1) 자신에게 친절해야 한다

많은 사람들은 다른 사람들에게 친절하려고 노력하면서 자기 자신을 친절히 하는 것은 중요하게 여기지 않는 오류를 범한다. 이 중 일부는 자신의 측면을 좋아하지 않는 데서 비롯될 수 있지만, 대부분은 자신을 더 잘 알지 못하는 데서 비롯된다. 그리고 불행하게도 자기의 내면이 확고하지 않다고 느끼면 다른 사람에 대한 친절이, 이전 단계에서 설명한 잘못된 유형의 친절에 빠질 위험이 있다. 또는 다른 모든 사람을 먼저 생각하기 때문에 번아웃과 환멸로 이어질 수 있다.

자기 지식을 통해 무엇이 고통과 갈등을 일으키는지 알 수 있고, 모순과 불일치를 포용할 수 있다. 그것은 당신이 만족하지 않는 자신에 대한 것들을 작업하도록 공간을 만든다. 반대로, 자기 지식은 당신이 다른 사람들에게 자신의 부정적인 면을 투영하는 것을 방지하고, 다른 사람들을 사랑과 친절로 대할 수 있도록 한다.

좀 더 자각할 시간을 가지고, 자신과 다른 사람들을 더 친절하게 대하기 위해 사용해 보자. 그러면, 당신 내면의 불안은 상처와 고통을 투영하기보다 잘 다루어 낼 것이다.

그리고 자신의 요구와 한계를 이기적인 행동으로 인식할 시간을 갖기보다는 그것을 큰 힘과 자각으로 다른 사람들에게 다가가기 위한 필수적인 전제 조건으로 사용할 것이다.

자신에게 더 친절하다는 것이 무엇을 의미한다고 생각하는지 스스로에게 물어본다. 많은 사람들에게 있어 자신에게 더 친절해지는 것은 당신의 잡다한 생각을 모니터링하고 부정적인 생각을 멈추는 것을 포함한다.

(2) 원하는 것을 얻기 위해 친절하면 안 된다

착각에 빠진 친절을 조심해야 한다. 친절은 “이기적인 공손함, 계산된 관대함, 피상적인 예절"이 아니다. 다른 사람들에게 당신이 인생에서 원하는 것을 제공하도록 조종하거나 그들을 통제하는 수단으로 사용할 수 있으리라는 생각으로 다른 사람들에게 친절한 것은 친절이 아니다. 또한 분노나 경멸을 억제하면서 누군가를 돌보는 척하는 것도 친절이 아니다. 거짓된 유쾌함 뒤에 분노나 좌절을 숨기는 것 또한 친절이 아니다.

마지막으로 원하는 것을 얻기 위해 사람들을 기쁘게 하는 것도 친절이 아니다. 그것은 단순히 배가 침몰할 것이 두려워 배를 흔들지 않고, 굴복하도록 계획한 행동이기 때문이다.

(3) 다른 사람을 진심으로 돌본다

가장 기본적으로 친절은 주변 사람들을 돌보고, 그들로부터 최고를 원하고, 그들이 당신이 가지고 있는 것과 같은 욕구, 필요, 열망, 심지어 두려움을 가지고 있다는 것을 인식하는 것이다. 친절은 따뜻하고, 회복력이 있으며, 참을성 있고, 신뢰하고, 충성스럽고, 감사하는 것이다. 피에로 페루치(Piero Ferrucci)는 친절은 우리를 원한, 질투, 의심, 조종과 같은 부정적인 태도와 감정에 얽매이지 않도록 해 주기 때문에 "노력을 덜 하는 것"으로 본다. 결국 친절은 모든 존재에 대한 깊은 배려이다.

다른 사람에게 친절과 관대함을 실천한다. 실천이 안 되거나, 수줍음을 타거나, 다른 사람에게 어떻게 다가가야 하는지 모르겠다면 친절이 익숙해지고 다른 사람에게 베풀려는 자연스러운 충동이 생길 때까지 계속해서 노력함으로써 극복할 수 있다.

대가로 아무것도 요구하지 말아야 한다. 가장 큰 친절은 아무것도 기대하지 않고, 아무런 집착도 없으며, 어떤 행동이나 말에 조건을 두지 않는다.

(4) 다른 사람에게서 친절을 배운다

당신의 삶에서 진정으로 친절한 사람들이 누구인지, 그들은 당신이 그들을 어떻게 느끼게 하는지 생각해 보자. 당신은 그들을 생각할 때마다 그들의 따뜻한 빛을 마음에 품고 있는가? 그 이유는 오랫동안 당신에게 친절하며 가장 어려운 문제에 직면할 때에도 당신을 따뜻하게 해 주기 때문일 것이다. 다른 사람들이 당신을 있는 그대로 사랑할 수 있는 방법을 찾을 때, 그러한 신뢰와 가치에 대한 확인은 잊을 수 없으며 그들의 친절은 영원히 지속된다.

다른 사람들의 친절이 "당신의 하루를 어떻게 만들어 주는지"를 기억해야 한다. 당신을 특별하고 소중하게 만드는 그들의 친절은 무엇인가? 당신이 마음에서 복제할 수 있는 그들이 하는 일이 있는가?

(5) 자신의 건강을 위해 친절을 기른다

향상된 심리적 건강과 행복은 더 긍정적으로 생각하는 것에서 비롯되며, 친절은 긍정적인 정신 상태이다. 친절이 다른 사람들에게 베풀고 개방하는 것인 반면, 친절을 베푸는 것은 우리 자신의 정신 상태와 건강을 향상하는 행복감과 연결감을 우리에게 돌려 준다.

- 비록 간단하지만, 친절해지는 능력은 그 자체로 강력하고 일관된 보상이며, 자존감을 높여 준다.

(6) 친절에 집중하는 습관을 들인다

리오 바바우타(Leo Babauta)는 친절은 습관이고 모든 사람이 기를 수 있는 습관이라고 말한다. 그는 한 달 동안 매일 친절에 집중하자고 제안한다. 이 직접적인 집중이 끝날 때쯤, 당신 삶의 커다란 변화를 알게 될 것이고, 당신은 한 사람으로서 자신을 더 좋게 느낄 것이고, 사람들은 당신을 더 잘 대해 주는 것을 포함하여 당신에게 다르게 반응한다는 것을 알게 될 것이다. 그의 말처럼, 장기적으로 보면, 친절을 베푸는 것은 실제로 업보이다. 당신의 친절을 기르는 데 도움이 되는 제안들은 다음과 같다.

- 누군가를 위해 매일 한 가지 친절한 일을 한다. 하루의 시작에 어떤 종류의 행동

이 될 것인지를 의식적으로 결정하고 낮에 그것을 할 시간을 만든다.

- 당신이 누군가와 교류할 때 친절하고 다정하게, 동정심을 가지고 대한다. 그리고 그 사람이 보통 당신을 화나게 하거나, 스트레스를 받게 하거나, 성가시게 하면 더욱 그렇게 한다. 친절을 강점으로 삼는다.
- 당신의 작은 친절을 더 큰 연민의 행동으로 키운다. 어려운 사람들을 위해 자원봉사를 하고 고통을 덜어 주기 위해 솔선수범하는 것은 더 큰 동정심이다.
- 친절을 전파하는 것을 돕기 위해 명상을 한다. 더 자세한 내용은 사랑의 친절 명상 연습을 한다.

(7) 단지 "어려운" 사람들만이 아니라 모든 사람에게 친절하게 한다

당신의 친절 범위를 넓혀야 한다. 도우릭(Dowrick)이 말하는 "친절한 척하는" 행동을 무의식적으로 하고 있을 때 친절해지는 것은 매우 쉬울 수 있다. 이것은 우리가 진정으로 필요하다고 느끼는 사람들(병든 사람들, 가난한 사람들, 취약한 사람들, 그리고 우리 자신의 이상과 일치하는 사람들)에게 주어지는 친절을 말한다. 감정적으로(가족이나 친구처럼) 또는 다른 방식으로(같은 나라 출신, 같은 색깔, 같은 성별 등) 우리와 가까운 사람들에게 친절해지는 것 또한 철학자 헤겔(Hegel)이 "다른 사람"이라고 부르는 사람들에게 친절해지는 것보다 쉽다. 우리가 동등하다고 생각할 수 있는 사람들에게 친절해지는 것은 더 어려울 수 있지만, 그럴 만한 가치가 있을 것이다.

우리의 친절을 "편리한" 경우로 제한하는 것의 문제점은 우리가 그들이 누구이든, 그들의 부나 재산의 수준, 그들의 가치와 신념, 그들의 행동과 태도, 그들의 출신지, 우리 자신과의 유사성 등과 관계없이 모든 사람에게 친절할 필요가 있다는 것을 인식하지 못한다는 것이다.

우리가 친절할 가치가 있다고 생각하는 사람들에게만 친절을 베푸는 것을 선택함으로써, 우리는 우리 자신의 편견을 촉발하고, 조건부 친절만을 실천하고 있다. 자연스러운 친절은 모든 존재를 아우르며, 친절에 대한 넓은 개념을 실행에 옮기려고 할 때 직면하게 될 도전을 시도하지만, 당신은 진정으로 친절할 수 있는 능력의 깊이에 대해 배우는 것을 결코 멈추지 않을 것이다.

만약 다른 사람이 당신의 지원이나 이해 없이 대처할 수 있다고 생각해 다른 사람에게 베푸는 친절을 소홀히 한다면, 당신은 선택적인 친절을 실천하는 것이다.

(8) 판단을 최소화한다

당신이 정말 친절하기를 원한다면, 당신은 판단을 보류해야만 한다. 다른 사람들을 비난하는 시간을 보내는 대신, 긍정적이고 인정 많은 사람이 되도록 노력해야 한다. 만약 당신이 다른 사람들을 나쁘게 생각하는 경향이 있거나, 다른 사람들이 그들의 게임을 더 발전시킬 수 있기를 바라거나, 당신 주변 사람들이 가난하거나 무지하다고 느낀다면, 당신은 결코 진정한 친절을 배울 수 없을 것이다. 사람들을 판단하지 말고, 그들의 입장이 되어 보지 않는 한 그들이 어디에서 왔는지 완전히 이해할 수 없다는 것을 깨달아야 한다. 다른 사람들이 그들보다 낫지 않다고 판단하는 대신에 그들을 돕고 싶어 하는 마음에 집중한다.

만약 당신이 비판적이고, 험담을 쉽게 하거나, 항상 주변 사람들에게 욕을 한다면, 당신은 친절하기 위해 결코 당신의 예의를 지나칠 수 없을 것이다.

친절하다는 것은 사람들에게 완벽함을 기대하는 대신 사람들을 염려한다는 것을 의미한다.

2) 친절한 자질 개발하기

(1) 다른 사람들에게 동정심을 나타낸다

“만나는 모든 사람들이 힘든 싸움을 하고 있으니 친절하게 대하세요”라는 메시지를 받아들이는 것이 중요하다. 플라톤(Platon)이 말한 이 말은 모든 사람이 삶에서 어떤 도전이나 다른 일을 겪고 있으며, 때로는 우리 자신의 문제에 휘말리거나 그것에 대한 화가 났을 때 간과하기가 너무 쉽다는 인식이다. 다른 사람들에게 부정적인 영향을 줄 수 있는 행동을 하기 전에 자신에게 "이것이 친절한가?"라는 간단한 질문을 한다. 긍정적으로 대답할 수 없다면 즉시 행동과 접근 방식을 바꾸라는 신호이다.

당신이 가장 최악의 상태에 있을 때 다른 사람들도 불확실성, 고통, 고난, 슬픔, 실망 그리고 상실감을 느끼고 있음을 기억해야 한다. 이것은 결코 당신의 감정을 비하하는 것은 아니지만, 사람들이 자신보다는 상처와 고통에서 반응하는 경우가 많다는 것을 깨닫게 해 주며, 친절은 격앙된 감정을 지나쳐 보고 내면의 실제 사람과 연결시키는 열쇠이다.

(2) 완벽을 기대하지 않는다

당신이 완벽주의, 경쟁심, 충동적인 긴박감을 가지고 있는 경향이 있다면, 자기 친절은 당신의 야망과 빠른 속도의 희생양이 될 뿐만 아니라 게으르거나 이기적으로 보이는 것에 대한 두려움의 희생자가 될 것이다. 일이 바라는 대로 되지 않을 때 속도를 늦추고 자신을 용서하는 것을 잊지 않아야 한다.

실수로 자신을 때리거나 다른 사람과 비교하기보다는 실수에서 배워야 한다. 다른 사람의 요구를 동정적인 시각으로 볼 수 있는 것은 자기 연민의 반응을 통해서이다.

(3) 지금 여기에 있어야 한다

다른 사람들에게 베푸는 친절의 가장 큰 선물은 그들이 있는 그 순간에 있는 것, 주의 깊게 경청하는 것, 그리고 그들에게 진심으로 관심을 기울이는 것이다. 하루 일정을 다르게 잡고, 항상 서두르는 사람으로 알려지지 않도록 한다. 지금 여기에 있다는 것은 가능하다는 것을 의미한다. 이 활동은 사람들에게 서두르거나 압박을 가하지 않을 때 가능하다.

그것은 다른 사람들과 의사소통하는 기술적 수단을 쉽게 만든다. 문자와 전자 메일과 같은 비인간적이고 긴급한 기술로 소통하는 것이 일상에서 자리를 잡았지만, 소통의 수단은 그것만이 아니다. 직접 만나거나 전화로 자주 소통하고 사람들과 관계를 이어 가기 위해 시간을 보내 보자. 이메일 대신 편지를 보내고, 종이에 글을 쓰면서 하루의 시간을 보내는 친절함으로 누군가를 놀라게 할 필요가 있다.

(4) 좋은 경청자가 된다

서두르며 바쁘게 사는 것이 미덕으로 여겨지는 세상에서는 경청하는 것보다 말하는 것이 더 쉽다. 너무 바쁘거나 급하게 어딘가를 가야 하기 때문에 말을 끊는 것이 보통이다. 하지만 바쁜 것을 습관화하는 것은 불친절의 변명이 되지 않는다. 누군가와 대화할 때, 당신의 온전한 존재와 함께 듣는 것을 배우고 그들이 자기의 생각과 이야기를 드러내는 것이 끝날 때까지 진심으로 그들에게 관심을 기울여야 한다.

진정으로 누군가의 말을 경청하고, 눈을 마주치고, 주의를 산만하게 하는 일을 모두 피하고, 하루 중 그들에게 시간을 주는 것은 가장 위대한 친절 행위 중 하나이다. 미리 만들어진 대답으로 응답하거나 끼어들기 전에 상대방이 말하는 내용을 진정으로 흡수하는 시간을 가져야 한다. 당신이 그 사람이 처한 독특한 상황에 감사하고 당신이 귀를 기울이기 위해 거기 있다는 것을 보여 주어야 한다.

좋은 경청자가 된다는 것은 훌륭한 문제 해결자가 되는 것을 의미하지는 않는다. 때때로 당신이 할 수 있는 최선은 그 사람이 무엇을 해야 할지 모른다는 것을 인정하면서 그저 듣기 위해 거기에 있는 것이다.

(5) 낙관적이어야 한다

행복, 기쁨, 감사는 친절의 심장에 자리 잡고 있으며, 다른 사람과 세상의 좋은 점을 볼 수 있게 해 주고, 당신이 목격하고 경험하는 도전, 절망, 잔인함을 헤쳐 나갈 수 있게 해 주며, 인간에 대한 믿음을 꾸준히 회복하게 한다. 낙관적인 태도를 유지하면 내키지 않아도 의무감이나 봉사가 아니라 진정한 기쁨과 유쾌함으로 친절한 행동을 할 수 있다. 유머 감각을 유지하면 자신을 너무 심각하게 생각하지 않고 인생의 모순

되고 반대되는 순간을 선의로 받아들인다.

특히 우울한 하루를 보냈을 때 낙관적으로 되는 것이 항상 쉬운 것은 아니다. 그러나 충분한 연습을 통해 부정적인 것보다 긍정적인 것에 집중하고, 미래의 행복한 일을 미리 생각하고, 슬픔보다 기쁨으로 가득 찬 삶을 살아감으로써 누구나 낙관주의를 키울 수 있다. 그리고 사물의 밝은 면을 보는 데에는 1원도 들지 않는다.

낙관적이고 긍정적인 태도를 유지하는 것은 당신을 친절하게 대할 뿐만 아니라 주변 사람들에게도 기쁨을 가져다줄 것이다. 불평하는 데 많은 시간을 할애하면 궤도에 있는 사람들에게 행복을 가져다주기가 더 어려울 것이다.

낙관주의를 키우는 방법에 대한 자세한 내용은 행복해지는 방법, 웃기는 방법, 감사하는 방법을 읽어 보면 된다.

(6) 친근하게 된다

친절한 사람들은 친근하게 되는 경향이 있다. 이것은 그들이 가장 외향적인 사람이라는 의미가 아니라, 그들이 새로운 사람들을 알고 집처럼 편안하게 느끼도록 노력한다는 의미이다. 학교나 직장에 새로운 사람이 있으면 그 사람과 이야기를 나누고 일이 어떻게 돌아가는지 설명하고 사교 행사에 초대할 수도 있다. 외향적이지 않더라도 사람들과 미소를 짓고 잡담을 하는 것만으로도 친해지는 데 큰 도움이 되며 이러한 친절은 눈에 띄지 않을 것이다.

친근한 사람들은 사람들에게 최고의 것을 기대하기 때문에 친절하다. 그들은 새로운 사람들과 친구들에게 편안하고 안심할 수 있는 방식으로 이야기하여 집과 같은 편안함을 느끼게 한다.

당신이 천성적으로 수줍음이 많다면, 당신의 성격을 완전히 바꿀 필요는 없다. 사람들에게 관심을 주고, 안부를 묻고, 흥미를 보여 줌으로써 사람들에게 친절하기 위해 조금 더 노력한다.

(7) 공손하게 된다

공손하다는 것이 그 자체로 친절함의 표시는 아니지만, 진정한 공손함은 당신이 교류하는 사람들에 대한 존경심을 나타낸다. 예의 바르게 행동하는 것은 사람들의 관심을 끌고 당신의 요점을 전달하는 친절한 방법이다. 이를 수행하는 몇 가지 간단한 방법은 다음과 같다.

- 당신의 요청이나 다른 사람에 대한 응답을 다시 표현하는 방법을 찾는다. 예를 들어, “내가 할 수 있습니까?” 대신에 “제가 해도 될까요?”라고 말한다. “그건 불공평해” 대신에 “놀랐어”라고 말한다. “그건 내가 한 말이 아니야”라고 말하는 대신 “다른 방법으로 설명하겠습니다”라고 말한다. 당신의 언어를 바꾸어 말하면 많은 것을 알 수 있다.
- 매너가 좋아야 한다. 사람들을 위해 문을 열어 두고, 대인관계에서 지나치게 저속한 행동을 피하고, 새로운 사람들과 지나치게 친숙해지지 않는다.
- 칭찬을 하고 의미를 부여한다.
- 더 많은 아이디어를 보려면 예의와 친절을 실천하는 방법을 읽는다.

(8) 감사를 나타낸다

진정으로 친절한 사람은 쉽게 감사를 표현할 수 있다. 그들은 아무것도 당연하게 여기지 않으며, 항상 사람들이 도움을 준 것에 대해 감사해한다. 그들은 “고맙습니다”라고 말할 줄 알고, 진심으로 감사 카드를 쓰고, 도움을 받았을 때 편안하게 인정한다. 감사하는 사람은 특정한 일을 끝낸 것에 대해 감사하기보다는 하루를 더 빛나게 해주는 것만으로도 감사해한다. 주변 사람들에게 더 감사하는 습관을 들이면 친절에 대한 능력이 향상되는 것을 볼 수 있다.

만약 다른 사람들이 당신을 위해 하는 모든 좋은 일에 더 주의를 기울인다면, 당신은 다른 사람들을 위해 더 좋은 일을 할 준비가 되어 있을 것이다. 당신은 다른 사람들의 친절이 당신을 얼마나 기분 좋게 만드는지 더 잘 알게 될 것이며, 사랑을 전파하려는 경향을 더 많이 느끼게 될 것이다.

3) 행동하기

(1) 동물과 살아 있는 세계를 사랑한다

동물을 사랑하고 애완동물을 돌보는 것은 친절한 행동이다. 특히 인간 지배의 도구가 그렇게 강력한 시대에 다른 종의 존재에 대해 관심을 두도록 강요하는 것은 없다. 그럼에도, 동물을 사랑하고 자신의 가치를 존중하는 행위는 깊은 친절의 표현이다. 또한, 우리를 지켜 주고 키워 주는 세상에 친절하다는 것은 우리의 건강한 삶을 보장하는 바로 그 요소들을 독살하지 않도록 하는 것이다. 이 행동은 친절할 뿐만 아니라 합리적이다.

- 애완동물을 입양하거나 기른다. 당신의 친절은 자신에게 기쁨과 사랑을 가져다줄 다른 존재를 자신의 삶에 들임으로써 보답을 받을 것이다.
- 멀리 가는 친구를 위해 애완동물 돌보미가 된다. 친구에게 자기가 없는 동안 사랑하고 보살피는 누군가가 자기 애완동물을 돌봐 줄 것이라는 안심을 심어 준다.
- 당신이 아끼는 종을 존중한다. 인간은 동물을 "소유"하지 않는다. 오히려 우리는 동물의 안녕과 보살핌에 대해 책임을 지는 관계에 있다.
- 지역 공동체와 함께 시간을 내어 지역 환경의 일부를 개선한다. 가족, 친구, 단둘이서 자연을 산책하고 당신이 속한 세상과 소통한다.
- 자연에 대한 당신의 사랑을 다른 사람들과 나누고, 자연과 연결되어 있다는 감각을 깨우는 데 도움을 준다.

(2) 공유한다

친절한 사람들은 다른 사람들과 나누기를 좋아한다. 좋아하는 스웨터, 맛있는 음식, 또는 경력에 대한 조언을 자신보다 어린 사람과 공유할 수 있다. 중요한 것은 당신이 정말로 필요하지 않은 것을 주는 것이 아니라, 당신이 관심을 두고 있는 것을 공유한다는 것이다. 당신이 한 번도 입지 않은 오래된 유품을 주는 것보다 당신의 친구에게 당신이 가장 좋아하는 스웨터를 빌려주는 것이 훨씬 더 의미가 있다. 사람들과 나누는 것은 당신을 더 관대하게 만들고 따라서 더 친절하게 만들 것이다.

당신이 가지고 있는 것들에서 정말로 이익을 얻을 사람들을 주시한다. 그들이 항상 요구하는 것은 아니지만, 그들이 당신에게서 무언가를 필요로 한다는 것을 인정하기 전에 즉시 제안할 수 있다.

(3) 더 많이 미소 짓는다

미소는 먼 길을 갈 수 있는 간단한 친절 행동이다. 낯선 사람이나 친구 그리고 지인에게 웃는 습관을 들인다. 입가에 미소를 머금은 채 돌아다닐 필요는 없지만, 사람들을 보며 미소를 짓는 것은 사람들을 다시 미소 짓게 하고, 그들의 일상에 작은 기쁨을 가져다줄 것이다. 게다가 미소는 실제로 마음을 속여서 이전보다 더 행복하다고 느낄 수 있다. 당신이 웃을 때 모두가 이기고, 그 과정에서 당신의 친절 능력도 향상될 것이다.

사람들에게 미소를 짓는 것은 그들을 더 편안하게 만들고, 당신을 더 친근하게 보이게 만들 것이다. 이것은 친절함의 또 다른 방법이다. 다른 사람을 환영하고 낯선 사람에게 미소를 지어 믿음을 주는 것도 친절의 또 다른 방법이다.

(4) 사람들에게 관심을 가진다

정말 친절한 사람들은 다른 사람들에게 진정으로 관심이 있다. 그들은 단지 그들이 원하는 것을 얻고 싶거나, 호의를 위해 낚시를 하므로 그들에게 친절하지 않다. 그들은 사람들이 어떻게 지내는지 진정으로 관심을 두고, 주변 사람들이 행복하고 건강하기를 원하기 때문에 그렇게 한다. 더 친절해지려면 다른 사람들을 향한 관심을 키우기 위해 노력하고, 주의를 기울이고, 질문하고, 관심을 기울임으로써 관심을 두고 있음을 보여 준다. 다음은 사람들에게 관심을 갖는 몇 가지 방법이다.

- 사람들에게 그들이 어떻게 하고 있는지 물어본다.
- 사람들에게 취미, 관심사, 가족에 대해 물어본다.
- 당신이 아끼는 누군가에게 인생의 큰 사건이 있었다면 그 사람에게 어떻게 되었는지 물어본다.
- 아는 사람이 큰 시험이나 면접을 앞두고 있다면 행운을 빈다.
- 당신이 사람들과 이야기할 때 그들이 적어도 대화의 절반 정도를 하고 있는지 확인한다. 대화를 지배하지 말고 자신보다 상대방에게 집중한다.
- 사람들과 이야기할 때는 눈을 마주치고 휴대전화를 멀리한다. 그들이 당신의 최우선 순위임을 보여 준다.

(5) 그냥 친구를 불러낸다

좋은 친구를 불러내기 위해 항상 이유가 필요한 것은 아니다. 그 사람이 어떻게 지내는지 확인하고 보기 위해서 일주일에 한 명, 혹은 두 명의 친구에게 전화하는 것을 목표로 한다. 계획을 세우거나 그 사람에게 구체적인 것을 물어보기 위해 전화하지 않는다. 단지 친구를 그리워하고 그에 대해 생각하고 있기 때문에 전화한다. 갑자기 친구들에게 연락을 한다면 그들은 보살핌을 받는 느낌을 받고 기분이 좋아질 것이다. 이것은 친절함과 사려 깊음을 보여 주는 것이다.

만약 당신이 정말 시간이 부족하다면, 친구들의 생일에 전화하는 습관을 들이는 것으로 시작할 수 있다. 문자 메시지나 페이스북 글을 보내지 말고, 친구에게 진심 어린 전화를 한다.

(6) 자선 단체에 기부를 한다

친절을 베푸는 또 다른 방법은 소지품 일부를 자선 단체에 기부하는 것이다. 오래된 물건을 버리거나 중고 마트에 판매하는 대신 필요하지 않은 물건을 좋은 일에 기부한다. 옷이나 책, 생활용품 등 상태가 좋은 물건이 있다면 모아 두거나 버리지 않고 자선 단체에 기부하는 습관을 들이는 것이 따뜻한 마음을 남에게 전할 수 있는 좋은 방법이다.

아는 사람이 갖고 싶어 할 옷이나 책이 있다면 그 사람에게 그 물건을 기부하는 것을 부끄러워하지 말아야 한다. 이것은 친절을 베푸는 또 다른 방법이다.

(7) 무작위로 친절한 행동을 한다

"언젠가 누군가가 당신을 위해 같은 일을 할 수 있다는 것을 알고, 보상을 기대하지 말고, 무작위로 친절한 행동을 해야 한다." 이것은 다이애나 황태자비가 한 말이다. 무작위적인 친절 행동은 살아 있고 더 많은 친절을 퍼뜨리기 위한 의식적인 노력이다. 이 필수적인 시민 의무를 수행하기 위해 설립된 그룹도 있다. 다음은 무작위로 할 수 있는 몇 가지 친절 행동이다.

- 자기 진입로뿐만 아니라 이웃의 진입로도 정리한다.
- 친구의 차를 세차한다.
- 만료된 미터기에 돈을 넣는다.
- 무거운 물건을 들고 가는 사람을 도와준다.
- 누군가의 문 앞에 선물을 둔다.
- 무작위 친절을 실천하는 방법에 대한 자세한 내용은 무작위적 친절을 실천하는 방법을 참고한다.

(8) 친절을 통해 당신의 삶을 변화시킨다

당신이 사는 방식과 세상을 보는 방식을 바꾸는 것은 힘든 것으로 보일 수 있다. 하지만 당신의 삶을 변화시키기 위한 올더스 헉슬리(Aldous Huxley)의 처방에 주목한다. "사람들은 종종 제게 그들의 삶을 변화시키기 위한 가장 효과적인 기술이 무엇인지 묻는다. 수년간의 연구와 실험 후에, 가장 좋은 대답은 조금만 더 친절해지는 것이라고 말해야 한다는 것은 약간 당황스러운 일이다." 헉슬리가 다년간 연구한 이 내용을 마음에 새기고 친절을 베풀어 당신의 삶을 변화시켜야 한다. 더불어 공격성, 증오, 경멸, 분노, 두려움, 자기 비하 등과 같은 감정과 행동을 초월하려 노력하고, 절망으로 닳아 없어진 힘을 회복하게 해야 한다.

친절함을 통해 당신은 다른 사람들을, 우리의 환경을 위해, 자신을 위해 돌보는 것이 삶을 사는 올바른 길이라고 단언하는 입장을 취해야 한다. 그것은 즉각적인 효과성에 관한 것이 아니다. 친절은 생활 방식의 선택이며, 당신이 생각하고 행동하는 모든 것에 수반되는 끊임없는 흥얼거림과 리듬이다.

친절함을 통해 당신은 다른 사람들이 당신보다 더 많이 가지고 있거나, 당신보다 자격이 덜 혹은 더 있거나, 당신보다 우월하거나 열등한 위치에 있다고 걱정하는 부담에서 벗어날 수 있다. 대신에 친절은 모든 사람에게 가치가 있고, 당신에게도 마찬가지이다.

친절함을 통해 당신은 우리 모두가 함께 있다는 것을 인식하게 될 것이다. 당신이 다른 사람을 해칠 때, 당신 자신 또한 해롭다. 당신이 다른 사람들을 지원하기 위해 하는 일 또한 당신을 지원한다.

5. 간단한 친절 행위

친절한 행위를 할 때, 그 행위가 당신을 기분 좋게 만드는 무언가를 즐겁게 할 때 건강상의 이득이 증가한다. 친절한 것은 원하는 효과가 없을 것이기 때문에 잡일로 느껴져서는 안 된다. 큰 약속을 하거나 당신의 친절한 행동에 대해 지나치게 신경 쓸 필요는 없다. 인생에서 중요한 것은 작은 것들이다. 다음은 당신이 할 수 있는 몇 가지 간단한 아이디어이다.

- 양손에 물건을 들고 있는 사람을 위해 문을 잡아 준다.
- 모르는 사람이든 아는 사람이든 사람을 보고 미소 짓는다.
- 더 자주 "감사합니다, 고맙습니다"라고 말한다.
- 봉사 활동을 한다.
- 헌혈을 한다.
- 노인을 위해 짐을 들어 준다.
- 당신이 만나는 사람들에게 칭찬을 한다. 생각만 하지 말고 큰 소리로 말한다.
- 병원에 입원한 아픈 아이들을 방문하거나 카드를 보낸다.
- 아프거나 힘든 시간을 보내고 있는 친구들에게 음식을 가져간다.
- 강아지를 입양한다.
- 마음의 짐을 덜어 주기 위해 다른 사람의 말을 경청한다. 방해하거나 조언을 하려 하지 말아야 한다.
- 누군가 자신의 꿈을 추구하도록 격려한다.
- 헌옷, 가구, 장난감을 기부한다.
- 바느질하는 법이나 야구하는 법 같은 기술을 누군가에게 가르친다.
- 부모가 없는 아이를 위해 크리스마스 선물을 산다.
- 누군가를 식사에 초대한다.

- 운전을 할 때 보행자가 길을 건너게 하거나 앞차와 거리를 둔다.
- 누군가를 위해 엘리베이터를 잡아 준다.
- 장기 기증자가 되기 위해 등록한다.
- 길을 묻는 사람에게 길을 가르쳐 준다.
- 동료와 음식 또는 간식을 나누어 먹는다.
- 관광객에게 사진을 찍어 준다.
- 갓난 아이가 있는 친구에게 음식을 가져오거나 그녀가 낮잠을 잘 수 있도록 아기를 돌본다.
- 새로운 이웃을 환영하고 이웃을 안내한다.

친절의 실천

친절과 관대함을 실천하면 전반적인 행복 수준이 높아진다. 남에게 베풀수록 자신에 대해 더 잘 느끼게 된다. 종종 "선행 릴레이" 파급 효과가 있는데, 당신의 친절이나 관대함의 행동을 받은 사람들은 다른 사람을 위해 비슷한 행동을 할 가능성이 더 크다. 모델링을 통해 한 번에 한 단계씩 공동체에 변화를 가져올 수 있는 좋은 방법이다.

연습

하루를 보내면서 다른 사람들의 요구를 깨닫고 어떤 식으로든 그들을 돕기 위해 손을 내밀기 위해 노력한다. 당신의 시간과 기술을 관대하게 베푸는 것이 어떤 느낌인지 주의를 기울인다. 당신의 친절한 행동을 다양하게 하고 당신이 누군가에게 도움을 주기 위해 시간을 냈다는 당신에 대해 무엇을 말하는지 주목한다. 이러한 관대함의 행동은 어떤 가치를 표현하는가?

이것이 지금 학생들에게 중요한 이유:

특히 중간고사 후, 학생들이 정신적으로 고갈될 수 있는 시기에 다른 사람들이 아낌없이 주는 것이 얼마나 기분이 좋은지 알게 될 것이다. 친절과 관대함의 행동에서 비롯되는 웰빙의 빛은 현재의 삶이 단절되거나 불만족스럽다고 느끼는 학생들에게 특히 도움이 될 수 있다. 이러한 행위를 통해 지역사회 건설에 재투자함으로써 남은 학기 동안 추진력을 얻는 데 도움이 되는 에너지를 얻을 수 있다.

친절의 실천

이러한 무작위적인 친절 행위는 어떤 면에서 당신의 삶이나 기분을 향상시켰는가?

Chapter

11

몰입의 의미

11 몰입의 의미

Chapter

무언가에 완전히 몰두했다고 느낀 적이 있다면 심리학자들이 몰입이라고 부르는 정신 상태를 경험했을 수 있다. 이 상태에 도달하면 사람들이 더 큰 즐거움, 에너지, 참여를 느끼는 데 도움이 될 수 있다.

당신이 경주를 하고 있다고 잠시 상상해 보자. 몸의 움직임, 근육의 힘, 폐의 힘, 발 아래 거리의 느낌에 주의가 집중된다. 당신은 현재 활동에 완전히 몰두하여 현재에 살고 있다. 시간이 흘러가는 것 같다. 당신은 피곤하지만 거의 눈치채지 못한다. 이것은 몰입 상태의 예이다.

이 글에서는 몰입 상태를 정의하는 방법과 몰입의 주요 이점에 대해 알아본다. 또한, 이 상태의 몇 가지 특성과 몰입에 도달할 가능성을 향상시키기 위해 무엇을 할 수 있는지 살펴본다.

1. 몰입의 개념

몰입은 사람이 활동에 완전히 몰두하는 마음 상태를 말한다. 칙센트미하이는 몰입을 활동에 완전히 몰두한 상태로 설명한다. 몰두한다는 것은 사람이 자신의 일에 완전히 열중하고 몰두하는 집중 상태로 정의할 수 있다. 이러한 정신적 몰입 상태에 있는 동안 사람들은 자신이 하고 있는 일에 고도로 관여하고 집중한다.

Wired 잡지와의 인터뷰에서 칙센트미하이는 "자아가 사라지고, 시간이 그냥 흘러가고, 재즈 연주처럼 모든 행동, 움직임, 생각은 필연적으로 이전의 것에서 뒤따른다. 당신의 전체 존재가 관련되고, 당신의 기술을 최대한 사용하고 있다"고 말했다(Geirland, 1996).

몰입 경험은 사람들마다 다른 방식으로 발생할 수 있다. 그것은 당신이 즐기고 아주 능숙한 일을 할 때 종종 발생한다. 이러한 상태는 종종 그림 그리기 또는 쓰기와 같은 창의적인 예술과 관련이 있다. 그러나 스키, 테니스, 축구, 춤 또는 달리기와 같은 스포츠에 참여하는 동안에도 발생할 수 있다.

2. 몰입 상태의 이점

보다 즐겁게 활동을 만드는 것 외에도 몰입은 다음과 같은 여러 가지 다른 이점이 있다(Csikszentmihalyi, 2004; Bonaiuto et al., 2016; Koehn & Morris, 2012; Šimleša et al., 2018).

- **보다 나은 감정 조절**: 몰입이 증가함에 따라 사람들은 정서적 복잡성에 대한 더 많은 성장을 경험한다. 이것은 사람들이 자신의 감정을 보다 효과적으로 조절할 수 있는 기술을 개발하는 데 도움이 될 수 있다.
- **보다 큰 즐거움과 성취감**: 몰입 상태에 있는 사람들은 자신이 하는 일을 더 많이 즐긴다. 일이 더 즐거워지기 때문에 사람들은 그 일이 보람 있고 성취감을 느낄 가능성도 더 커진다.

- **보다 큰 행복**: 몰입 상태는 행복, 만족, 자아 실현의 수준 증가와 관련이 있을 수 있다고 연구는 제안한다.
- **보다 큰 내적 동기**: 몰입은 긍정적인 정신 상태이기 때문에 즐거움과 동기를 높이는 데 도움이 될 수 있다. 내적 동기는 내적 보상을 위해 일을 하는 것과 관련이 있다.
- **증가된 참여**: 몰입 상태에 있는 사람들은 당면한 작업에 완전히 참여한다고 느낀다.
- **향상된 수행**: 연구자들은 몰입이 교육, 학습, 운동 및 예술적 창의성을 포함한 다양한 영역에서 수행을 향상시킬 수 있음을 발견했다.
- **학습 및 기술 개발**: 몰입을 달성하는 행위는 특정 기술에 대한 상당한 숙달을 나타내기 때문에 사람들은 이 상태를 유지하기 위해 새로운 도전과 정보를 계속 찾게 된다.
- **더 많은 창의성**: 몰입 상태는 종종 창의적인 작업 중에 발생하므로 더 많은 창의적이고 예술적인 추구에 영감을 줄 수 있다.

3. 몰입의 특성

칙센트미하이(1997)에 따르면, 몰입의 경험을 수반하는 10가지 요인이 있다. 이러한 구성 요소 중 많은 부분이 있을 수 있지만, 몰입이 발생하기 위해 모든 구성 요소를 경험할 필요는 없다.

① 그 활동은 본질적으로 보람이 있다.
② 도전적이지만 여전히 달성할 수 있는 분명한 목표가 있다.
③ 활동 자체에 완전한 초점이 있다.

④ 사람들은 상황과 결과에 대해 개인적으로 통제할 수 있다는 느낌을 경험한다.

⑤ 사람들은 평온함을 느끼고 자의식 상실을 느낀다.

⑥ 즉각적인 피드백이 있다.

⑦ 사람들은 그 과제가 실행가능하며 기술 수준과 제시된 도전 사이에 균형이 있음을 알고 있다.

⑧ 사람들은 자신의 신체적 요구에 대한 자각 부족을 경험한다.

⑨ 강한 정신 집중력과 주의 집중력이 있다.

⑩ 사람들은 현재에 너무 집중하여 시간이 흘러가는 모습을 잊는 것과 관련하여 시간을 초월하거나 왜곡된 시간 감각을 경험한다.

① 몰입 상태 동안 뇌 활동에 변화가 있음을 발견했다(Katahira et al., 2018). 다른 연구에서는 사람들이 몰입을 경험할 때 도파민(쾌락과 동기 부여에 관여하는 뇌 화학 물질)의 활동이 증가한다고 제안하였다(Gold & Ciorciari, 2020).

4. 몰입하는 방법

그렇다면 몰입의 가능성을 높이려면 어떻게 하는가? 다음과 같은 것들을 시도한다.

- **명확한 목표 설정**: 칙센트미하이는 자신의 책에서 특정 응답이 필요한 명확한 목표가 있는 과제에 직면했을 때 몰입이 발생할 가능성이 있다고 하였다. 체스 게임은 몰입 상태가 발생할 수 있는 경우의 좋은 예이다. 경기가 진행되는 동안 플레이어는 매우 구체적인 목표와 반응을 나타내어 플레이 기간 동안 온전히 게임에 집중할 수 있다.
- **목표와 중요성의 이해**: 분명한 목표가 없고 그 목표의 중요성을 믿지 않고는 도달하기 힘든 영역이다. 이 정신적 준비를 과소평가하지 말아야 한다. 최고 수행을

위해 필수적이다.

- **주의 산만 요소 제거**: 주변 환경에 주의를 끌기 위해 경쟁하는 것들이 있으면 몰입을 경험하기가 더 어렵다. 주어진 과제에 완전히 집중할 수 있도록 주변 환경에서 주의를 산만하게 하는 것들을 줄이거나 제거한다.
- **도전 요소의 추가**: "몰입은 한 사람의 기술이 관리 가능한 도전을 극복하는 데 완전히 관여할 때 발생하므로 새로운 기술을 배우고 도전을 증가시키는 데 자석 역할을 한다."라고 칙센트미하이는 설명하였다. "만약 도전 수준이 너무 낮으면 이를 증가시킴으로써 다시 몰입에 복귀하게 된다. 도전 수준이 너무 높으면 새로운 기술을 익혀 몰입 상태로 돌아갈 수 있다."
- **좋아하는 것 선택**: 당신이 진짜 싫어하는 일을 하고 있다면 몰입을 얻지 못할 것이다. 좋아하는 일을 하는 동안 몰입을 얻으려고 노력하는 데 집중해야 한다.
- **불가능한 일에 전념하지 않음**: 만약 당신이 어떤 것이 성취될 수 없다는 것을 안다면, 그것을 분명히 한다. 당신이 어떤 일에 전념해야 할 때, 반드시 그것이 성취될 수 있다고 믿어야 한다. 만약 당신이 목표가 불가능하다고 확신한다면, 당신은 몰입 상태로 들어가는 데 필요한 자신감이 부족해질 것이다.
- **분노 폭발이나 불안의 원인이 되는 문제의 목록 작성**: 어떤 과제를 시작하기 전에 걱정을 버려야 한다. 마음을 어지럽히는 걱정과 불안이 있으면 몰입이 어렵다. 나중에 다시 돌아오겠다는 분명한 의도를 가지고 기록하면 과제를 진행하는 동안 걱정과 불안이 사라진다.
- **결과가 아닌 과정에 집중**: 몰입에서 과정은 정말 중요하고 핵심이다. 과정에 집중해야 한다. 최종 결과를 알고 있지만 그것에 연연하지 않아야 한다. 그렇게 할 수 있다면 시간은 속도를 바꾸기 시작하여 몇 시간이 몇 분처럼 느껴질 정도로 가속된다. 지금 이 순간의 과정에 머문다.

몰입을 방해하는 정서에는 불안, 냉담, 걱정, 지루함, 분노, 느슨함과 같은 것들이 있다.

5. 몰입을 키우는 실천적 방법

1) 몰입 상태 의례 만들기

몰입 상태 의례는 중요한 작업을 시작하려고 할 때마다 수행하는 행동이다. 이 행동은 당신의 뇌와 신체 모두에 대한 신호이며, 당신이 한 가지 일에 모든 초점과 주의를 기울이려 하고, 어떤 것도 당신을 산만하게 하지 못하게 할 것이다. 이 의례는 몰입 상태로 들어가는 데 필요한 단선적인 사고방식을 갖도록 도와준다. 당신의 목표는 최적의 경험을 만드는 것이다.

아마도 당신의 의례는 하루의 모든 산만함과 잡동사니를 치우며 10분 동안 명상을 하는 것일 수도 있다. 어쩌면 당신의 의례는 당면한 과제를 숙고하면서 천천히 그리고 의도적으로 차 한 잔을 마시는 것일 수도 있다. 아니면 피와 기운을 원활하게 흐르게 하는 잠깐의 산책일 수도 있다.

요점은 몰입 상태로 전환하기 전에 매번 똑같은 과제를 수행한다는 것이다. 이러한 반복은 결국 그 의례가 자극과 반응에 대한 일종의 신호가 되게 하고, 당신의 몸에서 그것에 집중할 수 있도록 준비시키는 생물학적 반응을 촉발할 것이다.

2) 가장 중요한 과제를 선택하기

당신은 이메일에 답장하거나 시시콜콜한 일상적인 토론에 참여하는 것과 같은 사소한 과제에 몰입 상태를 낭비하고 싶지 않을 것이다. 오히려 당신은 당신의 삶과 경력에 진정으로 중요한 일을 하기를 원할 것이다.

"하기 싫은 것을 먼저 하기" 기법을 몰입 상태와 결합하는 것이 좋다. "하기 싫은 것을 먼저 하기(eat that frog)"는 매일 가장 중요한 일에 집중하고 완료하는 것을 의미하는 브라이언 트레이시(Brian Tracy)가 만든 용어이다. 가장 중요한 것에 집중함으로써 매일 중요한 프로젝트에서 의미 있는 진전을 이룰 수 있다.

가장 중요한 과제에는 최선의 집중이 필요하다. 몰입은 훌륭한 일을 하려는 내재적 동기와 가장 중요한 과제에 대한 조치를 결합할 때 발생한다. 가장 중요한 과제를 수행할 때 위험을 알고 있기 때문에 몰입 상태에 들어가는 것이 훨씬 쉽다. 만약 당신이 이 과제를 수행하지 않으면 프로젝트가 진행되지 않고 자신이 중요한 것을 많이 성취하지 못했다고 느낄 것이다. 당신에게 가장 중요한 것을 선택하고 그것에 당신의 모든 초점과 에너지를 쏟는다.

3) 가장 창의적이고 생산적인 시간을 확인한다

피곤하고 창의적인 에너지가 많지 않으면 몰입을 일으키기가 어렵다. 이러한 낮은 에너지 상태에 있을 때 집중하기가 어렵다. 결국, 당신의 마음은 근육과 같아서 하루에 많은 일을 할 수 있다. 중요하지 않은 과제에 모든 두뇌를 사용했다면 몰입 상태에 들어가는 데 필요한 극도로 집중하는 초점을 생성할 수 없다.

당신의 몸과 마음이 창의성과 에너지 면에서 절정에 달할 때를 결정한다. 대부분 사람에게 이것은 아침이다. 숙면해서 상쾌하고 에너지가 가장 높을 때 그들의 몸은 반복되는 주기의 정점에 있다. 이렇게 정점인 시간 동안에는 몰입한 상태로 완전히 집중해서 심층 작업을 하기가 가장 쉽다.

4) 모든 산만함을 제거한다

몰입 상태가 다소 취약하다. 다시 말해서, 단순한 주의 산만함으로 인해 빠져나가기 쉽다. 이것은 가능한 모든 방해 요소를 제거하는 것이 절대적으로 중요하다는 것을 의미한다. 다음과 같은 것들이 도움이 된다.

- 이메일을 닫는다.
- 시시콜콜한 대화는 중단한다.
- 휴대전화를 "방해 금지" 모드로 설정한다.
- 사무실 문을 닫거나 헤드폰을 끼고 집중 음악을 듣는다.
- 주의를 산만하게 할 수 있는 모든 물건(메모, 설거지할 머그잔 등)을 책상 위에서 치운다.

당신의 목표는 가능한 한 자신을 고립시키는 것이다. 분명한 것은 당신은 하루 종일 고립될 수 없다. 동료나 고객과 채팅을 해야 하고 이메일 및 문자에 응답해야 하는 경우가 있다. 그러나 몰입 상태에 있는 동안에는 주의가 분산되도록 할 여유가 없다. 당신의 환경은 몰입에 저항하는 대신 몰입을 촉진해야 한다.

5) 포모도로 타이머를 설정한다

포모도로 기법(Pomodoro Technique)은 25분간 정해진 일을 하고 5분 쉬는 사이클을 4번 반복하는 방식으로, 토마토 모양의 요리용 타이머인 "포모도로"를 사용해 이 기법을 실행한 데서 유래되었다.

사람은 무한정 몰입 상태에 있을 수는 없다. 당신의 두뇌는 그것을 유지할 수 없으며, 일상생활의 요구가 그것을 허용하지 않을 수 있다. 포모도로 기법을 사용하면 몰입 상태 회기의 시작점과 끝점을 모두 만들 수 있다. 또한 깊은 집중 기간 후에 뇌가 휴식을 취하고 활력을 되찾을 수 있도록 한다.

몰입 상태 회기는 25분 포모도로 기간을 최소 4번(90~120분) 지속하는 것이 이상적이다. 회기를 4번 마친 후에는 뇌가 더 긴 시간 동안 휴식할 수 있다(최소 15~20분). 더 긴 휴식 시간 동안 아마도 몰입 상태에서 벗어날 것이다.

6) 몰입을 달성한다

처음에는 몰입 경험을 달성하거나 유지하기가 어려울 수 있다. 계속해서 이메일에 답장하거나, 동료와 채팅을 하는 등 친구에게 문자를 보내는 방식에 익숙하다면 지속해서 집중력을 유지하기가 쉽지 않을 것이다. 계속 연습하는 것이 중요하다. 시간이 지나면 심리적 몰입이 더 쉽게 달성될 것이다.

우선 작게 시작한다. 15분 또는 20분 동안 몰입 상태에 들어가는 것을 목표로 시작한다. 이것이 너무 어렵다면 시간을 더 짧게 만든다. 이 초기 회기 동안, 당신은 아마도 방황하는 마음을 발견하고 이메일을 확인하거나 소셜 미디어에 뛰어들고 싶은 유혹을 받을 것이다. 이러한 유혹에 넘어가서는 안 된다.

여러 면에서 집중은 근육과 같다. 쓰면 쓸수록 강해지고 몰입 상태에 들어가기 쉬워진다. 가장 중요한 과제를 90분 동안 즉시 수행할 수 없다고 낙심할 필요는 없다. 더 많이 할수록 몰입을 달성하기가 더 쉬워진다.

몰입 증가하기

몰입의 증가는 당신이 어떤 활동에 참여하든 강렬한 몰두감을 수반한다. 당신은 참여하고 흥분을 느끼고 당신의 기술은 도전을 충족하기에 충분하다. 몰입 경험은 학교, 직장, 놀이에서 발생할 수 있다. 지루함이나 불안은 도전 과제가 너무 낮거나(지루함으로 이어짐), 기술이 너무 낮을 때(결과적으로 불안할 때) 발생한다. 도전 과제를 높이거나 더 많은 기술을 습득하여 몰입으로 이동할 수 있다. 몰입은 시간이 다르게 흐르고 있다는 주관적인 느낌을 준다. 내용에 따라 더 빠르거나 더 느리게 느끼게 된다.

연습

- 당신이 하고 있는 일에 온전히 주의를 집중한다. 관련 없는 문제로 인해 주의가 산만해지지 않도록 한다. 새롭고 다양한 경험에 마음을 열고 항상 새로운 것을 배우려는 의지를 가져야 한다. 높은 도전, 높은 기술 상황을 찾고 이전 상황에 익숙해지면 새로운 도전을 한다. 어떤 활동이 몰입에 도움이 되는지 알고 더 많이 할 필요가 있다. 불안하다면 더 열심히 더 똑똑하게 일함으로써 기술을 향상시켜야 한다. 지루하다면 새로운 도전을 한다. 몰입에 참여하는 가장 쉬운 방법은 성과에 대한 명확한 규칙, 즉각적인 피드백, 작업(시험, 과제, 프레젠테이션)을 어느 정도 통제할 수 있는 작업을 수행하고, 도전 과제가 당신의 기술과 일치하는지 확인하는 것이다.
- 몰입 읽기: 칙센트미하이의 최적 수행 심리학
- https://www.youtube.com/watch?v=69_RflAAuHE에서 'Mihaly Csikszentmihalyi의 몰입+Steven Kotler의 슈퍼맨의 탄생을 혼합한 리뷰'를 시청한다.

당신 생활의 어떤 상황에서 몰입이 되는가? 도전 과제 또는 기술을 향상시키기 위한 계획은 무엇인가?

이것이 지금 학생들에게 중요한 이유:

과제, 시험, 프로젝트는 학생들에게 점점 더 많은 관심과 노력을 요구하고 학교, 직업, 가족 의무, 사회생활과 같은 여러 약속을 속여야 할 필요성이 증가함에 따라 다음과 같은 경우 의도적으로 기술을 향상시킬 수 있다는 것을 이해하는 것이 도움이 된다. 그들은 불안하거나 지루하면 도전을 증가시킨다. 그들이 이러한 것들을 통제하고 있다는 것을 아는 것은 역량 강화로 이끌 수 있고 그들은 몰입 가능성이 더 커질 수 있다.

몰입의 과정: 불안과 지루함의 중간 지점

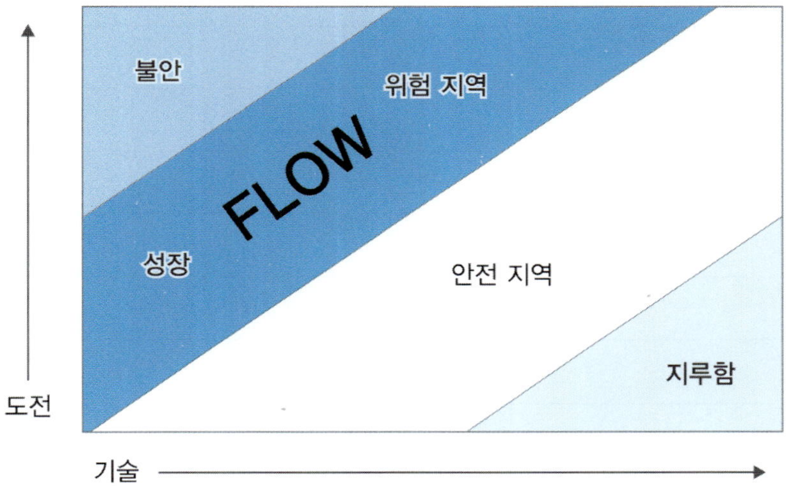

몰입의 실천

당신은 삶에서 어떤 상황에서 몰입을 경험하였는가? 몰입을 경험했을 때 당신의 신체와 마음은 어떤 상태 또는 느낌이었는가?

Chapter

12

용서의 의미

12 용서의 의미

Chapter

1. 용서의 개념

용서는 당신이 잘못했다고 믿는 사람에 대한 분노, 원망, 그리고 보복의 감정을 떨쳐 버리기 위한 의도적인 결정으로 정의된다. 심리학적 의미에서 용서는 처음에 피해자라고 느낄 수 있는 사람이 주어진 공격에 대한 감정과 태도의 변화를 겪고, 정당화될 수 있는 분노와 복수와 같은 부정적인 감정을 극복하는 의도적이고 자발적인 과정이다(Hieronymi, 1999). 그러나 이론가들은 용서가 부정적인 감정을 긍정적인 태도로 대체한다고 믿는 정도에서 차이가 있다. 특정 법적 맥락에서 용서는 부채, 대출, 의무 또는 기타 배상금으로 인해 모든 청구를 면제하거나 포기하는 용어이다(Field et al., 2013).

심리학적 수준에서 용서는 행위는 해롭지만 "용서"되는 또는 특정 "자선"의 이유로 간과하는 단순한 묵인, 단순히 행위에 대한 책임에서 가해자를 석방하는 눈감아 주기 또는 사면, 어떤 식으로든 자신의 의식에서 주어진 "공격"에 대한 기억을 제거하려는 시도인 망각과 다르다.

심리학적 개념과 미덕으로서, 용서의 이점은 종교 사상, 사회 과학, 의학에서 탐구되어 왔다. 용서는 단순히 자신을 용서하는 사람, 용서받는 사람, 용서받는 사람과 용서하는 사람 사이의 관계에서 고려될 수 있다. 대부분의 맥락에서 용서는 회복적 정의에 대한 기대 없이, 그리고 가해자의 반응 없이 허용된다. 실제적인 측면에서, 가해자가 어떤 형태로든 인정, 사과, 혹은 심지어 용서를 구하는 것이 잘못된 사람이 그들 자신도 용서할 수 있다고 믿기 위해 필요할 수도 있다.

용서는 상호 교환적으로 사용될 수 있으며, 사람들과 문화에 의해 다른 방식으로 해석된다. 용서는 의사소통과 개인, 커플 또는 집단으로서의 전반적인 진보에서 핵심 요소이기 때문에 이것은 관계적 의사소통에서 특히 중요하다. 모든 당사자가 서로 용서를 바라볼 때 관계를 유지할 수 있다. "용서의 선례를 이해하고, 용서의 생리를 탐구하며, 사람들이 더 관대해지도록 훈련시키는 것은 우리가 그 용어에 대해 공통된 의미를 가지고 있다는 것을 의미한다."(Lawler-Row et al., 2007).

2. 용서의 모델

현재 연구 문헌에서 용서에 대한 심리학적 정의에 대한 합의는 없지만, 용서는 하나의 과정이라는 데 동의하고 있으며, 용서의 과정을 설명하는 모델은 다양하다.

다음은 최초이면서 대표적인 모델이라 할 수 있는 것은 위스콘신대학교(University of Wisconsin-Madison)의 로버트 엔라이트(Robert Enright, 2001)가 개발한 네 단계 용서 과정 모델(Process model of forgiveness)이다.

1) 노출 단계

이 단계에서 개인은 깊고 부당한 상처로 인한 정서적 고통을 자각하게 된다. 분노 또는 증오의 특징적인 감정이 나타날 수 있다. 이러한 부정적인 감정에 직면하고 상처를 정직하게 이해하면 개인은 상당한 정서적 고통을 경험할 수 있다. 여전히 효과적으로 기능하면서 이 고통을 처리하기 위해 적절한 에너지의 양을 결정하는 것은 이 단계에서 중요한 고려 사항이다. 그러나 분노와 기타 부정적인 감정이 드러나면서 치유가 시작될 수 있다.

2) 결정 단계

이제 개인은 상처와 가해자에게 계속 초점을 맞추는 것이 더 많은 불필요한 고통을 유발할 수 있음을 깨닫고 치유 과정을 진행하려면 변화가 일어나야 한다는 것을 이해하기 시작한다. 그러면 이 사람은 "마음의 전환", 즉 긍정적인 방향으로 삶의 변화를 경험할 수 있다. 개인은 치유 전략으로 용서의 개념을 가지고, 그런 다음 자신에게 그러한 고통을 가한 가해자를 용서하기로 약속한다. 완전한 용서는 아직 실현되지 않았지만, 피해자는 용서를 탐구하고 완전한 용서를 향한 첫걸음을 내딛기로 결정한다. 이 시점에서 중요한 첫 번째 단계는 가해자에 대한 모든 생각, 감정 또는 복수 의도를 포기하는 것이다.

3) 활동 단계

여기에서 용서하는 개인은 가해자를 용서하는 적극적인 활동을 시작한다. 이 단계에는 가해자에 대한 새로운 사고방식이 포함될 수 있다. 상처를 받은 개인은 가해자의 어린 시절을 이해하려고 노력하거나, 가해자가 공격 당시에 겪었던 압력을 이해함으로써 사건의 맥락을 이해할 수 있다. 이 새로운 사고방식은 가해자가 공격에 대한 책임을 변명하는 것이 아니라, 가해자를 더 잘 이해하고 인간 공동체의 일원으로 보기 위해 취해진 것이다. 종종 이러한 새로운 이해는 가해자에 대한 공감과 연민을 기꺼이 경험하려는 의지를 동반할 수 있다. 또한 활동 단계에는 가해자의 행동으로 인한 고통을 수용하는 용서의 마음이 포함된다. 이것은 고통을 받을 만한 가치가 있다는 느낌과

혼동하는 것이 아니라, 오히려 부당하게 주어진 고통을 견디는 것이다. 개인은 고통을 견디기 때문에 가해자를 포함한 다른 사람들에게 고통을 전가하지 않기로 선택한다. 이것은 종종 "선을 위한 추구"의 도전이 가장 분명한 곳이다. 실제로, 개인은 이제 자비로운 자제, 관대함, 도덕적 사랑의 형태로 가해자에게 호의를 베풀 준비를 시작할 수 있다. 여기에는 조정이 포함될 수도 있고 포함되지 않을 수도 있다. 개인과 가해자 간의 관계에서 현재의 신뢰와 안전 문제를 고려하는 동시에 호의를 제공할 수 있다.

4) 성과/심화 단계

이 단계에서 용서하는 개인은 가해자를 용서하는 과정에서 정서적 안도감을 얻고 있다는 것을 깨닫기 시작한다. 용서하는 사람은 자신이 직면한 고통에서 의미를 찾을 수 있다. 정서적 안도감과 새롭게 발견된 의미는 자신과 타인에 대한 연민의 증가로 이어질 수 있다. 개인은 삶의 새로운 목적과 지역사회에 대한 적극적인 관심을 발견할 수 있다. 따라서 용서하는 사람은 용서의 역설을 발견한다. 다른 사람에게 자비, 관대함, 도덕적 사랑의 선물을 줄 때 우리 자신이 치유된다.

다른 사람이 우리에게 상처를 입힐 때 그것은 우리의 삶을 송두리째 뒤흔들 수 있다. 배우자나 부모가 우리의 신뢰를 저버렸을 때, 우리가 범죄의 희생자였을 때, 또는 우리가 심한 괴롭힘을 당했을 때와 같이 때때로 상처는 매우 깊다. 큰 상처를 받은 사람은 누구나 내면 세계가 심하게 혼란에 빠지면 소란이나 고통 외에 다른 것에 집중하기 어렵다는 것을 안다. 상처를 붙잡고 있으면 감정적으로나 인지적으로 마비되고 관계가 나빠진다.

용서는 이를 위한 강력한 약이다. 삶이 우리를 힘들게 할 때 깊은 상처를 치유하는데 용서만큼 효과적인 것은 없다. 많은 사람들이 용서가 실제로 무엇을 의미하는지에 대해 오해하고 있으며, 이를 회피할 수도 있다. 다른 사람들은 용서하고 싶어도 진정으로 용서할 수 있는지 의아해한다. 용서는 반드시 쉽게 오는 것은 아니다. 그러나 우리에게 올바른 도구가 있고 기꺼이 노력을 기울일 의향이 있다면 많은 사람들이 성취할 수 있다.

엔라이트(Enright)의 용서 과정 모델

예비 단계

- 당신에게 상처를 준 사람이 누구인가?
- 얼마나 깊은 상처를 받았는가?
- 당신이 초점을 맞출 구체적인 사건은 무엇인가?
- 당시 상황은 어땠는가? 아침이었나 오후였나? 흐리거나 맑았는가? 뭐라고 했는가? 어떻게 대응했는가?

1단계: 화를 드러내다

- 당신은 화를 어떻게 피했는가?
- 화에 직면했는가?
- 당신은 당신의 수치심이나 죄책감을 드러내는 것이 두려운가?
- 당신의 화가 당신의 건강에 영향을 미쳤는가?
- 상처나 가해자에 대해 집착하고 있는가?
- 당신은 당신의 상황을 가해자의 상황과 비교하는가?
- 그 상처가 당신의 삶에 영구적인 변화를 가져왔는가?
- 그 상처가 당신의 세계관을 바꾸었는가?

2단계: 용서하기로 결정하다

- 당신이 해 왔던 것이 효과가 없었다고 결정한다.
- 기꺼이 용서 과정을 시작한다.
- 용서하기로 결심한다.

3단계: 용서하기로 애쓴다

- 이해하려고 노력한다.

- 동정하려고 노력한다.
- 고통을 받아들인다.
- 가해자에게 선물을 한다.

4단계: 감정적 감옥을 발견하고 벗어나기

- 괴로움의 의미를 발견한다.
- 용서에 대한 필요를 발견한다.
- 당신은 혼자가 아니라는 것을 발견한다.
- 당신의 삶의 목적을 발견한다.
- 용서의 자유를 발견한다.

출처: Enright(2001).

3. 용서의 핵심

다음의 내용은 용서를 하는 데 있어서 알아야 하는 기본적인 핵심 내용이다.

1) 용서가 무엇이고 그것이 왜 중요한지 안다

용서는 선에 관한 것, 우리에게 해를 끼친 사람들에게 자비를 베푸는 것이다. 비록 그들이 그것을 받을 자격이 없더라도 말이다. 화를 내는 사람의 행동에 대한 변명을 찾거나 일어나지 않은 척하는 것이 아니다. 당신이 따를 수 있는 빠른 공식도 없다. 용서는 종종 비선형 방식으로 진행되는 많은 단계를 포함하는 과정이다.

그러나 노력할 가치가 있다. 용서를 위해 노력하는 것은 우리의 자존감을 높이고 내면의 힘과 안전감을 주는 데 도움이 될 수 있다. 그것은 누군가가 우리에게 깊은 상처를 주었을 때 자주 하는 거짓말, 즉 내가 패배했거나 자격이 없는 것과 같은 거짓

말을 되돌릴 수 있다. 용서는 우리를 치유하고 의미와 목적을 가지고 삶을 살아갈 수 있게 해 준다. 용서는 중요하며 우리가 그 주요 수혜자가 될 것이다.

2) 용서하는 데 적합하게 된다

용서를 실천하기 위해서는 "용서할 수 있는 적합성(forgivingly fit)"이라고 부르는 것을 배움으로써 내면 세계를 긍정적으로 변화시키기 위해 노력했다면 도움이 된다. 새로운 신체 운동 루틴으로 천천히 시작하는 것처럼, 일상생활에 규칙적인 "운동(workouts)"을 통합하여 용서하는 심장 근육을 천천히 구축하는 것이 도움이 된다.

당신이 해를 끼치지 않겠다고 약속함으로써, 즉 당신을 해친 사람들에 대해 폄훼하는 말을 하지 않기 위해 의식적인 노력을 함으로써 더 건강해지기 시작할 수 있다. 좋은 말을 할 필요는 없지만, 부정적인 말을 자제한다면, 당신의 마음과 가슴을 더 너그럽게 해 줄 것이다.

또한 모든 사람은 독특하고, 특별하며, 무엇과도 바꿀 수 없다는 것을 인식하는 연습을 할 수 있다. 당신은 종교적 신념이나 인본주의 철학을 통해 또는 진화에 대한 믿음을 통해 여기에 올 수 있다. 우리의 보편적 인간성을 소중하게 여기는 마음가짐을 기르는 것이 중요하다. 그래야 당신에게 해를 끼친 사람을 무가치한 사람으로 평가하기가 더 어려워진다.

당신은 매일의 만남에서 작은 방법으로 사랑을 보여 줄 수 있다. 예를 들어, 곤경에 처한 식료품 계산원에게 미소를 짓거나, 아이의 말을 듣기 위해 시간을 보내는 것과 같은 것들이다. 도움이 필요하지 않을 때도 사랑을 주는 것은 사랑의 근육을 형성하는 데 도움이 되고, 모든 사람에게 연민을 더 쉽게 보여 줄 수 있게 해 준다. 만약 당신이 일상생활에서 용서와 자비의 작은 행동을 실천한다면, 이것 역시 도움이 될 것이다. 아마도 당신은 교통 체증 상황에서 누군가 당신을 화나게 했을 때 경적을 울리는 것을 자제할 수 있을 것이고, 배우자가 당신에게 쏘아붙일 때 화를 내지 않는 대신 포옹을 할 수 있을 것이다.

3) 당신의 내면의 고통을 다룬다

누가 어떻게 당신에게 상처를 주었는지 알아내는 것이 중요하다. 이것은 명백해 보일 수 있지만, 당신을 고통스럽게 하는 모든 행동이 부당한 것은 아니다. 예를 들어, 당신의 자녀나 배우자의 불완전함이 당신에게 불편하더라도, 그들이 불완전하게 있도록 용서할 필요는 없다.

보다 명확하게 하기 위해 당신은 부모, 형제자매, 또래, 배우자, 직장 동료, 자녀, 그리고 심지어 자신 등 당신의 삶에 있는 사람들을 주의 깊게 살펴보고, 그들이 당신에게 얼마나 상처를 주었는지 평가할 수 있다. 아마도 그들은 당신에게 권력을 행사했거나, 사랑을 숨겼을 수도 있고, 아니면 신체적으로 해를 입혔을 수도 있다. 이러한 상처들은 당신의 내면의 고통에 기여했고, 그것을 인정해야 할 필요가 있다. 이렇게 하면 당신의 인생에서 누가 용서를 필요로 하는지 알 수 있고 시작할 수 있는 장소를 제공할 것이다.

정서적 고통에는 여러 가지 형태가 있다. 그러나 일반적인 형태는 불안, 우울증, 건강하지 못한 분노, 신뢰의 결여, 자기혐오 또는 낮은 자존감, 전반적으로 부정적인 세계관, 그리고 변화 능력에 대한 자신감의 결여이다. 이 모든 해악은 용서에 의해 해결될 수 있다. 그러므로 당신이 겪고 있는 고통의 종류를 확인하고 그것을 인정하는 것이 중요하다. 상처를 많이 입었을수록 적어도 정서적 치유를 경험하기 위한 목적으로는 용서하는 것이 중요하다.

4) 공감을 통해 용서하는 마음을 키운다

과학자들은 우리가 용서에 대해 생각할 때 뇌에서 무슨 일이 일어나는지 연구했고,

사람들이 누군가를 용서하는 것을 성공적으로 상상할 때, 그들은 공감을 책임지는 신경 회로에서 증가하는 활동을 보인다는 것을 발견했다. 이는 공감이 용서와 연결되고 그 과정에서 중요한 단계임을 말해 준다.

자신에게 피해를 준 사람의 삶에 대한 세세한 부분까지 살펴본다면, 그가 어떤 상처를 지니고 있는지 더 명확하게 알 수 있고, 그에 대한 공감대가 형성되기 시작하는 경우가 많다. 첫째, 그를 사랑과 지원이 필요한 순진한 아이로 상상해 보자. 영유아가 일차 양육자의 관심과 사랑을 받지 못하면 애착이 약해져 신뢰를 훼손할 수 있다는 연구 결과가 있다. 그것은 그가 다른 사람들과 결코 가까워지는 것을 막고 그의 남은 인생 동안 외로움과 갈등의 궤적을 세울지도 모른다.

어린 시절부터 성인이 될 때까지 당신에게 상처를 준 사람에 대한 전체 이야기를 조합하거나, 당신이 아는 것으로부터 상상할 수 있다. 당신은 그들의 육체적인 나약함과 정신적 고통을 볼 수 있고, 당신이 공유하는 보편적 인간성을 이해하기 시작할 수 있다. 당신은 그들을 당신에게 상처를 입히고, 반대로 당신이 상처를 준 연약한 사람으로 인식할 수 있다. 그들이 당신에게 해를 입히기 위해 무엇을 했는지에도 불구하고 당신은 그들도 고통받을 자격이 없다는 것을 깨닫는다.

우리 모두가 마음의 상처를 지니고 있다는 것을 인식하는 것은 용서의 문을 여는데 도움이 될 수 있다.

5) 당신의 고통에서 의미를 찾는다

우리가 큰 고난을 당할 때 우리가 인내한 것에서 의미를 찾는 것이 중요하다. 의미를 보지 못하면 목적 의식을 잃을 수 있으며, 이는 절망과 삶 자체에 의미가 없다는 절망적인 결론으로 이어질 수 있다. 그것은 우리가 성장하기 위해 고통을 찾거나 다른 사람의 나쁜 행동에서 선을 찾으려는 것을 의미하는 것이 아니다. 그 대신 우리는 고통이 긍정적인 방식으로 우리를 어떻게 변화시켰는지 보려고 노력하는 것이다.

고통을 겪더라도 인생에서 단기 및 때로는 장기 목표를 개발할 수 있다. 어떤 사람들은 더 회복력이 있고 용감해졌기 때문에 고통을 극복하기 위해 어떻게 사용할 수 있는지에 대해 생각하기 시작한다. 또한 그들은 고통으로 인해 인생에서 중요한 것에 대한 관점이 바뀌었고 자신을 위한 장기적인 목표가 바뀌었음을 깨달을 수도 있다.

의미를 찾는 것은 당신의 고통을 줄이는 것이 아니라 단지 최선을 다하는 것이다. 모든 일이 이유가 있는 것이다. 당신은 항상 자신의 상처를 해결하고 경험의 부당함을 인식하는 데 집중해야 한다. 그렇지 않으면 용서가 얕아질 것이다.

하지만 고통에서 의미를 찾는 방법은 여러 가지가 있다. 어떤 사람들은 세상의 아름다움에 더 초점을 맞추거나 도움이 필요한 사람들에게 봉사하기로 결정할 수 있다. 어떤 사람들은 자신의 진실을 말하거나 내면의 결의를 강화함으로써 의미를 찾을 수 있다. 한 가지 답을 하자면, 우리의 고통을 더 사랑하게 되고 그 사랑을 다른 사람들에게 전하는 데 사용해야 한다는 것이다. 의미를 찾는 것 자체가 용서의 방향을 찾는 데 도움이 된다.

6) 용서가 힘들 때는 다른 강점을 찾는다

우리가 다른 사람들로부터 받은 심각한 부당함을 다룰 때는 용서는 항상 어렵다. 용서라는 단어를 사용하는 것을 거부하는 사람들도 있다. 왜냐하면 그것은 그들을 매우 화나게 하기 때문이다. 그래도 괜찮다. 우리는 모두 자비를 베풀 수 있는 시기가 있다. 그러나 용서하고 싶지만, 그것이 어렵다면 다른 자원을 찾는 것이 도움이 될 수도 있다.

먼저, 당신이 용서에 어려움을 겪고 있다면, 그것이 용서에 실패했다는 것을 의미하지는 않는다는 것을 기억해야 한다. 용서는 시간, 인내, 결단이 필요한 과정이다. 자신에게 가혹하게 굴지 말고, 온화하고 내면의 고요함, 자신을 내적으로 받아들이도록 노력해야 한다. 당신이 깊이 사랑하는 사람에게 하듯이 자신에게도 그렇게 하도록 노력해야 한다.

당신을 지지하고 당신만의 방식으로 치유할 시간을 허락할 수 있는 인내심이 있는 선량하고 현명한 사람들과 함께 한다. 또한 겸손함을 실천해야 한다. 자신을 비하하는 것이 아니라, 우리 모두가 불완전하고 고통받을 수 있다는 것을 깨닫는 것이다.

만약 당신이 여전히 용서하는 것을 어렵다고 느낀다면, 당신은 용서하기 더 쉬운 누군가와 함께 연습하는 것을 선택할 수 있다. 어쩌면 당신을 깊이 상처 입히는 것보다 작은 방법으로 상처를 준 누군가일 수도 있다. 그 대신에, 당신의 고통의 근원에 있는 사람, 즉 학대했던 부모나 당신을 배신한 배우자를 용서하는 데 초점을 맞추는 것이 더 나을 수 있다. 만약 이 초기 상처가 당신의 삶의 다른 부분과 다른 관계에 영향을 미친다면, 거기에서 시작하는 것이 필요할지도 모른다.

7) 당신 자신을 용서한다

우리 대부분은 다른 사람보다 자신에게 더 엄격한 경향이 있으며 자신을 사랑하기 위해 고군분투한다. 당신이 취한 행동 때문에 사랑받지 못한다면, 자기 용서를 위해 노력하고 당신에게 상처를 준 다른 사람들에게 당신이 제공하는 것, 즉 당신의 행동에도 불구하고 고유한 가치를 제공해야 할 수도 있다.

자기 용서에서 당신은 불완전하더라도 한 사람으로서 자신을 존중한다. 만약 당신이 개인적 기준을 심각하게 어겼다면 자기 혐오에 빠질 위험이 있다. 이런 일이 발생하면 자신을 잘 돌보지 않을 수 있다. 과식하거나 수면을 과하게 하거나, 흡연을 시작하거나 다른 형태의 "자책"에 빠질 수 있다. 이것을 인식하고 자기 연민으로 나아가야 한다. 자신을 향한 마음을 부드럽게 해야 한다.

자신을 용서할 수 있게 된 후에는 자신이 해를 끼친 다른 사람들에게도 용서를 구하고 가능한 한 최선을 다해 잘못을 바로잡아야 한다. 상대방이 당신을 용서할 준비가 되어 있지 않을 수도 있다는 가능성에 대비하고 인내와 겸손을 실천하는 것이 중요하다. 그러나 조건과 기대가 없는 진심 어린 사과는 결국 용서를 받는 데 큰 도움이 될 것이다.

8) 용서하는 마음을 키운다

우리가 고통을 이겨 낼 때, 우리는 세상에서 겸손하고, 용기 있고, 사랑한다는 것이 무엇을 의미하는지 더 성숙한 이해를 얻는다. 우리는 집과 직장에서 용서의 분위기를 조성하고, 피해를 입은 다른 사람들이 그들의 고통을 이겨 낼 수 있도록 도와주거나, 증오와 폭력의 순환으로부터 우리 공동체를 보호하기 위한 마음이 생길 수 있다. 이 모든 선택들은 마음을 가볍게 하고 한 사람의 삶에 기쁨을 가져다줄 수 있다.

어떤 사람들은 당신에게 해를 끼친 다른 사람에 대한 사랑이 불가능하다고 믿을지도 모른다. 하지만, 용서하는 많은 사람들은 결국 마음을 여는 방법을 찾는다. 만약 당신이 쓰라린 마음을 버리고 사랑으로 채우고, 이것을 다른 많은 사람들에게 반복한다면, 당신은 더 넓고 깊게 사랑할 수 있는 자유를 갖게 된다. 이런 종류의 변화는 당신이 떠난 후에도 오래 지속될 사랑의 유산을 만들어 낼 수 있다.

4. 용서가 아닌 것

다음은 용서가 아닌 것들이다.

- 용서는 묵과 또는 용납하는 것이 아니다.
- 용서는 잊어버리는 것이 아니다.
- 용서는 변명하거나 핑계를 대는 것이 아니다. 즉, 가해자의 책임이나 자유 의지를

설명하려는 이유를 만드는 것이 아니다.

- 용서는 종교적이거나 다른 세속적인 것을 가지는 것이 아니다.
- 용서는 상처를 최소화하는 것이 아니다.
- 용서는 화해가 아니다. 즉, 관계에 대한 신뢰 회복을 말하는 것이 아니다.
- 용서는 분노를 부인하거나 억제하는 것이 아니다. 오히려 그 초점은 분노에 있다. 특히 용서하기 위해서는 용서하기 전에 부정적인 감정을 인정하고 표현하는 것이 건강하다.
- 용서는 책임이나 정의를 무시하는 것이 아니다. 특히 처벌 및 보상은 용서 선택과 무관하다. 용서할 수 있거나 용서하지 않을 수 있으며, 그럼에도 불구하고 처벌 및/또는 보상을 추구할 수 있다.
- 용서는 사죄하는 것이 아니다. 그것은 다른 사람에 의해 허락되거나 선택될 수 없다.
- 감정적 용서는 결단력 있는 용서나 용서의 표현과 다르다. 감정을 표현하는 것(즉, "나는 당신에게 화났어요" 또는 "당신을 용서합니다")은 감정을 진정으로 가지거나 경험하는 것과 같지 않다(즉, 사람들은 진정으로 무언가를 느끼면서 자신의 감정적 경험을 다른 사람에게 부정하거나, 실수하거나, 거짓말할 수 있다.).
- 많은 논쟁이 있지만, 당신이 가해자를 위해 그렇게 하기로 선택하지 않는 한 감정적 용서는 가해자가 아니라 당신을 위한 것이다.

5. 용서의 영향

최근 연구는 어떤 종류의 사람이 더 용서할 가능성이 높은지에 초점을 맞췄다. 연구에 따르면 일반적으로 신경질적이고 화를 잘 내고 적대적인 사람들은 오랜 시간이 지난 후에도 다른 사람을 용서할 가능성이 작다. 특히, 이런 사람들은 여전히 가해자를 피하고 가해 2년 반 후에 그들에게 복수하기를 원할 가능성이 더 크다(Maltby et al., 2008).

연구에 따르면 용서하는 사람들은 화를 내는 사람들보다 더 행복하고 건강하다. 용서가 신체 건강을 향상시키는 방법을 조사한 첫 번째 연구는 사람들이 가해자를 용서하는 것에 대해 생각할 때 심혈관 및 신경계의 기능이 향상된다는 것을 발견했다(Van Oyen et al., 2001). Wisconsin 대학의 또 다른 연구에 따르면 사람들이 용서할수록 광범위한 질병으로 고통받는 일이 줄어든다. 용서를 하지 않는 사람들이 더 많은 건강 문제가 있음을 보고했다(Sarinopoulos, 2000).

연구에 따르면 다른 사람을 용서하는 것은 용서하는 사람에게 강력한 심리적 이점을 가져다준다. 우울증, 불안, 건강에 해로운 분노 및 PTSD의 증상을 감소시키는 것으로 나타났다. 그러나 우리는 우리 자신을 돕기 위해 용서하지 않는다. 용서는 심리적 치유로 이어질 수 있다. 그러나 본질적으로 그것은 당신에 관한 것이거나 당신을 위해 행해진 것이 아니다. 시간이 지남에 따라 그것이 상황에 대한 최선의 대응임을 인식하기 때문에 그것은 다른 사람에게 확장하는 것이다.

6. 자기 용서

용서는 자신에게 해를 끼쳤다고 생각하는 사람에 대한 분노, 분개, 보복의 감정을 떨쳐 버리려는 의도적인 결정으로 정의된다. 하지만 당신이 다른 사람을 용서하는 능력에 있어서는 관대할 수 있지만 자신에게는 훨씬 더 가혹할 수 있다.

누구나 실수를 하지만 이러한 실수로부터 배우고, 놓아 버리고, 앞으로 나아가고, 자신을 용서하는 방법을 배우는 것은 정신 건강과 웰빙에 중요하다. 자신의 실수를 더 잘 용서할 수 있도록 자신을 도와주어야 한다.

1) 당신 자신을 용서하는 방법

자기 용서는 자신을 곤경에서 벗어나게 하는 것도 아니고 나약함의 표시도 아니다. 당신이 당신 자신을 용서하든지 아니면 당신에게 잘못한 사람을 용서하든지 용서하는 행위는 당신이 그 행동을 용인한다는 의미가 아니다.

용서는 당신이 행동을 받아들이고, 일어난 일을 받아들이고, 기꺼이 그것을 과거로 옮기고 바꿀 수 없는 과거 사건에 대해 반추하지 않고 당신의 삶을 계속 진행한다는 것을 의미한다. 자기 용서에 대한 한 가지 치료적 접근은 다음 네 가지 핵심 조치가 도움이 될 수 있다(Cornish & Wade, 2015).

- 책임(responsibility)
- 자책감(remorse)
- 회복(restoration)
- 갱신(renewal)

2) 책임을 받아들인다

자신을 용서하는 것은 과거를 뒤로 하고 계속 나아가는 것 이상이다. 일어난 일을 받아들이고 자신에게 연민을 나타내는 것이다(Zhang et al., 2020).

당신이 한 일이나 일어난 일을 직면하는 것이 자기 용서를 향한 첫 번째 단계이다. 가장 어려운 단계이기도 하다. 자신의 행동이 용인될 수 있도록 변명하거나 합리화하거나 정당화했다면 이제 자신이 한 일을 직시하고 받아들여야 할 때이다.

다른 사람에게 상처를 주는 행동을 했다는 사실에 책임을 지고 인정함으로써 과도한 후회와 죄책감과 같은 부정적인 감정을 피할 수 있다.

3) 자책감을 표현한다

책임을 지는 결과 죄책감, 수치심 등 다양한 부정적인 감정을 경험할 수 있다. 당신이 뭔가를 잘못했을 때, 그것에 대해 죄책감을 느끼는 것은 완전히 정상적이고 심지어 건강하다. 이러한 죄책감과 후회는 긍정적인 행동 변화의 발판이 될 수 있다(Pierro et al., 2018).

죄책감은 당신이 나쁜 짓을 한 좋은 사람이라는 것을 의미하지만 수치심은 당신 자신을 나쁜 사람으로 보게 만든다. 이것을 해결되지 않은 채로 두면 중독, 우울증, 공격성을 유발할 수 있는 무가치한 느낌을 불러일으킬 수 있다(Rahim & Patton, 2015). 죄책감을 느끼는 실수를 하는 것이 당신을 나쁜 사람으로 만들거나 당신의 본질적인 가치를 훼손하지 않는다는 것을 이해해야 한다.

4) 손상을 복구하고 신뢰를 회복한다

당신이 용서하는 사람이 당신 자신일지라도, 화해하는 것은 용서의 중요한 부분이다. 다른 사람이 어떤 식으로든 당신에게 화해할 때까지 당신이 다른 사람을 용서하지 않을 수 있는 것처럼, 당신 자신을 용서하는 것은 당신이 그것을 얻었다고 느낄 때 더 고착될 가능성이 높다.

죄책감에서 벗어나는 한 가지 방법은 실수를 바로잡기 위한 조치를 취하는 것이다(Whited et al., 2010). 필요하다면 사과하고 상처를 준 사람에게 보상할 수 있는 방법을 찾는다.

그 과정의 이 부분이 당신이 해를 끼친 사람에게만 이익이 되는 것처럼 보일 수도 있지만, 당신을 위한 무언가도 있다. 실수를 수정한다는 것은 더 많은 일을 할 수 없었는지 의심할 필요가 없다는 것을 의미한다.

5) 갱신에 초점을 맞춘다

사람은 누구나 실수를 하고 후회하거나 후회하는 일이 있다. 반추, 자기 증오 또는 연민의 덫에 빠지는 것은 해를 입히고 자존감과 동기를 유지하기 어렵게 만들 수 있다.

자신을 용서하려면 경험을 통해 배우고 인간으로서 성장할 수 있는 방법을 찾아야 한다. 이를 위해서는 왜 그렇게 행동했는지, 왜 죄책감을 느끼는지 이해해야 한다. 앞으로 같은 행동을 다시 방지하기 위해 어떤 조치를 취할 수 있는가? 엉망이 되었을 수도 있지만 미래에 더 나은 선택을 하는 데 도움이 될 수 있는 학습 경험이었다고 생각하는 것이 필요하다.

6) 자기 용서의 이점

심리학의 표준 공리는 용서가 좋은 것이며, 사소한 경미함을 경험했든 훨씬 더 심각한 불만을 겪었든 상관없이 많은 이점을 전달한다는 것이다. 여기에는 다른 사람과 자신을 모두 용서하는 것이 포함된다.

- **정신 건강**: 마음을 내려놓고 자신을 용서하는 것은 건강에 대한 느낌을 높이고 자신에 대한 이미지를 향상시키는 데 도움이 될 수 있다. 많은 연구에서 사람들이 자기 용서를 실천할 때 우울증과 불안 수준이 낮아진다는 사실이 입증되었다(Peterson et al., 2017). 유사하게, 자기 연민은 높은 수준의 성공, 생산성, 집중력 및 정신 집중력과 관련이 있다.
- **신체 건강**: 용서 행위는 신체 건강에 긍정적인 영향을 줄 수 있다. 연구에 따르면 용서는 콜레스테롤 수치를 개선하고, 신체 통증과 혈압을 낮추며, 심장마비 위험을 낮출 수 있다(Rasmussen et al., 2019).
- **관계**: 자신에 대해 연민과 용서하는 태도를 갖는 것도 성공적인 관계의 중요한 구성 요소이다. 다른 사람들과 긴밀한 정서적 유대를 형성할 수 있는 능력도 중

요하지만, 어려움을 겪거나 손상을 입었을 때 그러한 유대를 회복하는 능력도 중요하다.

펠루치 등(Pelucchi et al., 201)의 연구에 따르면 자기 용서를 보여 주는 "가해 파트너"로부터 양 당사자 모두 이익을 얻었다. 특히, 두 파트너 모두 진정한 자기 용서의 결과로 더 많은 관계 만족도를 느끼고 서로에 대해 부정적인 생각을 덜 하는 경향이 있었다.

그렇다면 때때로 자기 용서를 어렵게 만드는 것은 무엇인가? 왜 사람들은 비교적 사소한 실수에 대해 계속해서 자신을 벌하고 질책하는가? 우리 자신의 가치나 자기 신념과 일치하지 않는 행동을 하는 것은 죄책감과 후회, 더 심한 경우 자기 혐오로 이어질 수 있다(Callan et al., 2014).

어떤 사람들은 반추에 더 쉽게 걸리기 때문에 부정적인 감정에 더 쉽게 집착할 수 있다. 자기 용서에는 잘못을 인정하고 변화가 필요할 수 있음을 인정하는 것이 포함된다는 사실이 그 과정을 더 어렵게 만들 수 있다.

마지막으로, 아직 변화할 준비가 되지 않은 사람들은 자신을 진정으로 용서하기가 더 어려울 수 있다. 대신, 자신이 변화해야 할 필요가 있음을 인정하는 대신 단순히 자신의 행동을 간과하거나 변명함으로써 일종의 유사 자기 용서에 빠질 수 있다.

자기 용서는 일반적으로 자아 의식을 회복하는 데 도움이 되는 긍정적인 행동으로 생각되지만 때로는 해로운 영향을 미칠 수 있다는 연구 결과도 있다. 자기 용서의 주요 함정은 그것이 때때로 당신의 행동으로 인해 상처를 입은 사람들에 대한 공감을 감소시킬 수 있다는 것이다.

자기 용서는 종종 죄책감을 덜어 주지만, 이러한 내적 초점은 다른 사람들과 동일시하는 것을 더 어렵게 만들 수 있다(Breines, 2012). 당신의 행동에 영향을 받은 사람들과 의식적으로 공감을 실천함으로써 이것을 피할 수 있다.

용서하는 법 배우기

용서의 혜택을 가장 많이 받는 사람은 바로 자신이다. 실망, 원망, 분노를 붙잡고 있으면 장기적으로 당신에게 상처를 줄 뿐이다. 용서하지 않는 것은 뜨겁게 타오르는 돌을 잡고, 용서할 수 없는 사람이 불에 타길 바라는 것과 같다.

연습

- 누군가가 당신을 용서했던 때를 기억해 보자. 그들은 당신에게 어떻게 용서를 표현했는가? 당신은 어떻게 반응했는가? 용서를 받아 어떤 유익이 있었고 그 경험을 통해 무엇을 배웠는가? 당신이 용서받은 결과 당신의 관계는 어떻게 바뀌었는가?
- 이 생각을 한 후에 판단의 오류나 생각 없는 것에 대해 자신을 용서하는 것을 고려한다. 자기 연민은 당신 자신의 가장 친한 친구가 되는 것이다. 이것은 당신이 스스로에게 주는 선물이다.
- 자기 연민에 대한 크리스틴 네프(Kristen Neff)의 영상: https://www.youtube.com/watch?v=IvtZBUSplr4

이것이 지금 학생들에게 중요한 이유:

이 시기는 여러 과제와 의무, 룸메이트 갈등, 금전 문제, 신분 문제가 있는 학생들에게 특히 스트레스가 많다. 자기 연민은 이러한 스트레스 요인을 다룰 때 매우 도움이 될 수 있다. 지나치게 자기 비판적이지 않으면서 포기하고 앞으로 나아가는 법을 배우는 것은 학생이 어려운 시기를 극복하고 새로운 도전을 시작할 준비를 하는 데 도움이 될 것이다.

용서하는 법 배우기

당신 자신 또는 다른 사람의 용서가 당신의 삶을 어떻게 풍요롭게 했는가?

Chapter 13

목표 설정의 의미

13 목표 설정의 의미

Chapter

1. 목표 설정의 개념

목표 설정은 임상 및 실제 환경에서 그 가치를 인정받은 강력한 동기 부여 요인이다. 레이섬과 로크(Latham & Locke, 2002)에 의해 정의된 '목표'는 "일반적으로 지정된 시간 제한 내에 특정 수준의 숙련도를 달성하기 위한 행위의 대상 또는 목표"이다. 그것들은 우리가 달성하고자 하는 역량 수준이며 현재 성과를 평가하는 유용한 도구를 만든다.

목표 설정은 이러한 목표를 달성하는 과정이다. 목표 설정 과정의 중요성은 간과되어서는 안 되는데 로크(2019)에 따르면, "모든 사람의 삶은 추구할 목표를 선택하는 과정에 달려 있다. 만약 당신이 수동적이라면 인간 존재로서 번성하지 못할 것이다." 목표 설정은 개인의 생활 양식, 가치, 성공의 정의에 따라 다르게 보일 수 있다. 당신의 목표는 당신에게 고유하며 다른 사람의 목표처럼 보일 필요가 없다.

고전적인 목표 설정 정의는 달성하고자 하는 것을 확인하고, 이를 달성하는 데 도움이 되는 측정 가능한 목표와 기간을 설정하는 과정으로 요약된다. 목표 설정은 재정적 자유를 얻는 것부터 건강한 식단을 채택하는 것에 이르기까지 삶의 모든 영역에서 도움이 될 수 있다. 삶의 한 영역에서 목표를 설정하는 방법을 배우면 다른 영역에서 목표를 설정하는 것이 더 쉬워진다.

작은 성공을 가능하게 하는 점진적인 목표를 설정하면 더 큰 성취로 나아가는 데 도움이 된다. 이러한 작은 목표는 성취로 이어지며, 성취감과 행복감을 느끼기 위해 진정으로 필요한 유일한 것이다.

목표 설정 이론(Locke & Latham, 1984)은 의식적인 목표가 행동에 영향을 미치고, 의식적인 인간의 행동은 목적적이고 개별적인 목표에 의해 규제된다는 전제에 기초한다. 간단히 말해서, 우리는 무엇이 우리의 복지에 이로운지를 결정하고, 그것을 성취하기 위한 목표를 세워야 한다.

왜 어떤 사람들은 다른 사람들보다 과제를 더 잘 수행하는가? 목표 설정 이론은 첫 번째 수준의 관점에서 동기 부여 문제에 접근한다. 강조점은 과제 수행의 개인차에 대한 즉각적인 설명 수준이다. 라이언(Ryan, 1970)에 따르면 개인의 능력과 지식이 동등하다면 그 원인은 동기가 있어야 한다.

이론에 따르면 일부 사람들이 다른 사람들보다 더 잘 수행하는 이유에 대한 가장 간단하고 직접적인 동기 부여 설명은 서로 다른 성과 목표 때문이며, 이는 목표를 설정하고 조정하는 것이 성과에 상당한 영향을 미칠 수 있음을 의미한다.

목적과 목표의 차이

목적은 어떤 일을 하려는 이유, 취지, 의도, 생각을 말하는 것이다. 목표는 이루거나 도달하려는 최종 대상이나 결과물, 종착지 등을 말하는 것이다.

2. 목표 설정의 중요성

특히 조직 환경 내에서 목표 설정 영역에 대한 풍부한 연구가 있다. 처음에 이 탐색은 조직 환경에서 의도한 성취 수준(목표)이 실제 성취 수준(성과)과 어떻게 관련되어 있는지 확인하는 목적으로 시작되었다(Locke & Latham, 1990).

목표 설정은 직원의 동기 부여와 조직 몰입을 높이는 것으로 나타났다(Latham, 2004). 또한 목표는 행동과 감정의 강도에 영향을 미친다. 목표가 더 어렵고 가치가 높을수록 그것을 달성하기 위한 노력이 더 강렬해지고 성취 후에 더 많은 성공을 경험하게 된다(Latham & Lock, 2006).

성공의 경험과 그에 따른 긍정적인 감정을 통해 우리 자신의 능력에 대한 자신감과 믿음이 성장한다. 슝크(Schunk, 1985)는 목표 설정에 대한 참여가 성공을 돕기 위한 새로운 전략에 대한 탐색을 장려한다는 것을 발견했다. 우리의 기술을 활용하고 능력을 발휘할 수 있는 새로운 방법을 찾는 것은 작업 관련 지식을 증가시키면서 자기 효능감과 자신감을 향상시킨다.

목표 설정에는 미래에 대한 계획이 포함된다. 맥리드, 코츠와 헤서턴(MacLeod, Coates & Hetherton, 2008)은 목표 설정 및 기술 지향 계획이 목표 설정 개입 프로그램에 참여한 사람들의 주관적 웰빙을 상당히 향상시켰음을 발견했다. 미래에 대해 긍정적으로 생각하면 목표를 설정하고 목표 달성에 필요한 행동을 고려하는 능력이 강화된다.

계획하는 능력은 목표 결과와 미래에 대한 우리의 인지된 통제력에 긍정적인 영향을 미친다(Vincent, Boddana & MacLeod, 2004). 또한 목표 설정 및 달성은 내적 통제 소재의 개발을 촉진할 수 있다.

외적 통제 소재를 가진 개인은 긍정적인 결과와 부정적인 결과가 모두 외부 영향의 결과라고 믿는 반면, 내적 통제 소재를 가진 사람들은 성공이 자신의 행동과 기술에 의해 결정된다고 믿는다.

3. 목표 설정의 핵심 원리

목표 설정에 관한 초기 이론적 진술은 의도된 성취 수준이 실제 성취 수준과 어떻게 관련되는지를 결정하기 위해 만들어졌다(Locke & Latham, 1990). 목표 설정 틀은 개인이 달성해야 할 특정 목표가 있을 때가 특정 항목이 없을 때보다 성과가 더 두드러진다는 추가 조항을 개발했다. 즉, 명확하게 정의된 목표를 설정하면 더 나은 성과를 얻을 수 있다.

1990년대까지 목표 설정에 대한 연구는 성공적인 목표 달성을 위한 다섯 가지 핵심 원리가 제안된 목표 설정 및 작업 수행 이론으로 정점에 달했다(Locke & Latham, 1990). 다섯 가지 핵심 원리는 다음과 같다.

1) 전념

전념(commitment)은 개인이 목표에 애착을 갖는 정도와 장애에 직면했을 때에도 달성하려는 의지를 나타낸다. 로크와 레이섬(1990)에 따르면 목표 성과는 사람들이 전념할 때 가장 강력하고, 목표가 어려울 때 더욱 그렇다. 목표에 대한 전념이 주어지고 개인이 자신의 성과가 요구되는 것보다 낮다는 것을 발견하면 목표를 달성하기 위해 노력을 늘리거나 전략을 변경할 가능성이 높다(Latham & Locke, 2006). 목표, 특히 더 도전적인 목표에 덜 전념할 때 포기할 가능성이 높아진다. 강한 전념이 있을 때 목표와 성과 사이에는 상당한 연관성이 있다. 우리는 우리가 하려는 일을 할 가능성이 더 높다(Latham & Locke, 1991). 마이너(Miner, 2005)에 따르면 여러 요인이 우리의 전념 수준에 영향을 미칠 수 있다. 즉, 목표에 대한 지각된 바람직함과 그것을 달성할 수 있는 지각된 능력. 자신을 위한 목표를 설정하든 다른 사람을 위한 목표를 설정하든, 성공하기 위해서는 목표를 달성하는 데 필요한 열망과 포괄적인 이해가 있어야 한다.

2) 명료성

구체적인 목표는 당신을 직접적인 과정으로 이끈다. 목표가 모호하면 동기 부여 가치가 제한된다. 아비, 디위스트와 볼링(Arvey, Dewhirst & Boling, 1976)의 연구에 따르면 목표 명료성은 조직에서의 전반적인 동기와 만족도와 정적인 관련이 있다. 암묵적이고 측정할 수 있는 명확하고, 정확하며, 모호하지 않은 목표를 설정한다. 목표가 명확하면 당면한 과제에 대한 이해가 향상된다. 당신은 무엇이 필요한지 정확히 알고 있으며 결과적인 성공은 동기 부여의 또 다른 원천이다.

3) 도전성

목표는 도전적이면서도 달성 가능해야 한다. 도전적인 목표는 증가된 자기 만족과 우리의 기술을 한계까지 밀어붙일 수 있는 적절한 전략을 찾는 동기를 통해 성과를 향상시킬 수 있다(Locke & Latham, 1990). 반대로, 우리의 능력 수준이 아닌 목표는 달성되지 않아 불만과 좌절감으로 이어진다. 우리는 성취와 성취에 대한 기대에 의해 동기가 부여된다. 목표가 도전적이라는 것을 알면서도 그것이 우리의 능력 안에 있다고 믿는다면, 우리는 과제를 완수하려는 동기를 갖게 될 가능성이 더 크다(Zimmerman et al., 1992).

4) 과제 복잡성

마이너(2005)는 지나치게 복잡한 과제는 목표 설정 효과를 약화시킬 수 있는 요구를 도입한다고 제안했다. 우리의 기술 수준에서 벗어난 지나치게 복잡한 목표는 압도적이 되어 사기, 생산성, 동기 부여에 부정적인 영향을 미칠 수 있다. 그러한 목표를 위한 시간 척도는 현실적이어야 한다. 목표를 향해 작업할 수 있는 충분한 시간을 허용하면 목표 복잡성을 재평가하는 동시에 성과를 검토하고 개선할 수 있다. 가장 의욕적인 사람이라도 과제 복잡성이 자신의 기술에 비해 너무 크면 환멸을 느낄 수 있다.

5) 피드백

목표 설정은 즉각적인 피드백이 있을 때 더 효과적이다(Erez, 1977). 내적 피드백을 포함한 피드백은 목표 달성 정도와 진행 상황을 결정하는 데 도움이 된다. 명확한 피드백은 필요한 경우 조치를 취할 수 있도록 한다. 성과가 목표를 달성하는 데 필요한 기준 아래로 떨어지면 피드백을 통해 우리의 능력을 반성하고 더 달성 가능한 새로운 목표를 설정할 수 있다. 이러한 피드백이 지연되면 전략의 효과를 즉시 평가할 수 없으므로 진행률이 잠재적으로 감소할 수 있다(Zimmerman, 2008). 목표를 향한 진행 상황이 적절하다고 인식할 때 우리는 새로운 기술을 배우고 더 도전적인 미래 목표를 설정할 수 있다고 느낀다.

4. 목표 설정에 대한 흥미로운 사실

첫째, 목표를 설정하고 그것을 반영하는 것은 학업 성공을 향상시킨다. 4년제 대학 과정에 등록한 학생의 약 25%가 학업을 마치지 못한다. 이에 대한 일반적인 설명에는 명확한 목표와 동기의 부족이 포함된다. 목표 설정 중재 프로그램은 학업 성취도를 크게 향상시키는 것으로 나타났다(Morisano, Hirsh, Peterson, Pihl & Shore, 2010).

둘째, 목표는 동기 부여에 좋으며, 그 반대의 경우도 마찬가지이다. 동기 부여에 대한 대부분의 정의는 목표와 목표 설정을 필수 요소로 통합한다. 예를 들어, "동기 부여는 목표 지향적인 행동을 지시하고 활력을 불어넣는 욕구 또는 원함이다."(Kleinginna & Kleinginna, 1981).

셋째, 목표 설정은 몰입 상태에 대한 최적의 조건을 달성하는 것과 관련이 있다. 도전적이면서도 기술 수준 내에서 명확한 목표를 설정하는 것은 '영역'에서 자신을 찾는 데 큰 기여를 한다.

넷째, 목표 설정에 대한 낙관적 접근은 성공에 도움이 될 수 있다. 학생들 사이의 목표 설정에 대한 연구는 희망과 낙관주의와 같은 요인이 목표를 관리하는 방법에 상당한 영향을 미친다는 것을 나타낸다(Bressler, Bressler & Bressler, 2010).

다섯째, 구체적이고 어려운 목표는 전반적으로 성과를 향상시킨다. "나는 최선을 다하겠다"와 같은 비구체적인 목표와 구체적이고 도전적인 목표의 효과를 비교하면 사람들이 '최선을 다'하려고 할 때 잘 수행되지 않는 경향이 있음을 시사한다. 막연한 목표는 자신의 능력보다 낮은 것을 포함하여 여러 결과와 양립할 수 있다(Locke, 1996).

여섯째, 효율성이 높은 사람들은 도전적인 목표를 설정하고, 그것에 전념할 가능성이 더 크다. 도전적인 목표의 압박 속에서 자신의 능력에 대한 믿음을 유지하는 개인은 후속 목표를 유지하거나 심지어 증가시키는 경향이 있어 후속 성과를 개선한다. 반대로, 이러한 자신감이 부족한 개인은 목표를 낮추거나 목표 달성을 더 쉽게 만들어 미래의 노력을 줄이는 경향이 있다(Locke, 1996).

일곱째, 사회적 영향은 목표 선택에 있어 강력한 결정 요인이다. 목표 달성에 대한 사회적 영향의 효과는 과제–특정 지식이 증가함에 따라 줄어들 수 있지만, 사회적 영향은 여전히 목표 선택의 강력한 결정 요인이다(Klein, Austin & Cooper, 2008).

여덟째, 목표 설정은 금전적 인센티브보다 더 강력한 동기 부여 요인이다. 레이섬과 로크(1979)는 목표 설정이 다른 인센티브가 동기에 영향을 미치는 주요 메커니즘임을 발견했다. 조직 내에서 제공된 보상이 특정 목표 달성에 달려 있을 때 돈이 동기 부여로 가장 효과적인 것으로 나타났다.

5. 목표 설정과 영역

1) 학업

많은 연구에 따르면 도전적이지만 달성 가능한 목표를 설정하면 야망을 추구하고 성취할 가능성이 높아진다. 명확한 목표 설정은 현재 능력과 원하는 목표 사이의 격차를 좁힐 가능성이 더 크다.

교육 목표를 설정하는 것은 학습자가 무엇을 기대하는지에 대한 명확한 이해를 갖도록 하여 목표 달성에 집중하는 데 도움이 된다(Hattie & Timperley, 2007).

리스와 맥코치(Reis & McCoach, 2000)는 특정 특성이 일반적으로 학업 성취도 저하와 관련이 있다고 제안했다. 여기에는 낮은 동기, 낮은 자기 규제, 낮은 목표 가치가 포함된다. 학생의 경우 자기 규제와 동기 부여는 인지된 목표 및 성취 가치에 의해 영향을 받는다. 목표가 가치가 있을 때, 학생들은 과제에 더 많이 참여하고, 더 많은 노력을 기울이고, 더 잘 수행할 가능성이 높다.

맥코치와 시글(McCoach & Siegle, 2003)의 추가 연구에 따르면 목표를 가치 있게 여기는 것은 학업 환경에서 자기를 규제하고 성취하려는 동기 부여에 필요한 전제 조건이다. 또한 자기 조절 학습에 대한 학생들의 신념은 스스로 설정한 학업 목표와 최종 학업 성취에 영향을 미쳤다(Zimmerman, 2008).

2) 성과와 숙달

성취 이론가들은 과제 참여를 위한 개인의 목적을 특징짓는 두 가지 유형의 성취 목표, 즉 기술 개발에 초점을 맞춘 숙달 성취 목표와 능력 입증에 초점을 맞춘 성과 성취 목표를 구별했다(Ames & Archer, 1988).

숙달 목표는 시도하고 개선하려는 시도를 장려한다. 이러한 기술 중심 목표는 결과를 과제에 투입한 노력에 귀속시키고 장애물을 추가 학습이 필요하다는 표시로 해석한다. 이러한 유형의 목표 내에서 개인은 미래의 노력을 늘리고, 자신의 기술을 향상시킬 수 있는 대안 전략을 모색함으로써 실패에 대응할 가능성이 더 크다(Butler, 2014).

성과 목표는 개인이 증명하도록 한다. 이러한 유형의 목표는 다른 사람에 비해 과제 능력을 정의하고 평가한다. 성과 목표는 결과를 능력 또는 능력 부족으로 귀인한다. 좌절은 낮은 능력의 표시로 간주되며, 부적절함을 드러내지 않도록 도움을 요청할 가능성을 억제한다(Butler, 2014).

수행 목표는 불안을 유발하고 과제 수행을 방해할 수 있는 반면, 숙달 목표는 자기 평가와 지속적인 개선을 통해 참여를 촉진한다. 이것은 숙달 목표가 동기 부여에 더 긍정적인 영향을 미치고, 결과적으로 목표 달성에 더 긍정적인 영향을 줄 수 있음을 시사한다(Nicholls, 1984).

이것은 부분적으로 사실이지만 그렇게 흑백이 아니다. 엘리엇과 하라츠케비치(Elliot & Harackiewicz, 1994)는 숙달과 수행 목표가 내재적 동기에 미치는 영향을 조사했다. 그들은 숙달 목표가 성취 지향성이 낮은 피험자들에게 최적인 것으로 판명된 반면, 성과 목표는 과제에 대한 관심을 감소시키고 성과를 저하시킨다는 것을 발견했다. 반대로 성취 지향성이 높은 피험자들은 성과 지향적인 목표에 대해 긍정적인 반응을 보였다.

3) 친사회성

성취 목표 이론에서 영감을 얻은 기존 연구의 대부분은 직장과 학업에 초점을 맞추었다. 별도의 조사 라인은 목표 설정이 성취에 대한 더 깊은 이해에 기여할 뿐만 아니라 개인의 대인 관계 세계에도 영향을 미친다고 제안했다. 동료 수용과 존중은 우리가 목표를 선택하고 표현하는 방법에 상당한 영향을 미친다(Covington, 2000).

사회적 목표를 추구하는 것은 개인이 더 완전하게 성취할 수 있도록 조직하고, 지시하고, 권한을 부여하는 데 도움이 될 수 있다. 예를 들어, 집단을 위해 목표를 달성하려는 열망은 잘 알려진 현상이며, 이는 협동 학습의 성공에 대한 기초를 형성한다(Hertiz-Lazarowitz et al., 1992).

4) 자기 가치

커빙턴(Covington, 1992)은 숙달 지향적이든 수행 지향적이든 교육 환경에서 채택된 성취 목표는 역량과 성공을 중시하는 사회에서 가치와 소속감을 확립하고 유지하려는 시도를 반영한다고 제안했다.

사실상, 개인은 성취할 수 있는 능력만큼 가치가 있는 것으로 널리 간주된다. 이러한 맥락에서 실패에 대한 두려움은 목표 달성에 영향을 미칠 수 있다. 학생들이 성취한 성적과 직장 내에서의 성공은 종종 개인이 자신의 가치를 판단하는 척도이다.

5) 접근 대 회피

대부분의 성취 목표와 내재적 동기 이론가들은 두 가지 주요 목표 지향성(숙달과 수행)이 존재한다고 가정하지만, 엘리엇과 하라츠케비치(1996)는 수행 목표가 독립적인 접근과 회피 지향으로 더 분할되어야 한다고 제안했다.

목표를 설정할 때 개인은 능력을 획득하기를 열망하거나 무능력을 피하기 위해 노력할 수 있다. 우리는 성공에 대한 열망이나 실패에 대한 두려움에 의해 움직인다(Lewin, Dembo, Festinger & Sears, 1944).

6. 목표 설정이 작동하는 방식과 이유에 대한 설명

올바르게 완료되면 목표 설정이 효과적이며 종종 성공에 매우 중요하다. 목표는 목표와 관련된 행동에 주의를 집중하고, 관련 없는 과제에서 벗어나 방향을 제시한다(Zimmerman, Bandura & Martinez-Pons, 1992). 마이너(2005)는 목표 설정은 다음과 같은 세 가지 기본 명제를 통해 작동한다고 제안했다.

- 목표는 과제의 어려움에 따라 필요한 노력을 쏟는 동기를 통해 성과에 활력을 불어넣는다.
- 목표는 사람들이 시간이 지나도 활동을 지속하도록 동기를 부여한다.
- 목표는 사람들의 주의를 관련 행동으로 이끌고, 과제 달성과 관련이 없거나 해로운 행동에서 멀어지게 한다.

앞에서 제시한 것과 구체적이고 도전적인 목표는 더 높은 수준의 성과로 이어진다. 로크와 레이섬(1990)은 이러한 유형의 목표 전략이 다음과 같은 이유로 더 효과적으로 작동한다고 제안했다.

- 구체적이고 도전적인 목표는 자신의 기술과 능력에 대한 믿음인 더 높은 자기 효능감과 관련이 있다.
- 만족감을 끌어내기 위해서는 더 높은 성과와 더 많은 노력이 필요하다.
- 구체적인 목표는 무엇이 좋은 성과를 구성하는지 모호하지 않다.
- 도전적인 목표는 개인이 가치 있게 여기는 결과를 초래할 가능성이 더 크다.
- 목표는 과제를 더 오래 지속하려는 경향을 조장한다.
- 목표가 더 구체적이고 도전적일수록 개인은 더 많은 주의를 기울이고 이전에 사용하지 않았던 기술을 활용하게 된다.
- 목표는 개인이 더 나은 전략을 찾고 미리 계획하도록 동기를 부여한다.

그럼에도 불구하고 목표 설정에는 어떤 단점이 있는가? 목표 설정의 장점은 많지만 그 과정에는 잠재적 단점도 있다. 잘못 활용하면 목표 설정이 문제를 해결하기보다 오히려 야기할 가능성이 있다. 예를 들어, 목표가 부정적인 결과의 위협과 함께 사용되면 스트레스와 불안이 증가할 수 있다(Locke, 1996). 또한 두 가지 이상의 목표 사이에 충돌이 있을 경우 각 목표에 대한 성과가 훼손될 수 있다(Locke, Smith, Erez, Chah & Shaffer, 1994).

목표 설정은 과제에 대한 관심을 높이는 유용한 도구가 될 수 있다. 그러나 목표가 자의적이거나 달성할 수 없는 것으로 간주될 경우 불만 및 성과가 저하될 수 있다. 적절한 질 관리 없이 어려운 목표를 설정하면 질을 희생시키면서 양을 달성할 수 있다(Latham & Locke, 2006). 조직 내에서 달성 방법에 대한 관심 없이 즉각적인 결과에 대한 압력은 빠른 결과를 얻기 위해 부정직 및 고압적인 전술과 같은 편리하고 궁극적으로 비용이 많이 드는 방법을 사용하도록 촉발할 수 있다. 다른 관리 도구와 마찬가지로 목표 설정은 훌륭한 관리 판단과 결합될 때 가장 잘 작동한다(Latham & Locke, 1979).

본질적으로 과제가 복잡할 때 목표 지시가 모호하지 않고 개인의 기술이 최종 목표와 잘 일치하는 것이 중요하다. 목표에 이르는 경로가 불분명하고 참조할 관련 사전 경험이 부족하면 개인은 목표에 도달하기 위해 새로운 전략을 찾아야 한다. 어떤 경우에는 이것이 성공적으로 수행될 수 있지만 다른 경우에는 그렇지 않을 수 있다. 특히 목표가 구체적이고 어려운 경우에는 더욱 그렇다. 그 이유는 이러한 유형의 압력하에서 터널 비전이 효과적인 탐색 절차를 방해하기 때문인 것으로 보인다(Locke, 1996).

목표 설정에는 단점이 있지만 충분한 예측을 통해 이러한 문제를 완전히 극복하거나 예방할 수 있다는 점을 기억하는 것이 중요하다.

7. 목표 설정에 필요한 기술

성공적인 목표 설정 및 달성을 위해 필요한 몇 가지 필수적인 기술이 있다. 좋은 소식은 그것들은 연습을 통해 배우고 개발될 수 있다는 것이다. 설정한 목표를 달성할 수 없는 경우 다음 영역 중 하나 이상에 문제가 있을 수 있다.

1) 계획

'실패하는 계획을 하고, 계획을 세우는 데 실패한다'라는 벤자민 프랭클린(Benjamin Franklin)의 격언은 성공적인 목표 달성에 적용된다. 질이 낮은 계획은 목표와 관련된 성과에 부정적인 영향을 미친다(Smith, Locke & Barry, 1990). 계획 및 조직 기술은 목표 달성 과정에 필수적이다. 적절한 계획을 통해 우리는 최종 목표에서 멀어지게 할 수 있는 불필요한 산만함을 피하면서 당면한 과제에 우선순위를 지정하고 초점을 유지할 수 있다.

2) 자기 동기 부여

달성하려는 열망이 없다면 목표 설정을 위한 시도는 실패하기 마련이다. 목표를 달성하려는 동기는 성공하기 위해 새로운 기술과 기술을 개발하도록 장려한다(Locke, 2001). 더 어려운 상황에서 계속 나아가려는 동기는 목표 달성에 강력한 기여를 한다.

3) 시간 관리

시간 관리는 목표 설정을 포함하여 삶의 여러 측면에서 유용한 기술이다. 목표 설정은 일반적으로 특정 시간 관리 행동으로 간주되지만(Macan, Shahani, Dipboye &

Phillips, 1990), 목표를 성공적으로 달성하기 위해서는 시간 관리가 필요하다. 목표 달성에 필요한 시간을 제대로 고려하지 않으면 필연적으로 실패한다. 또한 목표를 계획하는 데 할당하는 시간은 과제 성과에 직접적인 영향을 미친다. 계획 단계에 더 많은 시간을 할애할수록 성공할 가능성이 높아진다(Smith, Locke & Barry, 1990).

4) 유연성

필연적으로 어떤 시점에서 일이 계획대로 진행되지 않을 것이다. 장벽에 적응할 수 있는 유연성, 노력을 지속하고 역경에 직면하여 계속하는 인내는 목표를 달성하는 데 필수적이다.

5) 자기 규제

개인은 자신의 개인적 목표와 사회적 목표를 촉진하기 위해 자신의 감정을 조절하고 관리해야 한다. 감성 지능이 발달하면 동기 부여 목표, 목표, 사명을 효율적으로 고려하고 설명하는 능력이 생긴다(Mayer, 2004).

6) 전념과 집중

목표에 전념하지 않으면 목표 설정이 작동하지 않는다(Locke, 2001). 목표는 개인 수준에서 중요하고 관련성이 있어야 하며, 목표를 달성할 수 있거나 목표를 향해 최소한 상당한 진전을 이룰 수 있다는 것을 알고 있어야 한다.

8. 건강한 목표 설정에 도움이 되는 세 가지 범주

목표 설정과 관련하여 세 가지 범주 중 하나에 해당하는 목표 유형을 확인할 수 있다. 그렇게 함으로써 각 범주에서 목표를 설정하거나, 한 범주 내에서 여러 목표를 설정하여 특별한 주의가 필요한 특정 또는 여러 영역에 집중할 수 있다.

1) 시간 목표

목표는 단기 또는 장기로 분류할 수 있다. 이름에서 알 수 있듯이 단기 목표는 장기 목표보다 달성하는 데 상대적으로 시간이 덜 걸린다. 단기 또는 장기 목표 사이의 전환을 표시하기 위한 정해진 정의는 없지만, 하루에서 몇 주가 걸리는 목표를 단기 목표라고 생각하고, 한 달 또는 그 이상이 필요할 것으로 예상되는 목표를 장기 목표라고 생각할 수 있다.

2) 집중 목표

집중 목표는 모두 큰 목표, 즉 당신이 목표로 하는 잠재적으로 삶을 변화시키는 성취에 관한 것이다. 이것은 장기적 범주에 속하는 경향이 있는 목표이며, 여러 상황에 걸쳐 적응이 필요한 단계를 포함할 수 있다. 예를 들어, '내년 말까지 내 첫 소설을 써서 출판하겠다'는 목표에는 창의적 글쓰기 훈련과 자기 출판 관련 연구, 할당된 마감일에 맞춰 적절한 시간을 가질 수 있도록 취업 상황을 조정해야 할 필요성이 포함될 수 있다.

3) 주제 기반 목표

이러한 목표는 삶의 특정 영역에 들어맞는 것이다. 주제 기반 목표는 개인 생활, 경력 또는 재정의 측면과 관련될 수 있다. 예를 들어, 재정적 목표는 '연말까지 1,000만 원을 저축하는 것'이 될 수 있고, 개인적인 목표는 '6개월 이내에 콜레스테롤 수치를 X로 낮추는 것'이 될 수 있다.

시간, 초점 및 주제의 범주는 상호 배타적이지 않다. 오히려 목표는 적어도 두 가지 범주에 속할 것이다. 우리는 '다음 달 월급의 1/3을 저축'하는 단기 재정 목표를 세울 수도 있고, '철인 대회에서 경쟁할 수 있을 만큼 충분히 건강해지기'라는 장기적인 개인 집중 목표 또는 다른 조합을 설정할 수도 있다.

9. 개인적 목표 설정 개요

개인적 목표 설정은 개인적인 노력이며, 달성하고자 하는 바는 본인만이 알고 있다. 다음 개요는 개인적 목표 설정 과정에 주의를 집중하고, 성공적인 개인적 목표 달성을 위한 올바른 방향으로 안내하는 데 도움이 된다.

1) 최대 세 가지 목표 설정

열정적으로 목표 설정에 접근하고 싶은 마음이 생길 수 있으며, 열정은 좋은 것이지만 너무 빨리 서두르지 않는 것이 중요하다. 처음에 설정한 목표의 수를 제한하면 앞으로 해야 할 일에 압도될 가능성이 줄어든다. 몇 가지 초기 목표를 설정하면 실패에 수반되는 부정적인 감정을 피하면서 여정을 시작할 수 있다.

목표를 달성하기 시작하면 더 도전적이고 장기적인 목표를 설정하여 능력을 더욱 발전시킨다. 목표가 설정되면 정기적으로 검토하는 것을 잊지 말아야 한다. 목표 설정 과정을 시작할 때 목표에 따라 매일 또는 매주 진행 상황을 다시 확인하는 것이 좋다.

2) 단기 목표에 집중

처음에는 단기적이고 보다 현실적인 목표를 설정하는 것이 좋다. "다음 주까지 팬케이크 만드는 법을 배운다"와 같은 단기 목표를 설정하면 목표 달성을 검토하고 인정할 수 있는 기회가 더 많아진다. 더 빈번한 성공 경험은 더 큰 긍정적 감정과 추가 목표 또는 단기, 중기 및 장기 목표의 조합을 설정하려는 동기를 증가시킨다.

3) 목표의 긍정적 진술

"나는 정크 푸드를 너무 많이 먹는 것을 그만두고 싶다"와 같은 부정적인 목표를 "건강을 느끼고 싶고 그렇게 하기 위해 식단을 바꿀 것이다"와 같은 보다 긍정적인 용어로 재구성한다. 부정적인 목표를 가진 초기 동기는 종종 "나는 매력이 없다고 느끼기 때문에 정크 푸드를 너무 많이 먹는 것을 그만두고 싶다"와 같은 부정적인 입장에서 나온다. 이러한 부정적인 의미는 자기 비난과 동기 상실로 이어질 수 있다. 긍정적인 목표를 달성하지 못하는 것은 우리가 적어도 실패했지만 여전히 올바른 길을 가고 있다는 표시로 간주된다.

10. 목표 설정의 황금률

S.M.A.R.T. 프로토콜은 당신의 능력에 맞는, 시기적절하고 측정 가능한 목표를 설정

하는 데 도움을 줄 수 있는 지침을 제공한다. 목표 설정 과정이 확실하지 않으면 S.M.A.R.T 틀은 당신의 목표가 최고가 되도록 하기 위한 감지-검사를 제공한다.

1) S는 구체적(Specific)

목표를 설정할 때 가능한 한 구체적으로 하는 것이 중요하다. 이것은 당신이 목표로 하는 것과 거기에 어떻게 도달할 것인지 아는 것, 겉보기에 극복할 수 없거나 끝이 보이지 않는 목표에 직면하여 좌절하는 것 사이에 차이를 만들 수 있다.

목표 설정의 구체성은 목표가 무엇을, 왜, 어디서, 언제, 어떻게 되는지 살펴봄으로써 달성할 수 있다. 나는 무엇을 성취하고 싶은가? 내가 어떻게 거기에 갈 수 있는가? 이 목표를 언제까지 달성해야 하는가?

2) M은 측정 가능(Measurable)

어떤 식으로든 정량화할 수 있는 목표를 가지면 진행 상황을 훨씬 쉽게 추적할 수 있다. '더 건강해지기' 목표를 생각해 보자. 언제 최고 피트니스에 도달했는지 어떻게 알 수 있는가? 우리는 우리의 목표가 실현되었는지 여부를 모른 채 영원히 러닝머신 위에 있을 수 있다. 목표를 '더 날씬해져서 하프마라톤에 참가할 수 있다'로 수정함으로써 목표를 보다 명확하게 만들어 우리의 성취를 향한 진척 상황을 지속적으로 평가할 수 있게 되었다.

3) A는 달성 가능/도달 가능(Achievable/Attainable)

당신이 설정한 목표는 실제로 달성 가능한가? 인간은 근면하고 혁신적이며 성취에 대한 엄청난 잠재력을 지닌 존재이지만, 우리가 설정한 목표는 실망에 빠지지 않도록 현실에 근거해야 한다.

동일한 '건강해지기'의 예를 사용하여 일생 동안 운동을 한 적이 없거나 하체 가동성에 장애가 있는 경우 '다음 주에 울트라 마라톤을 달릴 수 있을 만큼 충분히 건강해지기'라는 목표를 설정하는 것은 비현실적일 것이다. 필요한 노력과 제기된 도전 사이에서 균형을 찾는 것은 까다로울 수 있다. 목표 달성에서 얻은 보상은 노력한 만큼의 가치가 있어야 한다.

4) R은 관련성(Relevant)

여기서 우리는 주관적인 '왜'에 더 집중적으로 초점을 맞춘다. 설정한 목표가 실제로 달성하고 싶은 것인가, 아니면 외부 압력에서 비롯된 것인가? 직장에서 부서의 효율성을 두 배로 늘리고 싶은가? 마라톤을 하면 개인적으로 성취감이 생기는가? 개가 차를 쫓는 것처럼 마침내 목표에 도달했을 때 그 일이 당신이 좋아하는 일이 될 것인가, 아니면 비효율적인 결론을 나타낼 것인가?

5) T는 시간-특정(Time-specific)

기한은 목표 달성의 시간 요소 대비 보상을 극대화한다. 예를 들어, '여름이 끝날 때까지 하프 마라톤을 완주할 수 있을 만큼 건강해지기'에는 명확하지만 달성 가능한 시간 척도가 포함된다. 목표를 향해 달려가기 위해 열광적인 학습이나 훈련이 필요한 마감일을 설정하면 불필요하게 스트레스가 많은 노력을 긍정적인 경험으로 바꿀 수 있다.

11. 목표 설정 요령과 전략

1) 브레인스토밍

당신의 목표에서 성취하고자 하는 것과 구체성을 고려한다. 당신의 핵심 가치와 당신이 도달하고 있는 결과에 대해 실제로 생각하고 그것들을 기록한다. 명확한 목표는 목표를 달성하기 위해 무엇이 필요한지에 대한 포괄적인 이해를 보장할 것이다. 당신이 원하는 것을 정말로 되돌아보는 시간을 가져야 한다.

2) '목표 트리' 작성

이 논리적 사고 과정 도구는 목표를 달성하기 위해 사용할 수 있는 전략을 고려하면서 목표에 계속 초점을 맞추는 훌륭한 방법이다. 트리 맨 꼭대기는 최종 목표인 사명 선언문이다. 다음 레벨에는 주요 목표를 달성하는 데 중요한 최대 다섯 개의 목표가 있다. 목표 아래에는 각 목표를 달성하는 데 필요한 필수 조건이 있다. 목표 트리(Goal Tree)는 성공의 지도와 같다. 시간이 지남에 따라 각 단계가 완료되면 색상으로 구분되어 진행 상황을 한 눈에 쉽게 검토할 수 있다.

3) 낙관적이되 현실적

비현실적인 목표를 설정하면 노력을 계속하는 데 낙담할 수 있다.

4) 목표의 평가와 반영

피드백은 피드백이 없는 것보다 우수하고, 자체 생성된 피드백은 외부에서 생성된 피드백보다 더 강력하다(Ivancevich & McMahon, 1982). 목표를 설정한 후 피드백은 자신이 얼마나 잘하고 있는지 평가하는 가장 좋은 방법이다. 매주 진행 상황을 '확인' 할 수 있는 일정을 설정해 본다. 목표를 재평가하고 재정의해야 하는가?

5) 간헐적 강화

간헐적 강화는 더 도전적이고 어려운 목표 사이에 더 쉽고 더 달성 가능한 목표를 배치하는 것을 포함한다(Martin & Pear, 2019). 각각의 작은 목표를 완료하는 것은 그 자체로 보람을 느끼며, 따라서 정기적으로 성공의 긍정적인 효과를 제공한다.

6) 목표를 타인에게 알림

다른 사람들에게 당신의 목표에 대해 이야기한다. 우리가 목표를 공유할 때 우리는 책임감과 강화된 전념을 더 많이 나타내려는 경향이 있다. 당신이 설정한 목표에 대해 친구에게 이야기한다면, 그들이 그것에 대해 물어보고 당신은 그것을 향해 노력하지 않는다면 어떤 기분이 들겠는가?

7) 당신의 능력에 대한 믿음

당신의 능력을 믿어야 한다. 그러나 일이 계획대로 되지 않아도 괜찮다는 것을 알아야 한다. 진행 상황을 재평가하고 목표를 재고하는 것은 모두 과정의 일부이다. 목표를 향한 모든 진전은 좋은 것임을 기억한다.

목표 달성하기

목표를 추구하는 것은 당신이 의미와 목적의식을 갖게 하고, 목표를 달성하면 당신은 장기적으로 더 행복해진다. 목표를 달성하기 위해 조직화해야 하기 때문에 시간과 과제 관리 기술을 향상시킨다. 자신의 가치와 관심사에 따라 개인적으로 의미 있는 목표를 선택한다.

연습

최우선 목표를 확인하고 순위를 매긴다. 구체적으로 언제, 어디서, 어떻게 이러한 하위 목표에 대한 작업을 시작할 수 있는지를 포함하여 상위 목표를 하위 목표로 세분화한다. 직면할 수 있는 장애를 고려하고, 이러한 장애를 처리하기 위한 해결책이나 실행 계획을 브레인스토밍한다. 가족과 친구들의 많은 지원을 받아 목표를 수행한다. 당신은 바람직한 목표에 접근하고 있는가 아니면 바람직하지 않은 목표를 피하려고 노력하고 있는가? '나는 맛있는 간식을 먹지 않는다'와 같은 하기 싫은 일을 피하는 대신에 '나는 건강한 음식을 먹을 것이다'와 같은 능동적인 활동을 하는 것으로 생각하면 목표를 달성하기가 더 쉽다.

이것이 지금 학생들에게 중요한 이유:

학생들이 학기의 마지막 단계에 접어들면서 업무량이 증가하고 있으며 이 모든 것을 통과할 수 있는 유일한 방법은 우선순위를 지정하는 것이다. 그들의 장기적인 목표를 염두에 두는 것은 성공과 관련된 필요한 태도와 행동을 뒷받침할 것이다. 그룹 활동, 과제, 시험, 실험 보고서 등 여러 학교 과제와 의무를 인내할 수 있는 전략을 찾는 것이 장기적으로 도움이 될 것이다.

목표 달성하기

이 연습을 통해 목표 달성에 더 가까워졌는가? 당신의 목표를 긍정적인 용어로 구성하는 것의 효과는 무엇인가(즉, 어떤 것이 없는 것이 아니라 있는 것)?

Chapter

14

운동과 공부 일상을 개선하는 방법

14 Chapter 운동과 공부 일상을 개선하는 방법

대학에서 수업 내용을 공부하고, 과정을 통과하는 것이 어려울 수 있으며, 효과적인 학습 방법을 찾는 것이 불가능해 보일 수 있다. 최근 연구에 따르면 인지 기능, 기억 회상, 뇌 기능과 운동 사이의 강력한 연관성이 발견되었으며, 이는 학습 일상에 신체 활동을 추가하는 이점을 지적하는 것이다. 공부를 더 잘할 수 있는 방법을 찾고 있다면 매일의 운동을 일과에 포함시킨다.

1. 운동과 공부 연결하기

1) 운동은 공부하기 직전에 한다

가능하면 공부를 하기 전에 신체 활동을 한다. 시험 공부를 하거나 수업 노트를 검토하기 위해 앉기 전에 조깅을 한다. 집에 오는 길에 체육관에 가서 수영을 하고 오면 그날 저녁 공부할 준비가 되는 것이다.

- 유산소 활동을 하는 것은 혈액, 산소, 그리고 영양분을 뇌에 공급하고, 이것은 당신의 뇌가 더 잘 기능하도록 하는 데 도움이 된다.

2) 공부하는 동안 가벼운 운동을 시도한다

몇몇 연구에 따르면 공부하는 동안 가벼운 운동을 하면 정보를 회상하는 데 도움이 될 수 있다. 공부를 하면서 하는 운동은 가볍게 해야 한다.

- 연구에 따르면 공부하는 동안의 격렬한 운동은 뇌가 정보 대신 운동에 집중하기 때문에 기억 능력이나 기억 내용을 손상시킬 수 있다.
- 가벼운 운동을 시도하려면 교과서나 메모를 체육관에 가져간다. 적어도 30분 동안 공부하는 동안, 강도를 가볍고 부드럽게 유지시키면서 고정 자전거를 이용한다. 또한 일립티컬, 러닝머신, 계단 오르기를 이용할 수도 있다.

3) 공부 후에 바로 체육관에 간다

연구에 따르면 공부하기 전과 공부하는 동안 운동하는 것이 기억력과 정신 처리에 도움이 되는 유일한 시간은 아니다. 공부 후에 운동을 하는 것도 정신 기능을 강화하고 공부를 향상시키는 데 도움이 될 수 있다.

- 공부를 마친 후에는 산책을 하거나 웨이트 트레이닝을 하여 두뇌가 활발하게 활동할 수 있도록 하여 공부가 성과를 거둘 수 있도록 도와준다.

4) 도서관 주변을 걷는다

도서관에서 공부하는 경우 신체 활동과 공부 시간을 나눈다. 건물 주변이나 캠퍼스 주변을 15분 정도 걷는다.

- 기숙사나 커피숍에서 공부하는 경우에도 이것을 할 수 있다.
- 휴식을 취하면 기분이 상쾌해지고 뇌로 혈액이 흐르게 되어 사고력과 기억력이 향상된다.

5) 책상에 앉아 있을 때도 운동을 한다

공부하는 동안 책상에서 피가 솟구치게 할 수 있다. 만약 모든 것을 내려놓고 15분 정도의 산책을 하고 싶지 않다면, 당신이 있는 곳에서 신체 활동을 할 수 있다.

- 책상에서 체어 스쿼트(chair squats)를 한다. 의자에서 엉덩이를 떼고 쪼그려 앉는다. 이 자세를 약 10초 동안 유지하고, 이것을 20회 반복한다.
- 등을 벽에 기대고 앉는다. 벽에 기대어 천천히 쪼그리고 앉는 자세로 몸을 낮춘다. 할 수 있는 한 오래 유지하거나 각각 10초 동안 유지하면서 20세트를 수행한다. 추가 도전을 위해 스쿼트를 유지하면서 한쪽 다리를 들어올릴 수도 있다.
- 앉아서 공부하는 동안 저항 밴드를 사용한다. 양손에 하나씩 잡고 당기면 상체 운동이 된다. 공부하는 동안 손으로 아령을 들고 이두근 운동을 할 수도 있다.

2. 운동 계획하기

1) 적절한 운동량을 결정한다

일정에 운동을 추가하려면 약간의 계획이 필요할 수 있지만 불가능한 것은 아니다. 신체 활동의 이점을 얻으려면 일주일에 150분의 운동을 계획한다.

- 성인은 최소 150분의 중간 강도 활동 또는 75분의 격렬한 유산소 활동 또는 이것들의 조합을 목표로 해야 한다.
- 청소년은 매일 최소 60분의 중등도 또는 격렬한 신체 활동을 해야 한다.

2) 유산소 운동을 선택한다

유산소 운동을 위해 할 수 있는 활동은 매우 많다. 교내 스포츠 팀에 가입하거나, 친구와 산책을 하거나, 대학 체육관에 갈 수 있다. 중간 강도 또는 격렬한 강도의 운동을 하고 있는지 확인한다.

- 적당한 신체 활동에는 시속 4km 이상으로 빠르게 걷기 또는 시속 16km보다 느린 자전거 타기가 포함된다. 또한 복식 테니스를 치거나 볼룸 댄스를 즐기거나 일반 정원 가꾸기를 할 수도 있다.
- 격렬한 강도의 운동에는 경주 걷기, 조깅, 달리기 또는 시속 16km보다 빠른 자전거 타기가 포함된다. 또한 랩 수영, 싱글 테니스, 에어로빅 댄스, 줄넘기, 무거운 배낭을 메고 하이킹을 하거나 오르막길을 올라갈 수 있다.
- 많은 체육관 수업은 격렬하고 적당한 운동을 위한 훌륭한 기회를 제공한다.
- 두뇌 활성화 효과를 얻으려면 모든 유산소 활동을 한 번에 최소 10분 동안 수행해야 한다. 또한 당신은 당신의 두뇌가 집중되고 예리한 상태를 유지하기 위해

일주일 내내 운동을 해야 한다.

3) 운동을 위한 시간을 만든다

공부에 도움이 되는 운동을 하는 것은 처음에는 어려울 수 있다. 운동의 정신적, 인지적 이점과 그것이 학교 성과를 향상시키는 데 어떻게 도움이 될 것인지 명심해야 한다.

- 앉아서 하는 모든 약속, 활동 및 학습 시간을 나열한다. 취침 시간, 식사 시간 및 샤워와 같은 기타 시간을 기재하는 것을 잊지 말아야 한다. 운동을 통합할 수 있는 장소를 찾는다.
- 매일 운동하는 것을 잊지 않아야 한다. 수업이나 직장까지 10분 이상 걸어가면 유산소 신체 활동으로 간주된다. 만약 당신이 걸어서 수업에 갈 수 있다면 변경 사항 중 하나를 적용한다.
- 즐길 수 있고 일정에 쉽게 넣을 수 있는 것을 선택한다. 운동할 시간을 찾는 데 어려움이 있다면 30분 동안 조깅을 하거나 30분 동안 방에서 춤을 추는 것을 고려해 본다.
- 10분씩 빠르게 걷기 3회와 같이 운동을 더 작은 단위로 나누면 하루에 운동을 하는 데 어려움을 겪을 때 두뇌 강화 효과를 얻을 수 있다.

4) 일관성에 중점을 둔다

주말에 150분씩 신체 활동을 하는 것보다 매일 꾸준히 운동하거나 공부와 수업 시간에 맞춰 운동하는 것이 더 효과적이다. 일주일 내내 일관된 신체 활동을 하면 공부할 때와 주중에 당신의 두뇌를 강화할 수 있다.

- 일주일에 세 번 수업이 있고 그 날에 공부를 한다면, 공부하러 방으로 돌아가기 전에 적어도 30분은 걷거나 조깅을 하려고 노력한다. 매일 8시간씩 학교에 간다면 방과 후 30분에서 1시간 정도는 운동을 하고 집에 돌아와서 공부를 한다.

5) 운동을 즐거운 경험으로 만든다

운동은 스트레스를 완화하고 불안을 줄이는 데 좋다. 따라서 신체 활동을 하루 중 스트레스가 되는 것으로 만들지 말아야 한다. 자신을 돌볼 시간을 가져야 한다. 운동을 할 때 공부를 하거나 일을 하지 않더라도 전반적인 공부 효율성을 높이는 데 도움이 된다는 것을 기억한다.

- 운동하면서 음악을 듣는다. 많은 연구에서 음악을 스트레스 해소 및 불안 감소와 연관시켰다. 산책을 하는 동안 긴장을 풀거나 행복하게 하는 음악을 듣는다.
- 친구와 함께 운동한다. 이렇게 하면 한 번에 두 가지 작업을 수행할 수 있다. 하루에 신체 활동을 하는 동시에 사교 활동을 하면 기분을 좋게 하고 스트레스를 줄이는 데 도움이 된다.

3. 공부와 운동 병행의 중요성 이해하기

1) 운동이 정신 기능을 향상시킨다는 것을 안다

연구에 따르면 신체 활동은 정신적 각성과 인지 기능을 향상시킬 수 있다. 운동 후 두뇌가 더 잘 작동하고 더 명확하게 생각할 수 있다.

- 신체 활동은 공부할 때 중요한 기억력과 회상력을 높이는 데 도움이 된다.
- 유산소 운동은 혈액을 뇌로 보내는 데 도움이 되며, 이는 뇌가 작동하고 정보를 처리하는 데 필요한 산소와 영양소를 공급하는 데 도움이 된다.

2) 운동은 스트레스를 줄인다

운동에는 많은 이점이 있지만 학생들에게 중요한 이점 중 하나는 운동이 기분을 좋게 한다는 것이다. 규칙적인 운동은 학업 때문에 느낄 수 있는 불안을 줄이는 데 도움이 된다.

- 규칙적인 유산소 운동은 긴장을 줄이고 기분을 안정시키며 스트레스를 줄이는 데 도움이 되는 것으로 밝혀졌다.
- 단 5분의 유산소 운동이라도 불안을 줄이는 데 도움이 될 수 있다.

3) 에너지를 향상시키기 위해 운동을 포함한다

운동은 에너지를 향상시키는 데 도움이 되는 여러 가지 이점을 제공한다. 이것은 여러 시험이나 수업을 위해 공부하려는 학생이라면 중요하다. 약간의 유산소 운동을 하는 것이 커피숍에서 진을 치는 것보다 더 효과적일 수 있다.

- 규칙적인 운동은 에너지 수준을 높인다.
- 운동은 스트레스를 감소시키기 때문에 스트레스 수준이 높아짐에 따라 피로를 줄이는 데 도움이 된다.
- 운동은 수면 능력을 향상시킨다. 적절한 휴식은 주의력을 높이는 데 도움이 되며 공부할 때 뇌가 더 잘 기능하도록 한다.

신체 활동 및 운동

신체 활동과 운동은 삶의 질을 높이고, 기분을 개선하며, 불안과 스트레스를 줄이며, 집중력과 주의력을 높이고, 수면의 질을 향상시킨다. 만약 당신이 아직 운동을 하지 않는다면, 일주일에 3번 적당한 신체 활동은 좋은 것이다.

연습

좋아하는 것을 선택하고 성격과 생활양식에 맞게 선택한다. 체육 수업을 듣거나 팀 스포츠를 하거나 집에서 혼자 DVD를 볼 수 있다. 운동을 언제, 어디서, 얼마나 오래 할 것인지 결정하고 그 일정을 지킨다. 하루 중 가장 에너지가 넘치는 시간을 선택한다. 만약 당신이 일정을 지킬 수 없다면, 시간이 나는 대로 바로 운동을 시작한다.

이것이 지금 학생들에게 중요한 이유:

학업에 대한 요구가 계속 증가하고 멀티태스킹이 표준이 됨에 따라 자기 관리는 학기의 마지막 기간 동안 매우 중요하다. 이러한 스트레스 요인에 직면하여 학생이 더욱 탄력적으로 대처할 수 있도록 하는 많은 이점이 있다. 신체 운동은 삶의 질을 높이고, 기분을 개선하고, 불안과 스트레스를 줄이고, 집중력과 주의력을 높이고, 수면의 질을 향상시킨다.

신체 활동 및 운동

규칙적으로 운동하는 데 무엇이 도움이 되었는가? 생산성, 집중력, 수면의 질 및 기분을 모니터링하는 동안 규칙적인 운동의 결과로 이러한 변화가 어떻게 되었는가?

Chapter

15

일상적인 명상

15 일상적인 명상

Chapter

명상 기법에는 여러 가지가 있으며 모두 유익할 수 있다. 명상의 아름다움은 언제 어디서나 할 수 있다는 것이다. 대부분의 명상 기법은 단순한 호흡 명상에서 더 복잡한 명상에 이르기까지 비교적 간단하다. 명상은 한 사람에게 휴식을 주는 것이 다른 사람에게는 주의를 산만하게 할 수 있기 때문에 매우 개인적인 연습이다. 어떤 사람들은 마음을 돌리는 것이 매우 어렵다고 생각하므로 유도 명상은 당신의 마음이 놀라운 여행을 떠날 수 있도록 해 주기 때문에 훌륭한 선택이기도 하다.

여기에서는 일반적인 명상 기법부터 분노를 진정시키는 데 도움이 되는 마음챙김 기법에 이르기까지 명상의 기초를 다룰 것이다.

명상은 스트레스와 불안을 완화하는 즐거운 방법이다. 명상을 시도해 본 적이 없다면 처음에는 조금 겁이 날 수 있다. 아름다운 명상은 당신을 다른 시간과 다른 장소로 변화시킬 수 있다. 간단한 명상 연습도 고통스러운 감정적 부담과 부정적인 생각을 떨쳐 내는 데 도움이 될 수 있다. 명상은 시간이 지남에 따라 쌓이는 스트레스와 불안을 녹이는 데 도움이 될 수 있다. 규칙적인 명상 프로그램에 참여하는 사람들은 스트레스와 긴장을 더 잘 관리하고, 우울증을 예방하며, 심지어 혈압을 낮출 수 있다. 명상은 삶에 더 잘 대처하고, 하루의 긴장을 없애는 데 도움이 될 수 있다. 이러한 간단한 연습에 대한 많은 이점이 있다.

1. 가장 일반적인 명상 기법

명상의 목적은 몸과 마음을 이완시키는 것이다. 복잡한 과정은 아니지만 시작하기 위해 따를 수 있는 몇 가지 간단한 단계가 있다. 명상이 당신에게 도전적이었다면 아마도 당신은 너무 열심히 노력했을 것이다. 시작하는 데 사용할 수 있는 많은 기법이 있다. 명상은 우리 대부분이 하루 종일 하는 것과 반대이기 때문에 이것이 익숙하지 않은 경우 마음을 끄는 방법을 배우는 것이 어려울 수 있다. 가장 일반적인 명상 기법은 다음과 같다.

- 호흡 명상
- 마음챙김 명상
- 초점 명상
- 움직임 명상 또는 걷기 명상
- 주문 명상
- 자애와 같은 불교 명상
- 기독교 명상 또는 영적 명상
- 유도 명상
- 초월 명상
- 점진적 이완 명상

이것은 종합적인 목록이 아니라 가장 일반적인 기법 유형의 목록일 뿐이다. 모든 기법이 모든 사람을 위한 것은 아니다. 예를 들어, 초월 명상 수행이 너무 복잡하고 걷기 명상과 같은 단순한 수행에 끌릴 수 있다. 이러한 실제는 각각 다른 기법과 마음가짐을 필요로 하기 때문에 자신에게 적합한 것이 무엇인지 알 수 있을 것이다.

2. 초보자에게 이상적인 기법

초보자에게 적합한 몇 가지 기법이 있다. 그중 몇 가지는 다음과 같다(Bertone, 2019).

- 호흡 명상
- 마음챙김 명상
- 초점 명상
- 걷기 명상
- 점진적 근육 이완 명상
- 주문 명상

1) 호흡 명상

사이언스 데일리(Science Daily)에 따르면 명상과 호흡 운동은 정신을 더 날카롭게 만들 수 있다. 새로운 연구에 따르면 호흡 중심 명상과 주의력 및 뇌 건강 사이에 연관성이 있음이 밝혀졌다(Trinity College Dublin, 2018). 단순한 호흡 중심 명상은 집중력 향상, 방황하는 마음 감소, 각성 수준 향상, 긍정적 감정 증가, 정서적 반응성 감소, 기타 여러 이점으로 인해 몇 가지 인지적 이점을 가진다.

호흡 수련의 마음챙김은 호흡을 초점의 대상으로 사용하는 것을 포함한다. 누구나 할 수 있는 훌륭한 기법이다. 호흡 연습을 통해 순간에 집중하고 호흡에 집중할 수 있다. 긍정적인 것에 집중하는 매 순간을 통해 부정적인 것에 집중하는 시간이 1분씩 줄어들기 때문이다.

많은 사람들은 스트레스를 받을 때 호흡을 얕게 하기 때문에 심호흡을 하는 법을 배우면 하루 종일 더 평화롭고 고요한 느낌을 받는 데 도움이 된다. 또한 심호흡은 불안할 때 초점을 전환하는 좋은 방법이다. 4-7-8 호흡 기법은 신체의 자연적인 진정제와 같은 역할을 하기 때문에 배우기에 좋은 기법이다.

앤드류 웨일(Andrew Weil)의 4-7-8 호흡법은 다음과 같다(Fletcher, 2019).

먼저 폐를 비우는 것으로 시작한다.

- 4초간 코로 숨을 들이마신다.
- 7초 동안 숨을 참는다.
- 8초 동안 입술을 오므리며 입으로 강하게 숨을 내쉰다.
- 이 호흡 주기를 최대 4번까지 반복할 수 있다.

이러한 유형의 간단한 기법은 신경계에 활력을 준다. 약간 어지럽다면 처음에는 3~4회 이상 호흡하지 않는 것이 좋다. 이러한 종류의 호흡은 자연적인 진정제 역할을 한다. 이런 간단한 호흡 연습을 하면 초점과 마음의 상태가 완전히 바뀔 수 있다.

2) 마음챙김 명상

마음챙김 명상은 과거에 대한 생각이나 미래에 대한 스트레스로 인해 산만해지지 않고 지금 여기에 존재하는 것이다. 메이오 클리닉(Mayo Clinic, 2020)에 따르면 마음챙김은 판단하거나 해석하려고 하지 않고 순간순간 감지하거나 느끼는 것에 집중하는 명상의 한 유형이다.

마음챙김 연습에는 마음챙김 호흡, 유도 심상, 몸에 맞추는 바디 스캔 명상과 같은 것이 포함될 수 있다. 마음챙김이란 100% 주의와 집중으로 무언가를 하는 것을 의미하므로 설거지를 하거나 샤워를 하는 동안 마음챙김을 연습할 수도 있다. 전형적인 마음챙김 명상에서는 시간을 내어 깊게 숨을 들이쉬거나 심지어 몸을 스캔하여 발끝에서 머리 꼭대기까지 올라갈 수 있다. 기본적으로 모든 초점과 주의를 기울여 하는 모든 일은 마음챙김의 한 형태로 간주될 수 있다.

3) 초점 명상

초점 명상은 꽃이나 양초와 같은 대상에 초점을 맞추고, 그것을 최대한 검토하는 시간을 갖는 것을 포함한다. 당신의 감각을 자극하는 것은 무엇이든 선택할 수 있다. 예를 들어, 노란 장미를 선택했다면 앉아서 장미를 응시하고 만지고 벨벳 같은 질감을 느끼는 자신을 상상할 수 있다. 장미의 선이나 주름에 주의를 기울이거나 노란색에 빠져들 수도 있다.

초점 명상은 다른 것이 보이지 않도록 무언가의 세부 사항에 너무 집중하는 것이다. 초와 같이 초점이 맞는 것을 선택하고 그 앞에 편안하게 앉는 것으로 시작할 수 있다. 숨을 들이쉬고 내쉴 때 불꽃이 어떻게 깜박이는지 또는 불꽃이 여러 가지 다른 색으로 만들어지는지 확인한다. 냄새, 소리에 집중하고 촛불에 몸을 담그는 것이 어떤 것인지 경험한다.

이런 종류의 연습은 주의를 집중하는 동안 초점을 심화하는 데 도움이 된다. 이와 같은 명상이 얼마나 효과적인지 놀랄 것이다.

4) 마음챙김 걷기 명상

걷기 명상은 선불교에서 유래한 것으로, 킨힌(kinhin)으로 불리고 한국어로는 행선(Haengseon)으로 불리는데, 오래 앉아서 수행되는 명상에서 실행되는 것으로 현재에 초점을 맞추는 걷기 기법이다. 수행자는 한 손의 주먹으로 수트라 무드라(shashu mudra)를 잡고 방 주위를 시계 방향으로 걸음을 옮기면서 심호흡을 하는 것이다. 걷기 명상을 하는 동안 숨을 들이쉴 때마다 걸음을 내딛는다. 킨힌의 시작은 두 번 울리는 종으로 알린다.

걷기 명상에는 많은 현대적 변형이 있으며 걷기 명상은 매우 보람 있고 편안할 수 있다. 걷기 명상의 배경은 주변에서 일어나는 모든 것을 관찰하면서 조용히 걷는 것이다. 예를 들어, 밖에 있으면 나무의 잎사귀를 볼 수 있고, 태양의 따뜻함을 느끼거나, 발이 포장도로나 표면에 부딪힐 때 내는 소리에 주의를 기울일 수 있다.

규칙적인 명상 수행을 위해 가만히 앉아 있는 것이 어려운 사람들에게 걷기 명상은 매우 치유가 될 수 있다.

5) 점진적 근육 이완 명상

점진적 근육 이완은 기본적으로 몸의 위아래로 다양한 근육을 조이고 풀어 주는 매우 고전적인 유형의 명상이다. 머리 꼭대기나 발바닥에서 시작하여 몸의 큰 근육을 짜내거나 풀어 줌으로써 점진적인 근육 이완을 할 수 있다. 이러한 유형의 명상은 특히 취침 전에 매우 진정되고 이완될 수 있으며 아동도 할 수 있는 간단한 연습이다.

6) 주문 명상

주문 명상은 초점이나 명확성을 얻기 위해 주문으로 알려진 단어나 구의 반복을 포함한다. 평화나 사랑 같은 간단한 단어도 사용할 수 있다. 주문은 소리 내어 외울 수도 있고 조용히 반복할 수도 있다. 많은 문화권에서 주문을 활용하지만 불교에서 가장 잘 알려져 있다. 성가는 수천 년 동안 사용되어 온 오래된 관행이다.

주문은 단순히 영적인 힘이나 신과 관련된 소리나 상징이다. 주문에는 여러 유형이 있지만 몇 가지 일반적인 주문은 신성한 사랑을 의미하는 옴(Ohm)과 아함 프레마(Aham Prema)이다. 일반적으로 주문은 40일 주기로 반복되지만 초보자에게는 반드시 필요한 것은 아니다. 만약 당신이 주문 명상을 하고 싶다면, 조용히 앉아서 주문을 108번 반복하면서 자신에게 집중한다. 또한 당신은 염주 또는 묵주에 의존할 수 있다.

3. 초월 명상 기법

초월 명상은 영적 구루인 마하리쉬 마헤시 요기(Maharishi Mahesh Yogi)가 소개한 매우 구체적인 명상 유형이다. 주문 명상의 한 형태를 기반으로 하는 상표 등록된 명상이다. 초월 명상 과정은 특정 진동이나 소리를 내는 데 사용할 수 있는 특별한 주문을 실무자에게 가르친다. 특정 기술을 배우려면 비밀이 철저히 지켜지기 때문에 코스 비용을 지불해야 한다.

이러한 유형의 명상은 첫 번째 세 가지가 깨어 있는 상태, 꿈꾸는 상태, 깊은 꿈이 없는 수면의 상태인 일종의 네 번째 인식 상태로 설명되었다. 이 명상의 목적은 인식과 의식을 초월하는 것이다.

4. 선 명상

선종은 대승불교로 알려진 불교 종파로 6세기 중국에서 시작되었다. 선 명상은 좌선(Zazen)이라는 용어에서 파생되었으며, 수행은 단순히 앉아서 생각의 손을 열고 모든 판단과 생각을 중단하는 것을 목표로 한다. 선 명상의 목적과 목표는 말, 생각, 이미지가 관여하지 않고 지나가도록 하는 것이다. 그러나 실제로는 말처럼 쉬운 간단한 기법이 아니다.

선 사원이나 수도원은 이러한 유형의 명상에 사용되며 수행자들은 대부분 방석이나 매트에 집단으로 앉아 자리에 앉기 전과 일어난 후에 절을 한다. 좌선 수행은 일반적으로 집중, 자기 성찰 및 단순히 앉아 있는 기법의 세 가지 방법 중 하나로 가르친다. 집중은 호흡에 집중할 때 발생한다. 참가자들이 명상의 대상에 의식을 집중할 때 내성이 발생한다. 이러한 유형의 간단한 수행은 생각이 마음을 통과하는 것을 관찰함으로써 사람들이 현재 순간에 집중할 수 있도록 돕기 위한 것이다.

5. 유도 명상

유도 명상 기법은 수백 가지가 있으며 이러한 유형의 연습은 매우 보람이 있다. 유도 명상은 이미지와 시각화의 사용을 포함하며, 일반적인 명상 기법이 어렵다고 느끼는 사람들에게 매우 도움이 될 수 있다. 유도 명상은 상상만 할 수 있는 곳으로 안내할 수 있으며, 개인 개발 문제 및 치유에도 사용할 수 있다. 최면 요법과 매우 유사한 유도 명상은 매우 유익하고 유용하다. 조용히 앉아서 해변을 따라 걷는 자신을 상상하거나 YouTube에서 무료 녹음을 들으면서 간단한 유도 명상을 연습할 수 있다.

6. 간단한 시각화 기법

시각화는 어렸을 때 했던 것처럼 마음속에 그림을 그리고 상상력을 사용하는 것에 불과하다. 당신은 시각화 기법을 사용하여 새로운 삶을 살고 있는 자신을 볼 수 있다. 원하지 않는 것보다 원하는 것에 집중함으로써, 당신은 당신에게 무언가를 그린다. 눈을 감은 채로 시각화하는 것이 더 쉬울 수 있다. 마음속에 단순한 장면이나 그림을 시각화하는 것부터 시작하여 더 큰 것으로 한다. 한 가지 훌륭한 연습 방법은 해변 시각화이다.

1) 해변을 따라 걷기

해변을 걷는 것은 누구나 상상할 수 있는 일이다. 사물을 보고, 듣고, 만져서 시각화할 때 모든 감각을 사용한다. 예를 들어, 걸을 때 하늘의 아름다운 색이나 물의 밝은 파란색을 감상할 수 있다. 또한 손을 뻗어 모래를 만지고 질감이나 느낌을 알아차릴 수도 있다. 바다의 소리를 듣는 것도 매우 마음이 편안해진다. 걸을 때 물이 해안에 부딪치는 소리나 갈매기 소리가 들리는 경우가 있다. 이런 편안한 장면에 몰입하면 할수록 기분이 좋아질 것이다.

2) 숲길 걷기

이러한 유형의 시각화도 매우 편안할 수 있다. 당신이 숲속을 걷고 있거나 어떤 종류의 나무가 우거진 오솔길을 따라 걷는다고 상상한다. 나무와 나뭇잎의 향기를 맡고 나무 껍질을 만져 본다. 걸을 때 발이 바스락거리는 소리에 주목한다. 환경에 몸을 담그고 통나무에 앉아서 당신이 알아채거나 느끼는 것을 본다.

3) 모닥불 시각화

모닥불 시각화는 스트레스와 불안을 해소하는 좋은 방법이다. 모닥불 옆에 앉아 불꽃의 색과 환경의 온기에 몸을 담그고 있다고 상상한다. 주변에 무엇이 있는지 확인하고 앉아서 반성하는 시간을 가진다.

4) 청정실 시각화

깨끗하고 정돈된 공간에 앉아 있는 것 또한 매우 힐링이 될 수 있다. 때때로 우리 삶의 어수선함은 주의를 산만하게 하는 역할을 한다. 깨끗하고 편안한 공간에 앉아 있는 자신을 상상하고 그것이 어떤 느낌인지 알아차린다. 공간을 좀 더 편안하게 만들기 위해 방 주위에 촛불, 베개 몇 개 또는 기타 작은 물건을 놓을 수 있다. 자신에게 완벽하다고 느낄 때까지 주변 환경을 가지고 놀고 여기에서 명상과 반성을 하며 시간을 보낸다.

7. 스트레스와 불안 완화 기법

하버드 의과대학에 따르면 마음챙김 명상은 불안과 정신적 스트레스를 완화할 수 있다. 존 홉킨스 대학교의 연구자는 19,000건 이상의 연구를 조사했으며, 그중 47건은 불안과 같은 심리적 스트레스를 완화하는 데 도움이 되었다(Corliss, 2019). 매사추세츠 종합 병원의 불안 및 외상성 스트레스 장애 센터의 정신과 의사인 엘리자베스 호지(Elizabeth Hoge) 박사가 수행한 연구에서도 마음챙김 명상이 범불안 장애가 있는 사람들의 불안 증상을 진정시키는 데 도움이 된다고 밝혔다(Corliss, 2019).

스트레스와 불안에 유익한 한 가지 기법은 편안한 호흡이다. 이 기법은 횡격막까지 숨을 쉬면서 균일한 속도로 심호흡을 하는 것이다. 연습의 전반적인 목표는 근육 사용을 줄이고 더 효율적으로 호흡하면서 호흡을 늦추고 더 많은 산소를 섭취하는 것이다.

8. 우울 완화 기법

하버드에서 수행된 또 다른 연구에서는 마음챙김 명상이 우울증 환자의 뇌를 변화시킬 수도 있다는 것을 발견했다. 마음챙김 기반 인지치료에 대한 8주 과정은 환자들이 훨씬 더 빨리 부정적인 생각에서 벗어날 수 있게 했다. 또한 뇌 스캔은 명상을 배운 사람들의 뇌 활동 변화가 적극적으로 명상을 하지 않을 때도 꾸준히 유지되는 것으로 나타났다(Powell, 2018).

9. 분노 완화 기법

퍼넬, 베나우와 애칠리(Fennell, Benau & Atchley, 2016)가 발표한 연구에 따르면 단일 명상 회기가 초보자와 숙련된 명상가 모두의 생리학적 분노 지수를 줄일 수 있다고 밝혔다. 이 연구는 명상을 처음 접한 15명과 경험이 풍부한 12명을 조사했다. 이 연구는 혈압, 호흡수, 심박수와 같은 신체적 반응을 측정했다. 명상을 시작한 지 20분 만에 수행을 처음 시작한 사람들은 분노에 대해 다시 생각해 보라고 했을 때 훨씬 더 차분하고 이완된 신체 반응을 보였다. 경험이 많은 명상가들은 분노를 재경험하라는 요청을 받았을 때 별로 반응이 없었다는 것을 발견했다.

10. 현대인을 위한 빠른 명상 기법

여유 시간이 많지 않은 사람들을 위한 몇 가지 빠른 기법이 있다. 우리 중 많은 사람들이 명상을 할 시간을 찾는 것과 같은 것을 할 시간이 없는 것에 대한 변명이나 이유를 찾는다.

다음과 같은 간단한 연습은 당신이 이 범주에 속하는 경우 의사가 지시한 것일 수 있다.

- **빠른 바디 스캔**(Quick Body Scan): 심호흡과 결합된 바디 스캔 명상은 매우 치유적이고 회복적일 수 있다. 심호흡을 하고 몸을 진정시키는 따뜻한 빛을 상상함으로써 이 빠른 명상을 연습할 수 있다. 빛을 상상하면서 몸을 스캔하고 정신적 과로나 긴장을 풀 수 있다.
- **걷기 명상**(Walking Meditation): 5분에서 10분 정도 걷는 것도 매우 상쾌하고 명랑하게 한다. 다음에 스트레스를 받을 때 걷도록 하고 발이 노면에 닿는 소리나

피부에 닿는 공기의 감촉과 같은 신체적 감각에 주의를 기울인다.

- **샤워 명상**(Shower Meditation): 체험에 몰두함으로써 샤워를 하며 명상을 할 수도 있다. 예를 들어, 비누의 아름다운 향기를 느끼거나 따뜻한 물의 감각을 즐기거나 스트레스와 긴장이 사라지는 것을 상상할 수 있다.
- **마음챙김 식사**(Mindful Eating): 마음챙김 식사는 마음챙김으로 먹고 다른 모든 것을 제쳐 두고 실천하는 것이다. 음식의 질감, 입에 들어가는 맛에 집중하거나 단순히 시간을 내어 먹는 과정에 몰입하여 아름다운 경험을 할 수 있다.
- **집안일 명상**(Chore Meditation): 설거지와 같은 집안일을 하면서 명상과 반성을 할 수도 있다. 하나의 초점으로 이루어지는 모든 것은 명상으로 간주될 수 있다. 만약 당신이 시간을 내서 그 과정과 따뜻한 물의 느낌을 즐기면 설거지도 매우 마음을 진정시키는 경험이 될 수 있다.

명상하기

규칙적인 연습으로 주의집중력을 기르면 행복과 웰빙이 증가할 수 있다. 규칙적인 명상은 스트레스, 인지 기능, 신체적 웰빙 수준에 영향을 미친다. 경각심과 이완을 증가시키는 경향이 있다.

연습

3분 호흡 공간: 척추가 펴지도록 편안하게 앉은 자세에서 부드러움을 유지한다. 무릎에 손을 대고 턱을 약간 당긴다. 눈을 감는다. 의식을 내면으로 가져오고 호흡에 집중한다. 들숨과 날숨에 집중한다. 호흡에 의식을 집중한다. 변경할 필요가 없다. 호흡의 리듬과 속도를 알아차린다. 압박감, 접촉, 온기를 느끼는 부분을 포함하여 신체의 물리적 감각에 대한 인식을 가져온다. 이제 자각을 생각으로 가져온다. 당신의 마음에 떠오르는 것을 알아차린다. 당신의 생각을 알아차리고 그냥 놔 둔다. 당신의 감정에 대한 자각을 가져온다. 어떤 속성을 알아차리지만 그것이 의미하는 바에 집착하지 않는다. 온몸으로 의식을 확장한다. 현재 순간에 여기 있는 당신의 전체 자아를 느낀다. 숨을 들이쉬고 내쉴 때마다 몸 전체가 숨을 쉬는 것을 상상한다. 정지한다. 준비가 되면 눈을 뜨고 의식을 방으로 가져와 연습을 종료한다.

이것이 지금 학생들에게 중요한 이유:

이것은 매일의 자기 관리가 모든 일을 제시간에 완료하는 것과 과제 및 프로젝트에 뒤처지는 것 사이에 차이를 만들 수 있는 시기이기 때문에 중요하다. 학기가 마라톤이라면 학생들이 "벽"에 부딪힐 수 있다. 3분 명상 형태의 매일의 자기 관리는 학생들이 기초를 다지고 집중할 수 있도록 하며, 너무 많은 요구 사항으로 인한 스트레스를 한 번에 관리할 수 있게 해준다. 일상의 혼돈 속에서도 누를 수 있는 리셋 버튼에 가깝다.

명상하기

이 명상은 당신에게 어떤 느낌을 주었는가? 3분간의 고요한 호흡과 반성이 당신의 에너지를 재설정시켰는가?

Chapter

16

음미하기의 의미

16 음미하기의 의미

Chapter

1. 음미하기의 개념

브라이언트와 베로프(Bryant & Veroff, 2007)는 음미하기(savouring)을 자신의 삶에서 발생하는 긍정적인 경험에 주의를 기울이고, 감상하고, 강화하는 것으로 정의한다. 브라이언트와 베로프(2007)는 즐거운 경험에 주의를 기울이는 과정을 정확하게 묘사할 수 있는 용어를 찾기 위해 음미하기(savoring)이라는 단어를 사용하기로 결정했다. 이 용어는 과정을 나타내며 대처하기의 상대를 나타낸다.

음미하기는 적극적인 행동을 수반하고 가장 넓은 의미에서 기쁨의 경험에 중점을 두고 사람과 환경 간의 상호작용을 인정한다(Bryant & Veroff, 2007). 이것은 음미하기가 반드시 유형적일 수는 없는 내적 또는 외적 사건과 연관될 수 있음을 의미한다(Smith & Bryant, 2017).

비록 쾌락과 밀접하게 관련되어 있지만, 음미하기는 쾌락의 경험을 자각하고 그 경험에서 파생된 긍정적인 감정을 감상하는 것에 더 가깝다. 경험을 음미하려면 어느 정도의 마음챙김과 메타 인식을 소유하고 적용해야 한다(Bryant & Veroff, 2007).

1) 음미하기의 유형

- 회상이라고도 하는 과거를 음미하는 것. 예를 들어, 친구와 함께 학교에서 재미있는 순간을 기억한다.
- 현재를 음미하거나 순간을 음미하는 것. 예를 들어, 맛과 냄새에 주의를 집중하여 새로운 식사를 즐기는 것이다.
- 미래를 음미하는 것. 기대라고도 한다. 예를 들어, 이번 주말에 파트너와 계획한 여행을 시각화한다.

2) 음미하기의 수준

- **경험 음미하기**: 긍정적인 사건을 감상하는 데 의도적으로 주의를 집중하면서 전반적인 경험을 말한다. 여기에는 몰입하는 특정 환경과 관련된 감각, 감정, 지각, 생각, 행동이 포함된다(Bryant & Veroff, 2007). 이 수준의 예는, 일몰을 바라보면서 바다 바람을 느끼며 해변에 앉아 있는 것이다.
- **과정 음미하기**: 이 과정은 다양한 긍정적인 상태를 조절하여 긍정적인 사건과 긍정적인 감정을 연결한다. 예를 들어, 유익한 것으로 간주되는 낯선 사람의 친절한 행동에 감사하는 과정은 감사를 긍정적인 감정 상태로 규정한다(Bryant & Veroff, 2007).
- **반응 음미하기**: 이것은 긍정적인 사건에 대한 반응으로 나타나는 특정한 행동이나 생각이다. 이러한 반응은 긍정적인 감정의 강도와 지속 시간을 증폭하거나 약화시켜 긍정적인 영향에 대한 긍정적인 사건의 영향을 조절한다(Bryant & Veroff, 2007).

3) 음미하기의 전제 조건

스미스와 브라이언트(Smith & Bryant, 2017)에 따르면, 당신의 음미하기 능력을 개발하고 경험하려면 다음 요소가 있어야 한다.

- 현재 순간과 연결할 수 있는 능력
- 긴급한 사회적 책임으로부터의 자유
- 기본적인 신체적 요구와 정신적 요구의 포함
- 긍정적인 경험에 대한 마음챙김과 메타 인식의 존재

4) 음미하기와 다른 개념의 차이

브라이언트와 베로프(2007)에 따르면, 음미하기는 다른 용어와 겹칠 수 있지만 구분되는 특징이 있다. 다음은 그 중 일부이다.

- **마음챙김**: 음미하기는 마음챙김을 포함하지만 훨씬 좁은 과정이다. 음미하기는 현재 경험에 의도적으로 주의를 기울이는 것, 특히 긍정적인 감정과 독점적으로 관련된 내적 또는 외적 자극에 초점을 맞추는 것을 포함한다.
- **명상**: 음미하기는 자신을 초월하는 것이 아니라 자신이 경험하는 즐거운 감정에 초점을 맞춘다는 점에서 명상과 다르다.
- **공상**: 음미하기는 공상 또는 백일몽과 다르다. 왜냐하면 공상은 현재 환경으로부터 멀어진다는 것을 의미하기 때문이다. 음미하기는 그 환경에서 경험을 끌어내는 것을 의미한다.
- **몰입**: 몰입은 사람들이 참여하는 활동의 즐거움을 포함하지만, 음미하기보다 경험에 대한 의식적인 주의집중이 훨씬 덜 수반된다. 또한, 음미하기는 반드시 도전을 수반하는 것은 아니다.

2. 음미하기의 이점

긍정적인 감정은 사람들의 생각과 행동을 확장하여 창의성, 사회적 연결, 개인적 자원, 회복력을 촉진할 수 있다(Tugade & Fredrickson, 2007). 음미하는 과정은 긍정적인 감정의 증폭 또는 지속을 수반하기 때문에 주관적 웰빙의 높은 수준과 긍정적으로 연관될 수 있다(Smith & Bryant, 2017). 음미하기의 이점은 사건의 긍정적인 성격보다는 과정과 개인적인 경험에서 비롯된다는 점에 유의하는 것이 중요하다.

증가된 음미하기 능력을 개발하고 사용할 때의 증명된 이점은 다음과 같다.

- 스트레스가 많은 사건 중 불쾌한 감정의 경험을 상쇄한다.
- 매일 긍정적인 사건을 덜 경험하는 사람들의 행복도를 높인다.
- 아동의 긍정적인 정서와 자존감의 더 큰 수준을 예측한다.
- 청소년 및 노인의 삶의 만족도, 행복 및 지각된 통제 수준이 높을 것으로 예측한다.
- 노인의 우울 증상 감소를 예측한다.
- 중국 간병인의 우울증 및 불안 수준 감소를 예측한다.
- 대학생의 강박 장애 및 사회 공포증 수준 감소를 예측한다.
- 긍정적인 감정과 삶의 만족도의 높은 수준과 긍정적인 관련이 있다.
- 긍정적인 감정의 증가를 통해 장거리 연애의 만족도에 긍정적인 영향을 미친다.
- 긍정적인 사건을 파트너에게 명시적으로 공개하는 것과 같은 관계 음미하기는 관계의 질과 자존감 수준을 높인다.
- 사람들이 가족과 일의 균형을 보다 효과적으로 유지하도록 돕는다.
- 다른 사람들이 이야기한 긍정적인 사건에 대해 진심 어린 반응을 보일 때 긍정적인 관계를 촉진한다.

3. 음미하기 연습

브라이언트와 베로프(2007)는 긍정적인 사건 동안 긍정적인 감정을 조절하기 위한 음미하기 전략을 확인하였다.

1) 다른 사람과 공유하기

개인적인 긍정적인 경험에서 다른 사람을 적극적으로 찾고 포함시키고, 과거 사건이나 미래 계획에 대한 공유된 이야기를 듣는 것은 긍정적인 감정을 증폭시킬 수 있다. 그들은 우리가 사건에서 놓쳤을 수 있는 관련 긍정적인 세부 사항을 지적할 수 있다. 또한, 그들의 감정적 반응을 관찰하는 것은 자신의 긍정적인 감정을 키울 수 있다.

2) 기억 형성하기

의도적으로 기억을 생성함으로써 사람들은 그 순간을 최대한 음미하기 위해 더 많은 즐거움을 불러일으키는 경험 요소를 선택할 수 있다. 사건에 대한 마음속의 사진을 찍거나 특별한 순간을 기록하기 위해 일기나 스크랩북을 작성하는 것은 기억을 형성하는 방법의 예가 된다.

3) 자축하기

성취를 즐김으로써 개인 또는 집단의 성공을 음미하는 것은 긍정적인 감정을 증폭시키는 또 다른 방법이다.

4) 감각-지각 선명화하기

의도적으로 경험의 구체적 특징에 주의를 집중하면 긍정적인 경험을 심화하거나 더 자세히 탐색할 수 있다. 바다 앞에 앉아 파도 소리를 들으며 눈을 감는 것은 주의력을 좁히고 소리에서 발생하는 내면의 즐거움을 높이는 방법이다.

5) 비교하기

특정 경험이 어떻게 더 나은 방법인지 되돌아보는 시간을 갖는 것도 또 다른 음미하기 전략이다. 긍정적인 감정을 늘리고 연장하기 위해 경험을 다른 장면(반대 사실 비교), 과거(시간적 비교) 또는 다른 사람들이 경험하는 것(사회적 비교)과 비교할 수 있다.

6) 몰두하기

몰입과 비슷하지만, 몰두에는 특정한 경험에 잠기고 관여하는 동안 긍정적인 감정을 인식하는 기간이 필요하다. 이것은 느려지는 느낌과 긍정적인 순간이 길어지는 느낌을 촉진할 수 있다.

7) 행동으로 표현하기

긍정적인 감정을 신체적으로 표현함으로써 사람들은 그러한 감정을 증폭시킬 수 있다. 감정을 표현하는 몇 가지 예에는 특별한 날을 축하하는 동안 웃음, 고함, 박수가 포함될 수 있다.

8) 시간적 인식하기

긍정적인 경험의 덧없는 속성에 대한 인식은 사람들로 하여금 그 순간을 음미하고 그것이 끝나기 전에 최대한 활용하도록 동기를 부여할 수 있다.

9) 축복을 세기

긍정적인 경험과 그 경험에 대해 감사할 수 있는 이유에 주의를 기울이고 성찰함으로써 사람들은 긍정적인 감정을 키울 수 있다.

10) 흥을 깨는 생각 피하기

불완전성에 초점을 맞추지 않음으로써 긍정적인 경험에 대한 경시와 평가절하를 피하는 것은 지속적인 긍정적인 감정을 조장할 수 있다. 그러나 일부 상황에서는 긍정적인 감정을 조절하는 완화 전략을 중요시하기 때문에 이것은 일부 문화에만 적용될 수 있다.

4. 음미하기의 긍정심리적 중재

다음은 스미스, 해리슨, 쿠르츠와 브라이언트(Smith, Harrison, Kurtz & Bryant, 2014)가 검토한 시간적 지향에 따라 분류된 증거 기반 음미하기 중재이다.

1) 과거 초점 음미하기 중재

- **긍정적인 사건에 대해 생각하기**(Lyubomirsky, Sousa & Dickerhoof, 2006): 3일간 15분 동안 긍정적 사건과 관련된 생각과 감정을 적극적으로 성찰함으로써 긍정적 경험을 음미하는 것은 웰빙과 행복 증진에 효과적인 것으로 나타났다.
- **긍정적인 회상**(Bryant, Smart & King, 2005): 긍정적인 사건에 대한 회상을 위해 기념품이나 긍정적인 이미지를 사용하여 1주일에 걸쳐 매일 10분씩 2회의 회기를 보내는 것은 긍정적인 정서가 증가한 것으로 나타났다.
- **세 가지 좋은 것**(Seligman, Steen, Park & Peterson, 2005): 세 가지 사건을 인지하고 기록하고 그 사건이 발생한 이유를 곰곰이 생각해 보면 최대 6개월 동안 행복도를 높일 수 있다.
- **성취를 즐기고 타인의 역할을 인정하기**(Keeney, 2009): 이틀에 걸쳐 매일 10분씩 개인적 성취와 장애 극복 방법에 대해 쓰거나 개인적 성취에서 다른 사람의 역할을 인식하는 것은 긍정적인 정서를 증가시킬 수 있다.
- **친절한 행동에 대한 성찰**(Otake, Shimai, Tanaka-Matsumi, Otsui & Fredrickson, 2006): 7일 동안 매일 다른 사람에 대한 친절한 행동을 기록하면 긍정적인 감정을 키울 수 있다.

2) 현재 초점 음미하기 중재

- **음미하기 전략의 사용 증가**(Hurley & Kwon, 2012): 최근의 긍정적인 사건과 그러한 사건에서 음미하기 전략을 적용하는 방법을 숙고하는 것은 다른 상황에서 그러한 전략을 의도적으로 적용하고 부정적인 정서를 줄이는 데 도움이 될 수 있다.
- **긍정적인 초점 채택**(Bryant & Veroff, 2007): 가능한 한 많은 긍정적인 요소를 알아차리려고 노력하면서 매일 20분 산책을 하면 1주일 후에 행복 수준을 높일 수

있다.

- **마음챙김 사진**(Kurtz, 2015): 일주일에 두 번 이상 15분 동안 의미 있고 경외심을 불러일으키는 사진을 찍는 것은 단기간에 기분을 고양시킬 수 있다.
- **매일 음미하기 운동**(Schueller, 2010): 매일 다른 현재 순간을 즐기는 운동을 하고 각 운동에 대해 1주일을 보내고 몇 분 정도 시간을 내어 경험에 참여하면 중재를 완료한 1주일 후에 행복을 높일 수 있다.

3) 미래 지향 음미하기 중재

- **긍정적인 상상**(Quoidbach, Wood & Hansenne, 2009): 2주 동안 매일 내일 일어날 4가지 긍정적인 사건을 시각화하면 긍정적인 정서를 높일 수 있다.
- **희소성으로 인한 혜택**(O'Brien & Ellsworth, 2012): 긍정적인 사건의 무상함에 대해 생각하는 것은 음미하기 경험을 향상시키고 긍정적인 감정의 높은 수준을 가져올 수 있다.

스미스 등(2014)은 앞서 언급한 중재를 포함하여 메타분석을 수행한 결과 과거, 현재, 미래 지향적 음미하기 중재 간에 유의한 차이가 없음을 발견하였다. 효과의 강도는 시간 경과에 따른 중재의 길이 및 중재의 빈도와 관련이 있다.

일반적으로 2주 이상 지속되는 일일 중재가 더 효과적일 수 있지만, 개인의 특성을 항상 고려해야 한다. 이러한 중재를 평가하는 대부분의 연구는 표본 다양성이 제한적이며 모든 사람에게 적용되지 않을 수 있다. 그러나 긍정적인 정서가 낮은 사람들은 개선의 여지가 더 많기 때문에 더 많은 혜택을 볼 수 있다.

4) 과거 음미하기의 주의점

스피어, 밴지와 델가도(Speer, Bhanj & Delgado, 2014)에 따르면 긍정적인 과거 사건을 회상하는 것은 원래의 경험과 연결된 동일한 긍정적인 감정을 불러일으키는 힘이 있다. 과거 경험을 음미하는 능력은 감정 조절을 개선하고 결과적으로 스트레스가 많은 사건에 대한 사람들의 반응과 회복력을 향상시킬 수 있다.

그러나 우울한 사람들은 긍정적인 사건을 인지하고, 긍정적인 자서전적 기억을 회상하고, 이 전략을 사용하여 긍정적인 감정을 불러일으키고 연장하는 데 어려움을 겪는 경향이 있다(Speer et al., 2014).

과거 사건을 현재 순간과 비교하는 것은 유익한 음미하기 전략이 될 수 있지만, 현재가 과거보다 나을 때만 효과가 있다. 현재의 경험이 유사한 과거의 경험보다 더 나쁘게 인식될 때, 음미하기 능력이 방해받을 수 있다. 이것은 현재의 경험이 과거에 어떻게 더 좋았는지, 다른 사람들의 경험보다 나빴는지, 또는 일어날 수 있었던 일보다 더 나빴는지 생각할 때 발생할 수 있다(Smith & Bryant, 2017).

부정적인 상황을 경험하는 것이 긍정적인 사건을 인지하고, 감상하고, 음미하는 우리의 능력을 압도하고 영향을 미칠 수 있지만, 그러한 어려움을 극복하면 현재의 긍정적인 경험에 대한 비교 지점을 제공함으로써 음미하기를 더 잘할 수도 있다(Croft, Dunn & Quoidbach, 2014). 음미하기 전략과 중재의 선택은 항상 학생의 개인적 및 상황적 요인을 고려해야 한다.

5. 인생의 기쁨을 음미하기

음미하기 또는 만끽하기는 "삶의 긍정적인 측면, 즉 대처의 긍정적인 측면에 주목하고 감상하는 것"을 말한다. 간단히 말해서 음미하기(savouring)는 긍정적인 경험과 감정의 지속 시간과 강도를 높이는 것을 연습하는 것이다. 이러한 음미하기는 행복에 이르는 길이다.

1) 좋은 감정을 다른 사람과 공유한다

삶의 긍정적인 사건을 긍정적인 뉴스처럼 다룬다. 그냥 모두에게 퍼뜨린다. 기본적으로 당신이 순간을 감사할 때 그것을 다른 사람에게 말한다. 이것은 차례로 당신의 유대와 관계를 강화할 것이다.

친구들과 함께 웃으면서 즐거운 시간을 보내고 있는가? "함께 만끽하는 사람은 함께 있어야 한다."라고 그들에게 말한다.

2) 나중에 기억하기 위해 좋은 것에 대해 마음속으로 사진을 찍는다

행복한 순간을 포착하기 위해 당신의 재미있는 순간을 통해 사진을 클릭하고 그것을 소셜 미디어에서 공유할 수 있다. 우선 당신이 어려운 시기에 돌아볼 수 있는 정신적인 사진을 찍으면서 시작한다. 그냥 의식하고, 긍정적인 것들을 찾고, 그것들을 당신의 뇌와 심장에 담아내면 된다.

"그것은 당신 자신에게 말하는 것이다. '이것은 멋진 것이다.' '나는 그것을 사랑한다.'"

3) 당신의 성공을 즐긴다

당신은 얼마나 자주 자신의 등을 쓰다듬거나 자신을 위해 작은 박수를 보내는가? 거의 하지 않을 것이다. 이제부터 더 자주 하는 것을 고려한다. 연구에 따르면 성공을 즐기는 사람들은 결과를 즐길 가능성이 더 높다. 주저하지 말고 당신 스스로 자신의 등을 토닥이고 자신의 노력에 대해 공로를 인정한다고 말한다. 당신 자신에게 "이것은 멋진 것이고 앞으로도 계속할 것이다."라고 말한다.

4) 당신의 감각에 주의를 기울인다

만끽하는 근육 운동을 해 보자. 당신이 해야 할 일은 당신의 감각과 접촉하는 것이다. 더 의식적으로 그것들을 사용해야 한다. 처음에는 조금 어려울 수 있지만 점차적으로 달성할 것이다. 채드윅(Chadwick)이 제안한 대로 식사 중에 속도를 줄이는 것으로 시작하는 가장 좋은 방법이다. 방해 요소를 멀리하고 눈을 감고 와인의 냄새를 맡고 홀짝거려 본다. 시간을 내서 다른 감각을 차단하고 하나에 집중해 본다. 음식의 냄새를 맡을 시간을 내고 음식의 냄새를 맡아 본다.

5) 좋은 감정을 겉으로 표현한다

여기서 요령은 그냥 크게 웃으라고 말하는 것이 아니다. 당신의 삶에 무언가 긍정적인 일이 일어났다는 증거를 당신의 마음에 제시한다고 생각한다. 좋은 감정을 겉으로 표현하는 사람은 긍정적인 일이 있어났다는 것을 마음에 제공하기 때문에 더 기분이 좋아지는 경향이 있다. 다음으로 당신에게 좋은 일이 생겼을 때, 그것을 겉으로 표현하고 특별히 좋은 기분을 느낀다. 만약 당신이 행복하고 그것을 알게 되면, 박수를 친다. 아니면 "만세!" 하고 외친다. 또는 큰 소리로 웃고, 아래위로 깡충깡충 뛰고, 기쁘게 소리를 친다.

6) 좋은 감정과 불쾌한 감정을 비교한다

연습하고 제안할 가치가 있는 유일한 종류의 동정심은 상황이 얼마나 나쁠 수 있는지 비교하고 자신에게 상기시키는 것이다. 그것은 긍정적인 감정을 불러일으킬 것이다. 이상적으로 이것은 바라보는 기준점으로 작동한다. 즉, 좋은 경험과 불쾌한 경험을 비교하는 것은 기준점이 되고, 현재 상황을 더 좋게 보이게 한다. 일이 얼마나 나쁠 수 있는지 자신에게 상기시켜 긍정적인 감정을 북돋우는 것이다. 불행 중 다행이라 생각하고 말한다.

7) 멀티태스킹 하지 말고 몰두한다

몰입의 상태로 가야 한다. 한순간에 자신을 완전히 몰두하거나 완전히 취해야 한다. 그것은 당신이 즐기게 할 뿐만 아니라 긍정적인 경험을 하게 할 것이다. 멀티태스킹과 일 처리에 현혹되지 말아야 한다. 대신, 채드윅이 권장하는 대로 그 자리에서 잠시 멈추고 경험을 되새긴다. 연구에 의한면, 사람들은 순간에 완전히 몰두하여 시간과 장소에 대한 감각을 느끼지 못할 때 자신을 가장 즐기게 되는데, 심리학자들은 이것을 몰입이라 한다.

8) 좋은 것에 감사한다

사랑하는 사람들에게 그들이 곁에 있어서 얼마나 행운이고 행복한지 말할 시간을 가진다. 식사를 하기 전에 음식에 대해 감사할 시간을 가진다. 연구에 의하면, "감사합니다"라고 큰 소리로 말하는 것이 우리의 긍정적인 감정을 긍정함으로써 우리를 더 행복하게 만들 수 있다고 제안한다. 또한 매일 밤 침대에서 감사를 드린 적이 없다면 새로운 축복을 생각해 본다. 감사를 통해 그 경험을 회상하는 것은 당신이 그것을 만끽하는 데 도움이 될 것이다.

9) 긍정적인 면에 집중하고 분위기를 깨지 않도록 한다

상황이나 사건의 부정적인 면에 빠지지 말고 긍정적인 면에 집중한다. 우리 모두는 삶에서 힘든 부분을 경험하지만 긍정적인 것에 초점을 맞추는 것이 실제로 당신을 더 강하고 행복하게 만드는 것이다. 그것을 내버려 둔다고 해서 개인적인 성취와 행복한 순간이 즐겁지 않고 부정적인 것을 찾게 되는 것은 아니다. 연구에 의하면, 사람들이 개인적인 성취 후에 부정적인 생각을 많이 할수록 그것을 즐길 가능성이 더 적다는 것을 보여 준다. 부정적인 생각을 피하는 것이 긍정적으로 생각하는 것만큼 중요하며, 모든 상황에 대해 긍정적인 면을 만끽하는 사람들은 하루가 더 행복하다고 한다.

10) 좋은 순간은 더 빨리 지나가는 경향이 있어 더 소중히 여긴다

좋은 시간은 빨리 지나간다. 그것은 우리가 그것을 감사하는 것을 잊어버렸기 때문에 정말로 그렇다. 따라서 의식적으로 순간을 즐기라고 자신로에게 말하고, 그것을 만끽하는 것이 중요하다. 사실 음미하기는 당신을 과거나 미래로 연결하는 데 사용될 수 있다. 이것은 좋은 시간을 기억하고 그것을 재현하거나, 좋은 추억으로 뒤돌아볼 미래의 시간을 상상함으로써 할 수 있다.

인생의 기쁨을 음미하기(과거, 현재, 미래)

수업이 끝나고 시험이 시작된다. 기분을 유지하려면 시간을 내어 좋은 시간을 기억하고, 온전히 참석하고(지금 일어나고 있는 일을 감사함), 삶을 가치 있게 만드는 시간을 낙관적으로 예상하는 것이 포함될 수 있다. 모든 감각을 사용하여 즐거운 경험을 회상하고 현재의 기쁨에 완전히 참여하며 모든 측면을 고려하여 미래의 사건을 상상한다.

연습

- 평범한 경험을 즐긴다. 시간을 내어 우리가 일반적으로 당연하게 여겼던 것들을 감상하는 데 시간을 들이고 집중한다. 잠시 시간을 내어 즐거운 경험을 반영하고 감상한다. 그것은 구운 빵이나 신선한 커피 한 잔의 냄새를 맡거나 석양의 고요함을 알아차리는 것과 같이 간단할 수 있다.
- 친구나 가족과 공유한 경험을 회상한다. 추억을 공유하고 그들이 회상하는 내용을 들음으로써 조금 다르게 기억함으로써 두 가지 음미하는 경험을 풍부하게 만든다.
- 자신을 이동한다. 상상력을 사용하여 그것을 재현하고 필요할 때 다시 가져옴으로써 항상 평화, 즐거움 또는 위안을 가져다준 곳으로 여행한다. 당신이 사랑하는 장소의 목록을 만들고 모든 감각을 사용하여 그 장소의 모든 측면을 회상하는 데 시간을 할애한다. 스트레스를 받고 재충전하는 데 몇 분이 필요할 때 마음속으로 그곳으로 간다. 이것을 일주일에 두 번 시도한다.

이것이 지금 학생들에게 중요한 이유:

수업이 끝나고 시험이 시작된다. 특히 시험 준비 기간 동안, 삶은 멋진 경험으로 가득 차 있고, 이러한 순간들과 계속 연결되어 있다는 것을 상기시키는 것은 학생들이 성취해야 할 극심한 압박에 직면했을 때 근거 있고 침착함을 느끼도록 하는 데 도움이 될 수 있다.

인생의 기쁨을 음미하기(과거, 현재, 미래)

이 음미하기 연습 중 어떤 것이 가장 큰 영향을 미쳤으며, 그 이유는 무엇인가?

기쁨을 채우는 순간을 보낸 후 그리고 가족과 친구들과 더 가까워질 수 있는 것들을 기억한 후 당신의 스트레스 수준은 어떻게 되었는가?

Chapter

17

학업성취의 의미

17 학업성취의 의미
Chapter

1. 학업성취

학업성취(academic achievement) 또는 학업성과(academic performance)는 학생, 교사 또는 기관이 장단기 교육 목표를 달성한 정도이다. 중등학교 졸업장 및 학사 학위와 같은 교육 기준의 완료가 학업성취를 나타낸다.

학업성취는 일반적으로 시험이나 지속적인 평가를 통해 측정되지만, 그것이 가장 잘 평가되는 방법이나 가장 중요한 측면, 즉 기술과 같은 절차적 지식 또는 사실과 같은 선언적 지식 등에 대한 일반적 합의는 없다. 또한 개별 요인이 학업성취를 성공적으로 예측하는 데 결정적이지 않은 결과가 있으며, 시험 불안, 환경, 동기 부여, 정서 등과 같은 요인은 학업성취 모델을 개발할 때 고려가 필요하다. 이제 학교는 학생들의 학업성취에 따라 재정 지원을 받고 있다. 학업성취가 높은 학교는 성취가 낮은 학교보다 더 많은 재정 지원을 받는다. 이것은 개인 수준에서 마찬가지이다.

2. 학생 성공의 정의

'학생 성공'은 대학 교육 담론에서 자주 등장하는 용어다. 이 용어는 논리적으로 다음과 같은 세 가지 질문으로 이어진다.

① 학생의 성공은 무엇으로 구성되는가?(학생의 성공을 어떻게 정의하거나 설명해야 하는가?)
② 대학은 학생의 성공을 어떻게 촉진하는가?(학생의 성공 가능성을 높이거나 기여하는 구체적인 교육 과정의 유형은 무엇인가?)
③ 학생의 성공을 어떻게 측정하거나 평가할 수 있는가?(학생의 성공이 실현되었다는 "증거"는 무엇이며, 첫 해 동안의 특정 경험이 이러한 성공 실현에 영향을 주는가?)

첫 번째 질문에 대한 답변은 학생의 성공을 정확한 방향으로 탐구를 시작하는 데 중요한 기반을 제공한다. 웹스터 사전에서는 "성공"을 "유리하거나 원하는 결과"로 정의한다. 따라서 학생의 성공은 호의적이거나 바람직한 학생 결과로 정의될 수 있다. 즉, 다음과 같은 바람직한 결과는 대학 교육에서 학생의 성공을 나타내는 가장 자주 인용되는 지표이다.

① **학생 유지**(지속성): 학생이 남고, 재등록하고, 학부 교육을 계속한다(예: 1학년 학생들은 2학년으로 올라간다).
② **교육적 달성**: 입학생은 학위, 프로그램 또는 교육적 목표를 완성하고 달성할 때까지 지속된다(예를 들어, 2년제 대학생은 준학사, 4년제 대학생은 학사과정 수료를 한다).
③ **학업성취**: 학생들은 대학 생활을 진행하고 완료하면서 만족스럽거나 우수한 수

준의 학업성취를 얻는다(예를 들어, 학생은 학점을 받지 못하거나 높은 학점을 받을 자격이 있다).

④ **학생 발전**: 학생들은 학위 또는 프로그램이 학생들이 준비하도록 설계된 후속 교육 및 직업적 시도를 진행하고 성공한다(예를 들어, 2년제 대학생은 4년제 대학에서 학업을 계속한다. 4년제 대학생은 대학원에 입학하거나 학사 학위를 수료한 후 직업에 진출한다).

⑤ **전체적 발달**: 학생들은 대학 경험을 통해 발전하고 완성하면서 "온전한 사람(whole persons)"으로 발전한다. 이러한 결과는 다음과 같이 정의되거나 설명될 수 있는 여러 차원으로 구성된다.

- **지적 발달**: 지식을 습득하고 전달하는 기술, 학습 방법의 학습, 깊이 생각하는 방법을 개발한다.
- **정서적 발달**: 정서를 이해하고, 통제하고, 표현하는 기술을 개발한다.
- **사회적 발달**: 대인 관계, 리더십 기술, 시민 참여의 질과 깊이를 향상시킨다.
- **윤리적 발달**: 삶의 선택을 안내하고 개인의 성격을 보여 주는 명확한 가치 체계를 형성한다.
- **신체적 발달**: 인체에 대한 지식을 습득하고 적용하여 질병을 예방하고, 건강을 유지하며, 최고의 수행을 촉진한다.
- **영적 발달**: 개인적인 의미, 인간 존재의 목적, 물질적 또는 물리적 세계를 초월한 질문에 대한 탐색을 인식한다.

이러한 학생 성공의 전체적인 측면은 다중 지능(Gardner, 1999), 감성 지능 또는 EQ(1995), 영적 지능(Zohar & Marshall, 2000)과 같은 개념에 대한 최근 연구와 관심과 일치하는 것이다. 그것은 또한 본질적으로 학문적이거나 인지적인 것이 아닌 많은 결과를 포함하는 대다수 대학의 설립 이념, 교육 목표, 인재상 등과 일치한다(Astin,

1991; Kuh, Shedd, & Whitt, 1987).

한 가지 매우 바람직한 학생 결과(학생 유지)에 대한 학생 성공의 총체적인 정의의 의미는 대학을 중도 탈락하는 대다수(75~85%)의 학생이 빈약한 학업 성과 이외의 이유로 그렇게 한다는 것을 반복적으로 보여 주는 연구에 의해 강조되고 있다. 실제로 대부분의 중도 탈락 학생들은 그 당시에 학업 성적이 양호하다(Noel, 1985; Tinto, 1993). 보다 최근에는 블루밍턴의 인디애나 대학교에서 실시한 연구에 의해 이러한 발견이 더욱 강조되었다. 이 연구에서는 1학년 경험의 질을 높이고 학생 유지율을 개선하기 위한 광범위한 계획을 시작했다. 이러한 계획을 실행한 후 도출된 한 가지 결론은 학업 문제에 엄격하게 집중하는 것은 학생 생활의 비학문적 요소에 대해 동일한 집중 없이는 학생 유지에 큰 영향을 미치지 않는다는 것이다(Smith, 2003).

따라서 학생의 성공은 개인적 발달의 여러 차원과 대학 교육의 여러 목표를 포괄하는 전체론적 현상으로 가장 잘 정의될 수 있다. 학생 성공 촉진 과정의 다음 단계는 학생 성공에 대한 이 포괄적인 정의를 수행하고 의도한 결과를 실현할 가능성이 가장 큰 학습 경험의 중심 원칙 또는 중요한 특징을 확인하는 것이다.

3. 학생 성공의 핵심 원리

학생 성공을 촉진하기 위한 중요한 첫 번째 단계는 학생 성공의 구체적인 지표를 나타내는 긍정적 학생 결과를 확인하기 위해 성공을 정의하는 것이다. 두 번째 단계는 학생의 성공을 촉진하고 긍정적인 학생 결과로 이어질 가능성이 가장 높은 핵심적인 연구 기반 원리 또는 과정을 확인하는 것이다. 우연하게도 동일한 성공 촉진 원리는 (a) 학생 유지(지속), (b) 학생 학습(학업 성취), (c) 개인 발달(전체적인 결과)의 세 가지 주요 학생 결과를 동시에 촉진하는 역할을 한다. 이러한 우연은 "성공적인 유지는 성공적인 교육에 지나지 않는다"(Noel, 1985; Tinto, 1993)라는 학생 유지 학자들

사이의 오랜 논쟁을 뒷받침한다.

다음은 이러한 핵심 원리를 명확하게 정의하고 학생 성공에 대한 긍정적인 영향을 뒷받침하는 경험적 증거를 강조한다.

1) 개인적 유효성

학생 성공은 학생이 개인적으로 중요하다고 느낄 때, 즉 그들이 환영을 받고, 개인적으로 인정을 받고, 학교에서 중요한 존재라고 느낄 때 실현될 가능성이 더 높다. 이와는 대조적으로, 학생 성공은 학생을 탈개인화하거나 소외시키는 대학 관행이나 정책에 의해 방해를 받는다(Schlossberg, Lynch & Chickering, 1989). 존 가드너(John Gardner, 1986)는 "신입생 때의 경험"에 대한 그의 중요한 저서 중 하나에서 모든 진정한 신입생 경험 프로그램의 특징은 "학생들이 지지를 받고, 환영을 받고, 축하를 받고, 궁극적으로 동화되는 통과 의례를 제공하기 위해 의도적으로 고안된 시도"라고 주장했다.

학생 유지에 대한 개인 유효성의 중요성은 광범위한 대학을 대상으로 한 설문조사에서 강조되었다. 이 설문조사에서 해당 대학의 학생 유지 관리 담당자에게 "무엇이 학생을 유지하게 만드는가?"라고 질문했다. 이 질문에 대한 응답으로 1위를 차지한 것은 "친절한 교수와 직원"이었다(Beal & Noel, 1980). 빈스 틴토(Vince Tinto)는 자신의 저서 『대학 퇴학: 학생 이탈의 원인과 처방(Leaving College: Rethinking Causes and Cures of Student Attrition)』에서 개인적 유효성의 중요성을 "학생들은 대학이 자신들에게 헌신한다는 것을 이해하게 되면 학생들도 대학에 헌신하게 될 가능성이 높아지기 때문에 머물게 된다. 이러한 종류의 헌신을 대신할 수 있는 준비된 프로그램 대안은 없다. 프로그램은 양질의 배려와 관심을 갖고 있는 교수와 직원의 부재를 대체할 수 없다."라고 언급하였다(1987, p.176). 테렌지니, 렌던과 업크래프트 등(Terenzini, Rendon, Upcraft et al., 1994)도 유사한 결론에 도달했다. 즉, "...학생들에게 더 빠른 피드백과 조기 유효성을 제공하기 위해 대학이 학생들에게 그들이 얼마나 가치 있는 존재인지에 대한 미묘한 신호를 보내는 공식 및 비공식 메커니즘은 검토 및 수정되어야 한다."(1993, p. 9)라고 하였다.

2) 자기 효능감

학생의 성공은 학생들이 개인의 노력이 중요하다고 생각할 때, 즉 학업과 개인의 성공에 상당한 영향이나 통제력을 행사할 수 있다고 생각할 때 더 잘 이루어진다. 반대로, 학생들이 절망적이거나 무력감을 느낄 때 학생의 성공 가능성은 낮아진다.

거의 4,000명에 달하는 대학 신입생들을 대상으로 한 연구에 따르면, 캠퍼스에서의 첫 학기 동안 학생들의 낙천 성향이나 희망 수준이 SAT 성적이나 고등학교 성적 평균보다 대학 성적에 대한 더 정확한 예측 변수라고 한다. 메타분석 연구에 따르면 학업적 자기 효능감은 학생 유지 및 학업 성취도(GPA)에 대한 최고의 예측 변수이며(Robbins, et al., 2004), 자기 효능감, 자긍심, 내적 통제 요인과 같은 개인적 특성이 직무 성과 및 직무 만족을 가장 잘 예측하는 예측 변수이다(Judge & Bono, 2001).

3) 개인적 의미

학생의 성공은 학생들이 대학 경험에서 의미나 목적을 찾을 때, 즉 대학에서 배우는 것과 현재 삶 또는 미래 목표 사이의 관련성을 인식할 때 더 가능성이 높다. 반대로, 대학 경험에 대한 개인적 목표의 부족과 대학 커리큘럼의 무관성이 학생 감소의 주요 원인이다(Noel, 1985; Levitz & Noel, 1989).

학업 기술 연구는 그러한 기술이 특정 주제 학습에 적용될 때, 즉 의미 있는 맥락에서 가장 효과적으로 학습된다는 것을 보여 준다(Levin & Levin, 1991; Means, Chelemer & Knapp, 1991). 학생들에게 새로운 개념에 대한 개인적으로 적절한 맥락이 제공될 때, 그들은 개인적으로 관련된 맥락을 참조하지 않고 학습하는 경우보다 그 개념을 더 오래 계속 생각하고(Bransford, Sherwood & Rieser, 1986), 학업 내용이 학생들에게 더 관련성이 많을수록 학생들은 그것에 관해 고차 사고에 참여할 가능성이 더 커진다(Roueche & Comstock, 1981).

4) 적극적인 참여

학생의 성공 확률은 학습 과정에 대한 학생 참여의 정도 또는 깊이, 즉 교실 안팎에서 학생들이 대학 경험에 투자하는 시간과 에너지의 양에 비례하여 증가한다(Astin, 1984). 대조적으로, 학생의 끈기와 학업성취는 학생의 수동성과 비참여로 인해 떨어진다.

적극적인 참여에 대한 연구 지원은 너무 강력하여 학생 학습의 "대메타 원리(grand meta-principle)"로 언급되었다(Cross, 1993). 고등 교육 연구 문헌에 대한 방대하고 세심한 검토를 마친 후 파스카렐라와 테렌지니(Pascarella & Terenzini, 1991)는 다음과 같은 결론에 도달했다. 간단히 말해서, 학생이 학업이나 대학에서의 학업 경험에 더 많이 참여하거나 포함될수록 지식 습득 수준과 전반적인 인지 발달 수준이 높아진다"(p. 616). 이 결론은 60개 이상의 고등 교육 기관과 30,000명 이상의 학생에서 수집한 설문조사 자료를 기반으로 대학신입생정책센터(Policy Center on the First Year of College)에서 보고한 결과와 일치한다. 이 전국 설문조사는 "참여적 교수법"의 사용이 신입생 세미나에서 학생 만족도 및 자기 보고 학습 결과와 긍정적인 관련이 있음을 보여 주었다(Swing, 2002). 고등교육연구소(Higher Education Research Institute)에서 일반적으로 신입생 과정에 대해 수행한 연구에서도 유사한 결과가 나타났다. 110개 기관의 거의 25,000명의 학생으로부터 수집된 자료를 기반으로 하여 전반적인 수업의 질에 대한 신입생의 만족도와 가장 밀접하게 관련된 교육적 실제는 참여를 강조한 교육적 실제인 것으로 나타났다(Keup & Sax, 2002).

또한 연구는 교실 밖에서의 학생 참여가 학생 유지의 강력한 예측 인자임을 나타낸다. 예를 들어, 그러한 지원 서비스를 활용하고 그러한 서비스 제공과 관련된 전문가와 상호 작용하는 학생은 대학을 마칠 때까지 지속할 가능성이 더 높았다(Pascarella & Terenzini, 1991, 2005).

5) 사회적 통합

학생의 성공은 학생과 대학의 다른 구성원(동료, 교수진, 직원 및 관리자) 간의 인적 상호작용, 협업, 대인관계 형성에 의해 향상된다(Astin, 1993; Bruffee, 1993; Johnson & Smith, 1998). 반대로, 고립감이나 소외감은 학생 이탈에 기여할 가능성이 높다.

연구에 따르면 대학의 다른 구성원들과 "사회적으로 통합"되거나 "연결"된 학생들은 대학 1학년을 마치고 대학 학위를 계속 이수할 가능성이 훨씬 더 높다(Pascarella & Terenzini, 2005; Tinto, 1993) 학습을 위한 사회적 통합과 대인 상호작용의 중요성은 사회 구성주의의 인식론적 이론에 의해서도 뒷받침된다. 이 이론에 따르면, 인간의 사고는 사회적 상호작용과 대화에 의해 형성되며, 개인의 사고 과정은 대체로 이러한 외부 대화의 내면화이다(Vygotsky, 1978). 따라서 대화와 사고는 인과관계가 있는 것으로 간주되며, 언어적 상호작용의 유물 또는 산물이라고 생각한다.

6) 개인적 성찰

학생들은 자신이 배우고 있는 것에 대해 성찰적인 생각을 하고 그것에 대해 자세히 설명할 때 성공을 경험하게 되며, 이미 알고 있거나 이전에 경험한 것과 관련된 형태로 전환된다(Ewell, 1997; Flavell, 1985).

성공적인 학습은 행동뿐만 아니라 성찰도 필요로 한다. 이러한 성찰이나 사려 깊은 검토는 적극적인 참여의 반대편이다. 또한 뇌 연구는 적극적인 관여와 반성적 사고가 두 가지 뚜렷한 의식 상태를 수반한다는 것을 보여 주는데, 하나는 더 빠르고, 낮은 진폭의 뇌파로, 다른 하나는 더 느리고, 높은 진폭의 뇌파로 특징지어진다. 두 가지 정신적인 과정 모두 학습이 완료되기 위해 필요하다. 학생들의 관심을 끌기 위해서는 적극적인 참여가 필요하고(학습자가 초기에는 뇌에 정보를 얻을 수 있도록 하고, 반성은 통합에 필요하다), 정보를 장기 기억 속에 고정시켜 뇌에 보관한다(Bligh, 2000).

7) 자기 인식

교양교육의 목표 중 가장 역사가 길고 가장 자주 강조되는 것은 자기 인식, 즉 "자신을 알라"이다(Cross, 1982). 학생이 자신의 사고, 학습 양식, 학습 습관에 대한 인식이 클 때, 즉 그들의 사고에 대해 생각할 때, 그들의 이해를 자기 점검 또는 검토할 때, 당면한 과제에 대한 학습의 요구에 맞는 학습 전략을 조절 또는 자기 조정할 때 학생의 성공은 촉진된(Pintrick, 1995; Weinstein & Meyer, 1991).

연구에 따르면, 성취도가 높은 대학생들은 학습하는 동안 자신의 사고 과정을 성찰하고 사용하는 인지 전략, 즉, "메타 인지(meta-cognition)"에 관여하거나 자신의 사고에 대해 생각하는 경향이 있다(Weinstein & Underwood, 1985). 성공적인 대학생들은 또한 학업 성과를 "자기 점검(self-monitor)"한다. 즉, 학습하려는 것이 실제로 학습되는지 여부에 대한 인식을 유지하고(Weinstein, 1994), 학습 전략을 자신이 시도하는 과목의 특정 요구에 가장 잘 부합하도록 자율 규제하거나 조정한다(Pintrich, 1995). 마지막으로, 자기 인식(self-awareness) 또는 "마음챙김(mindfulness)"은 시간, 돈, 건강의 관리이든 간에 효과적인 자기 관리(self-management)와 자기 개선(self-improvement) 계획의 중요한 요소인 것으로 밝혀졌다(Langer, 1989, 1997).

8) 개인차

개인의 학업성취 차이는 지능과 성격의 차이와 연결돼 있다. IQ 검사에 의해 증명된 바와 같이 정신 능력이 더 높은 학생과 성실성(노력과 성취 동기와 연계된)이 더 높은 학생은 학업에서 더 높은 성취도를 달성하는 경향이 있다. 최근의 메타 분석에서 정신적 호기심이 지능과 성실성 외에도 학업 성취에 중요한 영향을 미친다는 것을 시사했다. 초기의 학업 성취는 이후의 학업 성취를 향상시킨다.

부모의 학업적 사회화는 학생의 학업 능력, 행동, 학교에 대한 태도를 형성함으로써 부모가 학생의 학업 성취에 영향을 미치는 방식을 설명하는 용어이다. 부모는 환경과 자녀와의 대화를 통해 학생들에게 영향을 미친다. 학업적 사회화는 부모의 사회 경제적 지위의 영향을 받을 수 있다. 고학력 부모들은 더 자극적인 학습 환경을 제공하는 경향이 있다. 나아가, 최근 연구에 따르면 부모와의 관계의 질은 청소년기의 학업적 자기 효능감 발달에 영향을 미치며, 이는 결국 그들의 학업성취에 영향을 미칠 것이라고 한다.

신체 활동은 뇌의 신경 활동을 증가시킬 수 있으며, 특히 주의력 범위와 작업 기억력 같은 실행적 뇌 기능을 증가시키고, 초등학생과 대학생 모두에서 학업 성과를 향상시킬 수 있다.

9) 동기

동기(motivation)는 개인의 행동 이면에 있는 추론이다. 연구에 따르면 학업 성과, 동기, 끈기가 높은 학생들은 외적 목표보다는 내적 목표를 사용하는 것으로 나타났다. 또한, 이전 또는 향후 수행을 향상시키려는 동기가 부여된 학생은 동기가 낮은 동료보다 학업적으로 더 나은 성과를 내는 경향이 있다. 즉, 성취 욕구가 높은 학생이 학업 성취도 높다.

10) 비교과 활동

조직된 비교과 활동은 중도 탈락률과 우울증을 감소시킬 뿐만 아니라 출석률, 학교 참여, 성적, 중등 이후 교육 증가를 비롯한 높은 학업 성과와 긍정적인 관계가 있다. 또한 조직된 비교과 활동에 참여하는 학생에게서 긍정적인 발달 결과가 발견되었다. 운동 경기는 특히 도시 학생들 사이에서 강력한 학업 성과와 관련이 있다. 그러나 운동 경기에 참여하는 것은 무단 결석과 학교 폭력과 알코올 소비 증가와 관련이 있다.

학업성취와 비교과 활동 참여 사이에는 긍정적인 연관성이 있지만, 이러한 관계의 이면에 있는 관행이 항상 명확한 것은 아니다. 또한 학업 성취와 비교과 활동 참여 사이의 관계에 영향을 미치는 관련 없는 많은 요인이 있다(Mahoney et al., 2005). 이러한 변수에는 시민 참여, 정체성 개발, 긍정적인 사회적 관계와 행동, 정신 건강이 포함된다(Mahoney et al., 2005). 청소년에 대한 다른 연구에서는 조직된 비교과 활동을 통해 얻을 수 있는 긍정적인 사회적 지지와 발달이 학업 성공을 달성하는 데 도움이 된다고 보고되었다(Eccles & Templeton, 2002). 학업 성취와 관련하여 고려해야 할 다른 변수들이 있다. 이러한 변수 중 일부는 인구통계적 영향과 가족 영향, 개인 특성, 프로그램 자원과 내용을 포함한다(Mahoney et al., 2005). 예를 들어, 사회경제적 지위는 비교과 활동에 참여하는 학생 수에 중요한 역할을 하는 것으로 밝혀졌다. 또한, 비교과 활동에서 발전하는 또래 관계와 지원은 종종 개인이 학교에서 수행하는 방식에 영향을 미친다고 제안되었다(Eccles & Templeton, 2002). 이러한 모든 변수를 고려할 때 학업 성취가 부정적인 측면과 긍정적인 측면 모두에서 어떻게 보일 수 있는지 더 잘 이해하는 것이 중요하다.

4. 성공적인 대학생이 되는 방법

대학은 해야 할 일은 많고 모든 일을 하기에는 시간이 거의 없는 압도적인 경험이 될 수 있다. 대학에서 시간을 최대한 활용하려면 수업을 잘하고, 과외 기회를 활용하며, 졸업 후의 삶을 준비해야 한다. 대학에 가는 것은 재미있고 신나는 시간이 될 수 있다. 특히 성공을 다짐한다면 더욱 그렇다.

1) 수업 잘하기

① 수업은 빠지지 않는다

당신이 수업에 빠져도 여전히 잘할 수 있다고 생각하는 것은 엄청난 착각이다. 결석을 한 수업은 그 수업 내용을 이해하지 못할 수 있다. 그리고 결석은 최종 성적에 반드시 반영된다. 수업에 출석하면 교수에게 좋은 인상을 줄 것이다.

당신이 진짜로 아픈 경우에만 수업에 빠져야 한다. 너무 아파서 도저히 강의를 들을 수 없을 경우만 수업에 빠진다.

대학에서는 수업 외의 다양한 활동이 이루어진다. 그러한 활동에 참여할 것인가 수업에 참여할 것인가는 오로지 당신의 책임이다. 어떤 것이 더 중요한 것인지 신중하게 생각해야 한다.

② 수업 자료는 반드시 챙긴다

교재와 필기도구는 반드시 지참해야 하는 필수 사항이다. 이것은 어떤 경우에도 반드시 챙겨야 한다. 너무나 많은 학생들이 수업에 필요한 기본적인 자료조차 준비하지 않고 수업에 들어온다. 공부하고자 하는 마음가짐이 부족한 것이다. 차라리 학교를 그만두기를 권한다.

③ 필기를 한다

당신의 기억은 당신이 생각하는 것만큼 좋지 않다. 학교에 있는 동안 마음속에 자리를 차지하는 많은 것들이 있을 것이다. 메모를 잘하면 교실 활동(강의 및 토론)에 계속 참여할 수 있고 시험 공부를 할 때 좋은 기초가 된다.

역사나 생물학과 같이 명확하고 논리적으로 정렬된 주제를 중심으로 구성된 수업의 경우 코넬 방식을 사용하면 가장 중요한 정보의 우선순위를 정할 수 있다.

필기와 수업 집중이 잘 맞지 않는다면 교수와 강의 녹음 가능성에 대해 이야기한다. 그렇게 하면 시험 공부 시간이 되었을 때 각 수업을 복습할 수 있다.

④ 수업에 참여한다

교수에게 질문하고, 만약 교수가 질문하면 답변을 하고, 토론에 참여한다. 수업에 적극적으로 참여하면 자료에 계속 집중하게 되며 교수가 알아야 할 필요가 있다고 하는 내용을 더 잘 이해하는 데 도움이 된다.

앞자리에 앉거나 최소한 뒷자리에 앉지 않아야 한다. 그렇게 하면 주의를 기울이기가 더 쉬워지고 교수가 볼 수 있도록 앞과 중앙에 위치하게 된다.

⑤ 공부하는 시간을 가진다

대학에서의 성공은 수업 밖에서 준비하는 것에 달려 있으므로, 시간을 들여 노트를 검토하고 각 수업의 교과서를 읽는다. 공부할 때 조용한 공간을 찾고 외부 방해 요소를 차단한다. 경험상 좋은 규칙은 각 수업에 대해 2시간씩 공부하는 것이다.

다른 학생들과 함께 작업하는 스터디 그룹은 도움이 될 수 있지만 쉽게 궤도를 이탈할 수도 있다. 대부분의 시간을 채팅보다는 자료를 검토하고 실제로 공부하는 데 사용하는 스터디 그룹을 찾아야 한다.

벼락치기는 하지 않는다. 성공적인 대학생이 되는 것의 일부는 시험을 통과하는 것 이상의 일을 하는 것이다. 그것은 실제 세계에 유용한 정보를 갖는 것이다. 벼락치기를 할 때 시험에 합격할 만큼 충분히 기억할 수 있지만, 하루나 이틀 만에 대부분을 잊어버릴 가능성이 높다. 당신이 이런 것들을 배우기 위해 수백만 원을 쓴다는 것은 나중을 위해 결코 현명한 투자가 아니다.

며칠에 걸쳐 공부 시간을 갖는 것이 나중에 자료를 기억할 수 있는 가장 좋은 방법이다. 예를 들어, 시험 공부를 위해 9시간의 마라톤으로 시간을 보내는 것보다 며칠 일찍 시작하여 3~4일 연속으로 매일 1~2시간씩 공부하는 것이 좋다. 미리 계획을 세울 수 있다면 몇 주에 걸쳐 공부하는 시간을 갖는 것이 훨씬 좋다.

⑥ 절대로 미루지 않아야 한다

대부분의 교수는 학생들이 과제를 일찍 끝내는 것에 대해 불평하지 않는다. 하나의 작업을 완료하기 위해 시간을 할애하면 스트레스 수준이 완화되고 다른 작업을 제시간에 완료할 가능성이 높아진다.

어떤 때는 과제를 끝내기 위해 밤을 새야 할 수도 있다. 일을 미루는 것은 일을 더 많이 하게 하고, 일찍 일을 하면 더 규칙적인 수면을 취하는 데 도움이 된다.

에세이에 하루 200단어 쓰기 또는 6개의 수학 문제 공부와 같은 규칙적인 수행 목표를 설정한다. 이러한 작은 목표는 실행하기 쉬우므로 미루는 경우가 줄어든다. 그러면 성과는 빠르게 쌓일 것이다.

자신의 일에 대해 죄책감을 갖지 않도록 노력한다. “부모님이 화내지 않으려면 나는 이렇게 해야 한다”와 같은 외적 동기는 “내 좋은 성적이 도움이 될 수 있도록 시험을 잘 보고 싶다”와 같은 내적 동기보다 강하지 않다. 자신을 위한 긍정적인 목표를 설정하고 자신의 일이 그 목표를 달성하는 데 도움이 될 것임을 자신에게 상기시키는 것은 미루는 습관을 없애는 데 도움이 될 수 있다.

⑦ 교수와 소통한다

교수는 당신이 수업을 잘하기를 원하기 때문에 수업 내용에 대해 자유롭게 질문한다. 모든 교수는 근무 시간이 있으므로 들러서 자기소개를 하거나 수업에 대해 물어보거나 성적에 대해 토론한다. 이것은 그들이 당신 자신, 당신의 강점과 약점에 대해 더 많이 알 수 있게 하고, 당신의 작업을 개선하기 위한 더 나은 피드백을 제공할 수 있도록 한다.

조교를 잊지 않아야 한다. 그들 중 많은 사람들이 그 과목에 대해서도 잘 알고 있다. 큰 학급에서는 교수가 아니라 그들이 대부분의 채점을 하게 될 수도 있다.

만약 당신이 의사소통의 토대를 일찍 마련할 수 있다면 가장 좋다. 만약 당신이 중간고사 전날 밤이나 중간고사 당일 아침에 질문을 하거나 하면, 교수는 당신만큼 진지하고 심각하게 받아들이지 않을 가능성이 많다.

⑧ 자신감을 가진다

대부분의 학생들의 수업에 대한 태도는 그들의 성공을 좌우한다. 수업 내용을 배우고 성공할 수 있다고 믿으면 성공할 확률이 높아진다. 얼마나 어려운 일인지 생각하지 말고 어떻게 그 어려움을 극복할 것인지 생각한다.

만약 수업 시간에 자신의 의견을 나누는 것이 부끄럽거나 걱정된다면, 교수는 당신이 배우기를 원하고 있다는 점을 상기한다. 일반적으로 강의실은 사람들이 의견을 나누고 질문하고 토론할 수 있는 "안전한 공간"이다. 질문을 할 때 어리석게 들릴까 걱정하지 말아야 한다. 많은 학생들이 같은 의문을 가지고 있지만 너무 두려워서 질문을 하지 않을 가능성이 있다. 당신이 선구자가 될 수 있다.

2) 사교 장면 즐기기

① 팀이나 동아리에 참여한다

당신은 항상 강의실에서 당신의 열정을 추구할 수는 없다. 좋아하는 그룹과 활동을 찾거나, 당신의 학업 활동을 위한 실제적 적용에 참여할 수 있다. 또한 이러한 이벤트는 새로운 사람들을 만나고 친구를 사귈 수 있는 좋은 방법이다.

② 교내 행사에 참석한다

대학은 학생들이 이용할 수 있는 거의 타의 추종을 불허하는 다양한 문화, 지적 및 운동 행사에 접근할 수 있다. 이것을 활용하고 학교의 문화 생활에 참여한다. 그중 일부는 다시 할 기회가 없을 수도 있다.

③ 시간을 조직한다

고등학교와 달리 대학에서는 아무도 당신과 대학에서의 활동을 추적하지 않으므로 스스로 해야 한다. 각 이벤트와 과제는 타이밍과 최종 목표를 달성하는 데 있어 중요도에 따라 우선순위를 부여한다. 당신의 일정은 단지 학업에만 관한 것이 아니라 개인적 활동 및 관심을 위한 시간을 포함해야 한다.

당신이 발견할 수 있는 한 가지는 수업, 일, 사교 행사, 기타 활동 사이에서 당신의 일정이 너무 과도하다는 것이다. 일정을 조직한다는 것은 때때로 일을 중단할 때를 아는 것을 의미할 수 있다.

④ 친구를 사귄다

연구에 따르면 신입생은 엄청난 스트레스를 받는다. 정신 건강에 많은 영향을 줄 수 있다. 대학에서 성공하는 가장 좋은 방법 중 하나는 다양한 사람들과 친구를 사귀고 그들과 어울리는 데 전념하는 것이다.

- 대학에서 강력한 소셜 네트워크를 만드는 것은 나중에 더 나은 성과와 연결된다.
- 이것은 당신이 매일 밤 파티를 하고 수업과 숙제를 하지 않고 보내야 한다는 것을 의미하는 것이 아니다. 대신 건강한 균형을 위해 노력해야 한다. 스포츠나 토론 팀과 같은 수업 및 기타 학교 활동에 친구를 참여시킬 수도 있다.

3) 졸업 준비하기

① 올바른 수업을 선택한다

관심 있는 과정을 선택하고 배우고자 하는 열정을 불러일으켜야 한다. 이것은 단순히 쉬운 수업을 쫓는 것이 아니라 흥미롭고 보람 있는 활동으로 당신을 이끌 것이다.

바로 전공을 선택하지 말아야 한다. 특정 분야에 진출하고 싶다는 확신이 없으면 바로 선언해도 소용이 없다. 다양한 분야의 수업을 듣고 각 전공별로 어떤 활동이 필요한지 알아본다.

이미 전공을 선택했다면 수강하는 교과목을 당신의 진로와 맞추어야 한다. 그냥 이것저것 계획 없이 수강하는 것은 당신의 에너지와 재정의 낭비이다. 비록 그것이 어렵고 힘들지만 수강하는 과목은 전략적으로 선택해야 한다.

② 진행 상황을 추적한다

당신은 제때에 졸업하기를 원하므로 학교와 전공에 대한 모든 요구 사항을 충족했는지 확인한다. 충분한 학점과 높은 점수가 필요하다. 체력 요구 사항과 같은 비학업적 항목을 주시한다.

많은 대학에는 온라인에서 찾을 수 있는 "학위 진척도" 계산기가 있지만 그렇지 않은 경우 지도교수와 상의한다.

③ "쉬운 A"를 추구하지 말아야 한다

대학은 어려워야 하고, 실패에 대처할 준비가 되어 있어야 하고, 또는 적어도 고등학교 때만큼 성공하지 못할 수도 있다. 대학 이후의 삶은 학교에서 얻은 성적이 아니라 실망을 다루는 법을 배운 방식에 달려 있다.

④ 학교의 경력개발 서비스 사무실을 이용한다

학교마다 하나씩 있다. 당신의 학교와 전공 졸업생이 어떤 직업을 가지고 있는지 알아본다. 이 장소는 이력서 작성, 입사 지원서 작성 및 다음에 오는 일에 대한 기타 유용한 힌트를 제공할 수도 있다.

⑤ 인턴십 및 기타 전문적 활동을 찾는다

만약 가능하다면, 배우고 있는 것을 직장 환경에 적용할 수 있는 것을 찾아야 한다. 나중에 귀중한 전문적 경험을 얻을 수 있다.

참고문헌

Ackerman, C. E. (2018). What is positive psychology and why is it important? https://positivepsychology.com/what-is-positive-psychology-definition/

Algoe, S. B., Gable, S. L., & Maisel, N. C. (2010). It's the little things: everyday gratitude as a booster shot for romantic relationships. *Personal Relationships, 17*, 217–233.

Allen, S. (2018). The science of gratitude. Greater Good Science Center.
https://ggsc.berkeley.edu/images/uploads/GGSC-JTF_White_Paper-Gratitude-FINAL.pdf

Ames, C., & Archer, J. (1988). Achievement goals in the classroom. *Journal of Educational Psychology, 34*, 260-267.

Applebaum, A. J., Stein, E. M., Lord-Bessen, J., Pessin, H., Rosenfeld, B., & Breitbart, W. (2014). Optimism, social support, and mental health outcomes in patients with advanced cancer. *Psychooncology, 23*(3), 299-306.

Arvey, R. D., Dewhirst, H. D., & Boling, J. C. (1976). Relationships between goal clarity, participation in goal setting, and personality characteristics on job satisfaction in a scientific organization. *Journal of Applied Psychology, 61*(1), 103-105.

Astin, A. W. (1984). Student involvement: A developmental theory. *Journal of College Student Personnel, 25*, 297-308.

Astin, A. W. (1985). *Achieving educational excellence: A critical assessment of priorities in higher education.* San Francisco: Jossey-Bass.

Astin, A. W. (1991). *Assessment for excellence: The philosophy and practice of assessment and evaluation in higher education.* New York: Macmillan.

Astin, A. W. (1993). *What matters in college?* San Francisco: Jossey-Bass.

Astin, A., Bowen, H., & Chambers, C. (1979). *Evaluating educational quality.* Washington, D.C.: The Council on Postsecondary Accreditation.

Bandura, A. (1997). *Self-efficacy: The exercise of control.* New York: Freeman & Co.

Baumeister, R. F., Vohs, K. D., Aaker, J., & Garbinsky, E. N. (2013). Some key differences between a happy life and a meaningful life. *Journal of Positive Psychology, 8*, 505-516.

Beal, P., & Noel, L. (1980). What works in student retention. The American College Testing Program and The National Center for Higher Education Management Systems. (Eric Reproduction No. 197635).

Bertone, H. J. (2019, October 1). 6 Types of meditation: Which one is right for you? https://www.healthline.com/health/mental-health/types-of-meditation

Blight, D. A. (2000). *What's the use of lectures.* San Francisco: Jossey-Bass.

Bonaiuto, M., Mao Y., Roberts, S., Psalti, A., Ariccio, S., Cancellieri, U. G., & Csikszentmihalyi, M. (2016). Optimal experience and personal growth: Flow and the consolidation of place identity. *Front in Psychology, 7*, 1654.

Borelli, J. L., Rasmussen, H. F., Burkhart, M. L., & Sbarra, D. A. (2015). Relational savoring in long-distance romantic relationships. *Journal of Social and Personal Relationships, 32*, 1083–1108.

Bowker, J. C. (2010). Examining two types of best friendship dissolution during early adolescence. *Journal of Early Adolescent, 31*(5), 656-670.

Bransford, J. R., Sherwood, N. V., & Rieser, J. (1986). Teaching thinking and problem solving: Research foundations. *American Psychologist, 41*(10), 1078-1089.

Braxton, J. M., & Mundy, M. E. (2001-2002). Powerful institutional levers to reduce college student departure. *Journal of College Student Retention, 3*(1), 91-118.

Brdr, I. & Kashdan, T. B. (2010). Character strengths and well-being in Croatia: An empirical investigation of structure and correlates. *Journal of Research in Personality, 44*, 151–154.

Breines, J. (2012). The healthy way to forgive yourself. Greater Good Magazine. August 23.

Bressler, M., Bressler, L., & Bressler, M. (2010). The role and relationship of hope, optimism and goal setting in academic success: A study of students enrolled in online accounting courses. *Academy of Educational Leadership Journal, 14*, 37-51.

Bryant, F. B. (2003). Savoring Beliefs Inventory (SBI): A scale for measuring beliefs about savouring. *Journal of Mental Health, 12*, 175–196.

Bryant, F. B., & Veroff, J. (2007). *Savoring: A new model of positive experience.* NJ: Lawrence Erlbaum Associates, Inc.

Bryant, F. B., Smart, C. M., & King, S. P. (2005). Using the past to enhance the present: Boosting happiness through positive reminiscence. *Journal of Happiness Studies, 6*, 227–260.

Butler, R. (2014). The role of gender in educational contexts and outcomes. *Advances in Child Development and Behavior, 47*, 1-41.

Callan, M. J., Kay, A. C., & Dawtry, R. J. (2014). Making sense of misfortune: Deservingness, self-esteem, and patterns of self-defeat. *Journal of Personality and Social Psychology, 107*(1), 142–162.

Camgoz, S. M. (2014). The role of savoring in work-family conflict. *Social Behavior and Personality, 42*, 177-188.

Carey, J. R., Clicque, S. H., Leighton, B. A., & Milton, F. (1976). A test of positive reinforcement of customers. *Journal of Marketing, 40*(4), 98-100.

Carver, C. S. & Scheier, M. F. (2014). Dispositional optimism. *Trends in Cognitive Sciences, 18*(6), 293-299.

Carver, C. S., Scheier, M. F., & Segerstrom, S. C. (2010). Optimism. *Clinical Psychology Review. 30*(7), 879-889.

Chen, L. H. & Wu, C-H. (2014). Gratitude enhances change in athletes' self-esteem: the moderating role of trust in coach. *Journal of Applied Sport Psychology, 26*(3), 349-362.

Clark, D. (2013). Debunking The 'No Friends At Work' Rule: Why Friend-Friendly Workpalces Are The Future. https://www.forbes.com/

Cohen, A. B. (2006). On gratitude. *Social Justice Research, 19,* 254-276.

Conversano, C., Rotondo, A., Lensi, E., Della vista, O., Arpone, F., & Reda, M. A. (2010). Optimism and its impact on mental and physical well-being. *Clinical Practice and Epidemiology in Mental Health, 6*, 25-29.

Corliss, J. (2019, August 5). Mindfulness meditation may ease anxiety, mental stress. https://www.health.harvard.edu/blog/mindfulness-meditation-may-ease-anxiety-mental-stress-201401086967

Cornish, M. A. & Wade, N. G. (2015). A therapeutic model of self-forgiveness with intervention strategies for counselors. *Journal of Counseling & Development, 93*(1), 96-104.

Cott, C., & Finch, E. (1991). Goal-setting in physical therapy practice. *Physiotherapy Canada, 43*, 19-22.

Covington, M. V. (1992). *Making the grade: A self-worth perspective on motivation and school reform.* New York, NY: Cambridge University Press.

Covington, M. V. (2000). Goal theory, motivation, and school achievement: An integrative review. *Annual Review of Psychology, 51*, 171-200.

Cregg, D. R.. & Cheavens, J. S. (2021). Gratitude interventions: effective self-help? A meta-analysis of the impact on symptoms of depression and anxiety. *Journal of Happiness Studies. 22*(1), 413-445.

Creswell, J. D. (2017). Mindfulness Interventions. *Annual Review of Psychology, 68*, 491-516.

Croft, A., Dunn, E. W., & Quoidbach, J. (2014). From tribulations to appreciation: Experiencing adversity in the past predicts greater savoring in the present. *Social Psychological and*

Personality Science, 5, 511-516.

Cross, K. P. (1982). Thirty years passed: Trends in general education. In B. L. Johnson(Ed.), *General education in two-year colleges* (pp. 11-20). San Francisco: Jossey-Bass.

Cross, K. P. (1993). Reaction to "Enhancing the productivity of leaning" by D. B. Johnstone. *AAHE Bulletin, 46*(4), 7.

Csikszentmihalyi, M. (1990). *Flow: The Psychology of Optimal Experience.* New York: Harper & Row.

Csikszentmihalyi, M. (1997). *Finding Flow: The Psychology of Engagement with Everyday Life.* New York: Basic Books.

Csikszentmihalyi, M. (2004). Flow, the secret to happiness. TED. https://www.ted.com/talks/mihaly_csikszentmihalyi_flow_the_secret_to_happiness

Curry, O. S., Rowland, L. A., Van Lissa, C. J., Zlotowitz, S., McAlaney, J., & Whitehouse, H. (2018). Happy to help? A systematic review and meta-analysis of the effects of performing acts of kindness on the well-being of the actor. *Journal of Experimental Social Psychology, 76*, 320-329.

Dahl, D. W., Honea, H., & Manchanda, R. (2005). Three Rs of interpersonal consumer guilt: relationship, reciprocity, reparation. *Journal of Consumer Psychology, 15*(4), 307-315.

Davidson, J. E. & Sternberg, R. J. (2003). *The Psychology of Problem Solving.* NY: Cambridge University Press.

Dotan, H. (2007). Workplace Friendships: Origins and Consequences for Managerial Effectiveness. Tel-Aviv, Israel. Tel-Aviv University.

Driessen, E. & Hollon, S. D. (2010). Cognitive behavioral therapy for mood disorders: efficacy, moderators and mediators. *The Psychiatric Clinics of North America, 33*(3), 537-555.

Duckworth, A. L., Steen, T. A.. & Seligman, M. E. P. (2005). Positive psychology in clinical practice. *Annual Review of Clinical Psychology, 1*(1), 629-651.

Dweck, C. S. (2007). *Mindset: the New Psychology of Success.* Updated Edition. NY: Ballantine Books.

Eccles, J. S. & Templeton, J. (2002). Extracurricular and Other After-School Activities for Youth. *Review of Research in Education, 26*, 113-180.

Eisner, L. R., Johnson, S. L., & Carver, C. S. (2009). Positive affect regulation in anxiety disorders. *Journal of Anxiety Disorders, 23*(5), 645-649.

Elliot, A. J. & Harackiewicz, J. M. (1994). Goal setting, achievement orientation and intrinsic motivation: A mediational analysis. *Journal of Personality and Social Psychology, 66*, 968-980.

Emmons, R. (2010). 10 ways to become more grateful. Greater Good Magazine. NOVEMBER 17.
https://greatergood.berkeley.edu/article/item/ten_ways_to_become_more_grateful1

Enright, R. D. (2001). *Forgiveness is a Choice: A Step-by-Step Process for Resolving Anger and Restoring Hope.* Washington, DC: American Psychological Association.

Erez, M. (1977). Feedback: A necessary condition for the goal setting-performance relationship. *Journal of Applied Psychology, 62*, 624-627.

Evans, L. (2014). How Important Your Workplace Friendships Are Depends on Your Age. https://www.nbcnews.com/id/wbna55949785

Fennell, A. B., Benau, E. M., & Atchley, R. A. (2016). A single session of meditation reduces of physiological indices of anger in both experienced and novice meditators. *Consciousness and Cognition, 40*, 54-66.

Field, C., Zander, J., & Hal, G. (2013). Forgiveness is a present to yourself as well: an intrapersonal model of forgiveness in victims of violent crime. *International Review of Victimology, 19*(3), 235-247.

Fischer, A. H. (2018). Comment: the emotional basis of toxic affect. *Emotion Review, 10*(1), 57-58.

Fletcher, J. (2019, February 12). How to use 4-7-8 breathing for anxiety.
https://www.medicalnewstoday.com/articles/324417.php.

Fredrickson, B. L., Cohn, M. A., Coffey, K. A., Pek, J., & Finkel, S. M. (2008). Open hearts build lives: positive emotions, induced through loving-kindness meditation, build consequential personal resources. *Journal of Personality and Social Psychology, 95*(5), 1045.

Fullagar, C. J. & Kelloway, E. K. (2009). Flow at work: an experience sampling approach. *Journal of Occupational and Organizational Psychology, 82*(3), 595- 615.

Gardner, H. (1999). *Intelligence reframed: Multiple intelligences for the 21st century.* New York: Basic Books.

Gardner, J. N. (1986). The freshman year experience. *College and University, 61*(4), 261-274.

Geirland, J. (1996) Go with the flow. Magazine-4, 89.

Gold, J. & Ciorciari, J. (2020). A review on the role of the neuroscience of flow states in the modern world. *Behavioral Science(Basel), 10*(9), 137.

Gunderson, E. A., Gripshover, S. J., Romero, C., Dweck, C. S., Goldin-Meadow, S., & Levine, S. C. (2013). Parent praise to 1- to 3-year-olds predicts children's motivational frameworks 5 years later. *Child Development, 84*(5), 1526-1541.

Hanh, T. N., & Cheung, L. (2011). Savor: Mindful eating, mindful life. Harper Collins e-books.

Hattie, J., & Timperley, H. (2007). The power of feedback. *Review of Educational Research, 77,* 81-112.

Hertiz-Lazarowitz, R., Kirdus, V. B., & Miller, N. (1992). Implications of current research on cooperative interaction for classroom application. In R. Hertz-Lazarowtiz & N. Miller (Eds.). *Interaction in cooperative groups: The theoretical anatomy of group learning.* New York, NY: Cambridge University Press.

Hieronymi, P. (1999). Articulating an uncompromising forgiveness. *Philosophy and Phenomenological Research, 62*(3), 529-55.

Holliday, R. C., Ballinger, C., & Playford, E. D. (2007). Goal setting in neurological rehabilitation: Patients' perspectives, disability and rehabilitation. *Reader in Occupational Therapy, 29*, 389-394.

Hou, W. K., Lau, K. M., Ng, S. M., Lee, T. M. C., Cheung, H. Y. S., Shum, T. C. Y., & Cheng, A. C. K. (2016). Psychological detachment and savoring in adaptation to cancer caregiving. *Psycho-Oncology, 25*(7), 839-847.

Hurley, D. B., & Kwon, P. (2012). Results of a study to increase savoring the moment: Differential impact on positive and negative outcomes. *Journal of Happiness Studies, 13,* 579-588

Ivancevich, J. M., & McMahon, J. T. (1982). The effects of goal setting, external feedback, and self-generated feedback on outcome variables: A field experiment. *Academy of Management Journal, 25*(2), 359-372.

Jackowska, M., Brown, J., Ronaldson, A., & Steptoe, A. (2016). The impact of a brief gratitude intervention on subjective well-being, biology and sleep. *Journal of Health Psychology. 21*(10), 2207-2217.

Johnstone, M. J. (2010). On the matter of human kindness. *Australian Nursing & Midwifery Journal, 17*(7), 32.

Jose, P. E., Lim, B. T., & Bryant, F. B. (2012). Does savoring increase happiness? A daily diary study. *The Journal of Positive Psychology, 7*(3), 176-187.

Judge, T. A. & Bono, J. E. (2001). Relationship of core self-evaluations traits—self-esteem, generalized self-efficacy, locus of control, and emotional stability—with job satisfaction and job performance: A meta-analysis. *Journal of Applied Psychology, 86*, 80-92.

Kaiser, P., Tullar, W., & McKowen, D. (2000). Student team projects by internet. *Business Communication Quarterly, 63*, 75-82.

Kansky, J. & Allen, J. P. (2018). Making sense and moving on: The potential for individual and interpersonal growth following emerging adult breakups. *Emerg Adulthood. 6*(3), 172-190.

Katahira, K., Yamazaki, Y., Yamaoka, C., Ozaki, H., Nakagawa, S., & Nagata, N. (2018). EEG correlates of the flow state: A combination of increased frontal theta and moderate frontocentral alpha rhythm in the mental arithmetic task. *Front in Psychology, 9*, 300.

Keeney, J. (2009). Savoring success: Effects of basking and acknowledgment of others in response to achievement (Unpublished master's thesis). Michigan State University, East Lansing, MI.

Keup, J. R., & Sax, L. J. (2002, Dec. 17). Findings from the 2002 Your First College Year (YCY) Report. [http://www.gseis.ucla.edu/heri/yfcy].

Klein, H. J., Austin, J. T., & Cooper, J. T. (2008). Goal choices and decision processes. In R. Kanfer, G. Chen, & R. D. Pritchard (Eds). *Work motivation: Past, present, and future.* New York, NY: Routledge.

Kleinginna, P., & Kleinginna, A. (1981). A categorized list of motivation definitions, with suggestions for a consensual definition. *Motivation and Emotion, 5*, 263-291.

Koehn, S, & Morris, T. (2012). The relationship between performance and flow state in tennis competition. *Journal of Sports Medicine and Physical Fitness, 52*(4), 437-47.

Kong, F., You, X., & Zhao J. (2017). Evaluation of the Gratitude Questionnaire in a Chinese sample of adults: factorial validity, criterion-related validity, and measurement invariance across sex. *Front Psychology. 8,* 1498.

Kristof-Brown, A. L., & Stevens, C. K. (2001). Goal congruence in project teams: Does the fit between members' personal mastery and performance goals matter? *Journal of Applied Psychology, 86*(6), 1083-1095.

Kuh, G. D. (2001). Assessing what really matters to student learning: Inside the National Survey of Student Engagement. *Change, 33*(3), 10-17, 66.

Kuh, G. D., Kinzie, J., Schuh, J. H., Whitt, E. J, & Associates (2005). *Student success in college: Creating conditions that matter.* San Francisco: Jossey-Bass.

Kuh, G., D., Shedd, J., & Whitt, E. (1987). Student affairs and liberal education: Unrecognized (and unappreciated) common law partners. *Journal of College Student Personnel, 28*(3), 252-260.

Kurfiss, J. G. (1988). *Critical thinking: theory, research, practice, and possibilities. ASHE-ERIC,* Report No. 2. Washington, D.C.: Association for the Study of Higher Education.

Kurtz, J. L. (2015). Seeing through new eyes: An experimental investigation of the benefits of photography. *Journal of Basic & Applied Sciences, 11*, 354-358.

Laden, B. V., Milem, J. F., & Crowson, R. L. (2000). New institutional theory and student departure. In J. M. Braxton (Ed.), *Reworking the student departure puzzle* (pp. 235-256). Nashville: Vanderbilt University Press.

Langer, E. J. (1989). *Mindfulness*. New York: Perseus Books.

Langer, E. J. (1997). *The learning power of mindfulness*. New York: Perseus Books.

Latham, G. P. (2004). The motivational benefits of goal setting. *Management Perspectives, 18*(4), 126-129.

Latham, G. P., & Locke, E. A. (1979). Goal setting: A motivational technique that works. *Organizational Dynamics, 8*, 68-80.

Latham, G. P. & Locke, E. A., (2002). Building a practically useful theory of goal setting and task motivation: A 35-year odyssey. *American Psychologist, 57*(9), 705–717.

Latham, G. P., & Locke, E. A. (2006). Enhancing the benefits and overcoming the pitfalls of goal setting. *Organizational Dynamics, 35*, 332-340.

Lawler-Row, K. A., Scott, C. A., Raines, R. L., Edlis-Matityahou, M., & Moore, E. W. (2007). The varieties of forgiveness experience: working toward a comprehensive definition of forgiveness. *Journal of Religion and Health volume, 46*, 233–248.

Levin, M., & Levin, J. (1991). A critical examination of academic retention programs for at-risk minority college students. *Journal of College Student Development, 32*, 323-334.

Levitz, R., & Noel, L. (1989). Connecting students to institutions: Keys to retention and success. In M. L. Upcraft, J. N. Gardner, & Associates, *The freshman year experience* (pp. 65-81). San Francisco: Jossey-Bass.

Lewin, K., Dembo, T., Festinger, L., & Sears, P. (1944). Level of aspiration. In J. McV Hunt (Ed.), *Personality and the behavior disorders* (Vol. I, pp. 333–378). New York: Ronald Press.

Lickerman, A. (2013). The True Meaning of Friendship: What is it that makes us a true friend? https://www.psychologytoday.com/

Locke, E. A. (1996). Motivation through conscious goal setting. *Applied & Preventive Psychology, 5*, 117-124.

Locke, E. A. (2001). Motivation by goal setting. In R. T. Golembiewski (Ed). *Handbook of organizational behavior, second edition, revised and expanded*. New York, NY: Marcel Dekker.

Locke, E. A. (2019). Edwin Locke on are you setting effective goals? Podcast with Professor

Edwin Locke. [Audio podcast] Retrieved from https://www.michellemcquaid.com/podcast/mppw44-edwin-locke/

Locke, E. A., & Latham, G. P. (1984). *Goal setting: A motivational technique that works!* Englewood Cliffs, NJ: Prentice Hall.

Locke, E. A., & Latham, G. P. (1990). *A theory of goal setting & task performance.* Englewood Cliffs, NJ: Prentice-Hall.

Locke, E. A., & Latham, G. P. (2002). Building a practically useful theory of goal setting and task motivation: A 35-year odyssey. *American Psychologist, 57*, 705-717.

Locke, E. A. & Latham, G. P. (2013). *New developments in goal setting and task performance.* New York, NY: Routledge.

Locke, E. A., Smith, K. G., Erez, M. E., Chah, D. O., & Shaffer, A. (1994). The effects of intra-individual goal conflict on performance. *Journal of Management, 20*, 67-91.

Lyubomirsky, S., Sousa, L., & Dickerhoof, R. (2006). The costs and benefits of writing, talking, and thinking about triumphs and defeats. *Journal of Personality and Social Psychology, 90*, 692–708.

Macan, T. H., Shahani, C., Dipboye, R. L., & Phillips, A. P. (1990). College students' time management: Correlations with academic performance and stress. *Journal of Educational Psychology, 82*(4), 760-768.

MacLeod, A. K., Coates, E., & Hetherton, J. (2008). Increasing well-being through teaching goal-setting and planning skills: Results of a brief intervention. *Journal of Happiness Studies, 9*(2), 185-196.

Madore, K. P., Khazenzon, A. M., Backes, C. W., Jiang, J., Uncapher, M. R., Norcia, A. M., & Wagner, A. D.(2020). Memory failure predicted by attention lapsing and media multitasking. *Nature, 587*, 87-91.

Mahoney, C. R., Taylor, Holl,y A., Kanarek, R. B., & Samuel, P. (2005). Effect of breakfast composition on cognitive processes in elementary school children. *Physiology & Behavior, 85*(5), 635–645.

Maltby, J., Wood, A. M., Day, L., Kon, T. W. H., Colley, A., & Linley, P. A. (2008). Personality predictors of levels of forgiveness two and a half years after the transgression. *Journal of Research in Personality, 42*, 1088–1094.

Martin, G., & Pear, J. P. (2019). *Behavior modification: What it is and how to do it*(11th ed.). New York, NY: Routledge.

Mayer, J. D. (2004). What is emotional intelligence? UNH Personality Lab. Retrieved from https://scholars.unh.edu/personality_lab/8

Mayo Clinic. (2020, September 15). Mindfulness exercises. https://www.mayoclinic.org/healthy-lifestyle/consumer-health/in-depth/mindfulness-exercises/art-20046356.

Mccoach, D. B., & Siegle, D. (2003). The School Attitude Assessment Survey-Revised: A new instrument to identify academically able students who underachieve. *Educational and Psychological Measurement, 63*, 414-429.

McCullough, M. E., Tsang, J., & Emmons, R. A. (2004). Gratitude in intermediate affective terrain: Links of grateful moods to individual differences and daily emotional experience. *Journal of Personality and Social Psychology, 86*(2), 295–309.

McCurdy, M., Skinner, C. H., Grantham, K., Watson, T. S., & Hindman, P. M. (2001). Increasing on-task behavior in an elementary student during mathematics seatwork by interspersing additional brief problems. *School Psychology Review, 30*, 23-32.

McNulty, J. K, & Dugas, A. (2019). A dyadic perspective on gratitude sheds light on both its benefits and its costs: Evidence that low gratitude acts as a "weak link". *Journal of Family Psychology, 33*(7), 876-881.

Means, B., Chelemer, C., & Knapp, M. (Eds.) (1991). *Teaching advanced skills to at-risk students.* San Francisco: Jossey-Bass.

Mind Statistics. (n.d.). Money & mental health. Retrieved from https://www.mind.org.uk/information-support/tips-for-everyday-living/money-and-mental-health/#.XH-UZfn7TIV

Miner, J. B. (2005). *Organizational behaviour 1: Essential theories of motivation and leadership.* Oxon, UK: Routledge.

Moreman, R, D. (2008). The downside of friendships: Sources of strain in older women's friendships. *Journal of Women & Aging, 20*(1-2), 169-187.

Morisano, D., Hirsh, J. B., Peterson, J. B., Pihl, R. O., & Shore, B. M. (2010). Setting, elaborating, and reflecting on personal goals improves academic performance. *Journal of Applied Psychology, 95*(2), 255-264.

Moser, J. S., Schroder, H. S., Heeter, C., Moran, T. P., & Lee, Y-H. (2011). Mind your errors: evidence for a neural mechanism linking growth mind-set to adaptive posterror adjustments. *Psychological Science, 22*(12), 1484-1489.

Mruk, C. (2008). The Psychology of self-esteem: A potential common ground for humanistic positive psychology and positivistic positive psychology. *The Humanistic Psychologist,*

36(2), 143-158.

Naka, M., & Naoi, H. (1995). The effect of repeated writing on memory. *Memory and Cognition, 23*, 201-212.

Nicholls, J. G. (1984). Achievement motivation: Conceptions of ability, subjective experience, task choice, and performance. *Psychological Review, 91*, 328-346.

Noel, L. (1985). Increasing student retention: New challenges and potential. In L. Noel & Associates, *Increasing student retention* (pp. 1-27). San Francisco: Jossey-Bass.

Noel, L. (1994). Defending against budget cuts. Recruitment and Retention in Higher Education, (January), p. 6.

Noggle, R. B(2022). The ethics of manipulation. https://plato.stanford.edu/

O'Brien, E., & Ellsworth, P. C. (2012). Saving the last for best: A positivity bias for end experiences. *Psychological Science, 23*, 163-165.

O'Keefe, P. A., Dweck, C. S., & Walton, G. M. (2018). Implicit theories of interest: finding your passion or developing it? *Psychological Science, 29*(10), 1653-1664.

Otake, K., Shimai, S., Tanaka-Matsumi, J., Otsui, K., & Fredrickson, B. L. (2006). Happy people become happier through kindness: A counting kindness intervention. *Journal of Happiness Studies, 7*, 361-375.

Pagania, A. F., Donatob, S., Parisea, M., Iafrateb, R., Bertonib, A., & Schoebic, D. (2015). When good things happen: Explicit capitalization attempts of positive events promote intimate partners' daily well-being. *Family Science, 6*, 19-128.

Pascarella, E. T. (2001). Cognitive growth in college: Surprising and reassuring findings from The National Study of Student Learning. *Change, 33*(6), 20-27.

Pascarella, E. T., & Terenzini, P. T. (1991). *How college affects students: Findings and insights from twenty years of research.* San Francisco: Jossey-Bass.

Pascarella, E. T., & Terenzini, P. T. (2005). *How college affects students, Volume 2: A third decade of research.* San Francisco: Jossey-Bass.

Pelucchi, S., Paleari, F. G., Regalia, C., & Fincham, F. D. (2013). Self-forgiveness in romantic relationships: it matters to both of us. *Journal of Family Psychology. 27*(4), 541-549.

Peppercorn, S. (2014). The benefits of positive psychology coaching. https://www.linkedin.com/pulse/20140909143241-4606340-the-benefits-of-positive-psychology-coaching

Peterson, C. (2008). What is positive psychology, and what is it not? Psychology Today. https://www.psychologytoday.com/us/blog/the-good-life/200805/what-is-positive-psycho

logy-and-what-is-it-not

Peterson, C. (2009). Positive psychology. *Reclaiming Children and Youth, 18*(2), 3-7.

Peterson, C. & Seligman, M. E. P. (2004). *Character Strengths and Virtues: A Handbook and Classification*. Oxford: Oxford University Press.

Peterson, S. J., Van Tongeren, D. R., Womack, S. D., Hook J. N., Davis, D. E., & Griffin, B. J. (2017). The benefits of self-forgiveness on mental health: Evidence from correlational and experimental research. *The Journal of Positive Psychology, 12*(2), 159-168.

Pierro, A., Pica, G., Giannini, A. M., Higgins, E. T., & Kruglanski, A. W. (2018). Letting myself go forward past wrongs: How regulatory modes affect self-forgiveness. *PLoS ONE, 13*(3), e0193357.

Pintrich, P. R. (Ed.) (1995). Understanding self-regulated learning. *New Directions for Teaching and Learning, no. 63*. San Francisco: Jossey-Bass.

Policy Center on the First Year of College (2003, January). Second national survey of first-year academic practices, 2002. [http://www.Brevard.edu/fyc/survey2002/findings.htm]

Powell, A. (2018, April 9). When science meets mindfulness. The Harvard Gazette. https://news.harvard.edu/gazette/story/2018/04/harvard-researchers-study-how-mindfulness-maychange-the-brain-in-depressed-patients/

Powell, A., Piccoli, G., & Ives, B. (2004). Virtual teams: a review of current literature and directions for future research. *ACM SIGMIS Database: The DATABASE for Advances in Information Systems, 35*(1), 6-36.

Quoidbach, J., Berry, E. V., Hansenne, M., & Micolajczk, M. (2010). Positive emotion regulation and well-being: Comparing the impact of eight savoring and dampening strategies. *Personality and Individual Differences, 49*(5), 368-373.

Quoidbach, J., Wood, A., & Hansenne, M. (2009). Back to the future: The effect of daily practice of mental time travel into the future on happiness and anxiety. *Journal of Positive Psychology, 4*, 349-355.

Rahim, M, & Patton, R. (2015). The association between shame and substance use in young people: a systematic review. *PeerJ, 3*, e737.

Rasmussen, K. R., Stackhouse, M., Boon, S. D., Comstock, K., & Ross, R. (2019). Meta-analytic connections between forgiveness and health: The moderating effects of forgiveness-related distinctions. *Psychology and Health, 34*(5), 515-534.

Reis, H. T., Smith, S. M., Tsai, F. F., Rodriguez, A., & Maniaci, M. R. (2010). Are you happy for me? How sharing positive events with others provides personal and interpersonal benefits. *Journal of Personality and Social Psychology, 99*, 311–329.

Reis, S. M., & McCoach, D. B. (2000). The underachievement of gifted students: What do we know and where do we go? *Gifted Child Quarterly, 44*, 152-170

Rendon, L. I. (1994). Validating culturally diverse students: Toward a new model of learning and student development. *Innovative Higher Education, 19*(1), 23-32.

Rind, B. & Bordia, P. (1995). Effect of server's "Thank you" and personalization on restaurant tipping. *Journal of Applied Social Psychology, 25*(9), 745–751.

Robbins, S. B., Lauver, K., Le, H., Davis, S., Langley, R., & Carlstrom, A. (2004). Do Psychosocial and Study Skill Factors Predict College Outcomes? A Meta-Analysis. *Psychological Bulletin, 130*(2), 261-288.

Rose, G., & Smith, L. (2018). Mental health recovery, goal setting and working alliance in an Australian community-managed organisation. *Health Psychology Open, 5*(1), 1-9.

Rosenthal, A. K. (2005). *Encyclopedia of an ordinary life: A memoir.* New York: Crown.

Roueche, S. D., & Comstock, V. N. (1981). A report on theory and method for the study of literacy development in community colleges. Technical Report NIE-400-78-0600. Austin: Program in Community College Education, The University of Texas at Austin.

Rowland, L., & Curry, O. S. (2019). A range of kindness activities boost happiness. *The Journal of Social Psychology, 159*(3), 340-343.

Ryan, T. A. (1970). *Intentional behavior.* New York, NY: Ronald Press.

Salces-Cubero, I. M., Ramírez-Fernández, E., & Ortega-Martínez, A. R. (2019). Strengths in older adults: differential effect of savoring, gratitude and optimism on well-being. *Aging & Mental Health, 23*(8), 1017-1024.

Sarathy, V. (2018). Real world problem-solving. *Frontiers in Human Neuroscience, 12*, 261.

Sarinopoulos, S. (2000). Forgiveness and physical health: a doctoral dissertation summary. *World of Forgiveness, 2*, 16–18.

Schlossberg, N. K., Lynch, A. Q., & Chickering, A. W. (1989). *Improving higher education environments for adults: Responsive programs and services from entry to departure.* San Francisco: Jossey-Bass.

Schueller, S. M. (2010). Preferences for positive psychology exercises. *Journal of Positive Psychology, 5*, 192–203.

Schunk, D. H. (1985). Participation in goal setting: Effects on self-efficacy and skills of learning-disabled children. *The Journal of Special Education, 19*(3), 307–317.

Schuurmans-Stekhoven, J. (2011). Is it God or just the data that moves in mysterious ways?

How wellbeing researchers may be mistaking faith for virtue. *Social Indicators Research, 100*(2), 313-330.

Seijts, G. H., & Latham, G. P. (2000). The effects of goal setting and group size on performance in a social dilemma. *Canadian Journal of Behavioural Science, 32*, 104-116.

Seligman, M. E. P. (2002). *Authentic Happiness: Using the New Positive Psychology to Realize Your Potential for Lasting Fulfillment.* New York: Free Press.

Seligman, M. E. P. (2008). Positive health. *Applied Psychology, 57*(s1), 3-18.

Seligman, M. E. P. (2011). *Flourish: A visionary new understanding of happiness and well-being.* NY: Atria Books.

Seligman, M. E. P., & Csikszentmihalyi, M. (2000). Positive psychology: An introduction. *American Psychologist, 55*, 5-14.

Seligman, M. E. P., Steen, T. A., Park, N., & Peterson, C. (2005). Positive psychology progress. *American Psychologist, 60*, 410-421.

Sexton, J. B. & Adair, K. C. (2019). Forty-five good things: a prospective pilot study of the Three Good Things well-being intervention in the USA for healthcare worker emotional exhaustion, depression, work-life balance and happiness. *BMJ Open, 9*(3), e022695.

Shesthra, A. (2016). Positive psychology: Evolution, philosophical foundations, and present growth. *Indian Journal of Positive Psychology, 7*(4), 460-465.

Shouping, H., & Kuh, G. (2001). Being (dis)engaged in educationally purposeful activities: The influences of student and institutional characteristics. Paper presented at the annual meeting of the American Educational Research Association, Seattle, WA.

Shryack, J., Steger, M. F., Krueger, R. F., & Kallie, C. S. (2010). The structure of virtue: An empirical investigation of the dimensionality of the virtues in action inventory of strengths. *Personality and Individual Differences, 48*(6), 714-719.

Šimleša, M., Guegan, J., Blanchard, E., Tarpin-Bernard, F., & Buisine, S. (2018). The flow engine framework: a cognitive model of optimal human experience. *Eupero's Journal of Psychology, 14*(1), 232-253.

Smith, J. L. & Bryant, F. B. (2017). Savoring and wellbeing: Mapping the cognitive-emotional terrain of the happy mind. In M. Robinson & M. Eid (Eds.), *The happy mind: Cognitive contributions to wellbeing.* New York, NY: Springer.

Smith, J. L., & Hollinger-Smith, L. (2015). Savoring, resilience, and psychological well-being in older adults. *Aging & Mental Health, 19*(3), 192-200.

Smith, J. L., Harrison, P. R., Kurtz, J. L., & Bryant, F. B. (2014). Nurturing the capacity to savor: Interventions to enhance the enjoyment of positive experiences. In A. C. Parks & S. M. Schueller (Eds.), *The Wiley Blackwell handbook of positive psychological interventions* (p. 42). NJ: John Wiley & Sons.

Smith, K., Locke, E., & Barry, D. (1990). Goal setting, planning, and organizational performance: An experimental simulation. *Organizational Behavior and Human Decision Processes, 46*, 118-134.

Smith, R. (2003). Changing institutional culture for first-year students and those who teach them. *About Campus, 8* (March-April), 3-8.

Smyth, J. M., Johnson, J. A., Auer, B. J., Lehman E., Talamo G., & Sciamanna, C. N. (2018). Online positive affect journaling in the improvement of mental distress and well-being in general medical patients with elevated anxiety symptoms: A preliminary randomized controlled trial. *JMIR Mental Health, 5*(4), e11290.

Snyder, C. R., Harris, C., Anderson, J. R., Holleran, S. A., Irving, L. M., Sigmon, S. T., Yoshinobu, L., Gibb, J., Langelle, C., & Harney, P. (1991). The will and the ways: Development and validation of an individual-differences measure of hope. *Journal of Personality and Social Psychology, 60*, 570-585.

Soscia, I. (2007). Gratitude, delight, or guilt: the role of consumers' emotions in predicting postconsumption behaviors. *Psychology and Marketing, 24*, 871–894.

Speer, M. E., Bhanji, J. P., & Delgado, M. R. (2014). Neural signals of positive autobiographical memory. *Neuron, 84*, 847–856.

Stanula, A., Maszczyk, A., Roczniok, R,, Pietraszewski, P., Ostrowski, A., Zając, A., & Strzaɫa, M.(2012). The development and prediction of athletic performance in freestyle swimming. *Journal of Human Kinetics, 32*, 97-107.

Swing, R. L. (2002). "The impact of engaging pedagogy on first-year students." E-mail message to the First-Year Assessment Listserv [fya-list@vm.sc.edu]. Sept. 6.

Terenzini, P. T. (1986). Retention research: Academic and social fit. Paper presented at the annual meeting of the Southern Regional Office of the College Entrance Examination Board, New Orleans.

Terenzini, P. T., Rendon, L., Upcraft, L., Millar, S., Allison, K., Gregg, P., & Jalomo, R. (1994). The transition to college: Diverse students, diverse stories. *Research in Higher Education, 35*(1), 57-73.

Thagard, P. (2005). How to be a successful scientist. In M. E. Gorman, R. D. Tweney, D. C. Gooding & A. P. Kincannon (Eds.), *Scientific and technological thinking* (pp. 159- 171).

Mawah, NJ: Lawrence Erlbaum Associates.

Tierney, W. G. (2000). Power, identify, and dilemma of college student departure. In J. M. Braxton (Ed.), *Reworking the student departure puzzle* (pp. 213-234). Nashville: Vanderbilt University Press.

Tinto, V. (1987). *Leaving college: Rethinking the causes and cures for student attrition.* Chicago: University of Chicago Press.

Tinto, V. (1993). *Leaving college: Rethinking the causes and cures of student attrition* (2nd ed.). Chicago: University of Chicago Press.

Trinity College Dublin. (2018, May 10). The Yogi masters were right —meditation and breathing exercises can sharpen your mind.
https://www.sciencedaily.com/releases/2018/05/180510101254.htm

Tsang, J.-A. (2006). The effects of helper intention on gratitude and indebtedness. *Motivation and Emotion, 30*(3), 199–205.

Tugade, M. M., & Fredrickson, B. L. (2007). Regulation of positive emotions: Emotion regulation strategies that promote resilience. *Journal of Happiness Studies, 8*, 311–333.

UC Davis Health Center(2015). Gratitude is good medicine.
https://health.ucdavis.edu/medicalcenter/features/2015-2016/11/20151125_gratitude.html

Upcraft, M. L., & Gardner, J. N. (1989). *The freshman year experience.* San Francisco: Jossey-Bass.

Van Oyen, C., Witvilet, T. E., Ludwig, & Vander, Lann K. L. (2001), Granting forgiveness or harboring grudges: implications for emotions, physiology and health. *Psychological Science, 12*, 117–223.

Vincent, P. J., Boddana, P., & MacLeod, A. K. (2004). Positive life goals and plans in parasuicide. *Clinical Psychology & Psychotherapy: An International Journal of Theory & Practice, 11*(2), 90-99.

Vygotsky, L. S. (1978). Internalization of higher cognitive functions. In M. Cole, V. John-Steiner, S. Scribner, & E. Souberman (Eds. & Trans.), *Mind in society: The development of higher psychological processes* (pp. 52-57). Cambridge: Harvard University Press.

Watkins, P., Scheer, J., Ovnicek, M., & Kolts, R. (2006). The debt of gratitude: Dissociating gratitude and indebtedness. *Cognition & Emotion, 20*(2), 217–241.

Weinstein, C. E., & Underwood, V. L. (1985). Learning strategies: The how of learning. In J. W. Segal, S. F. Chapman, & R. Glaser (Eds.), *Thinking and learning skills* (pp. 241-258).

Hillsdale, NJ: Lawrence Erlbaum.

Wells, T., Albright, L., Keown, K., Tkatch, R., Duffy, M., Wu, L., & Wicker, E. (2018). Expressive writing: Improving optimism, purpose, and resilience writing and gratitude. *Innovation in Aging, 2*(S1), 241.

Whited, M. C., Wheat, A. L., & Larkin, K. T. (2010). The influence of forgiveness and apology on cardiovascular reactivity and recovery in response to mental stress. *Journal of Behavioral Medicine, 33*, 293-304.

Wood, A. M., Froh, J. J., & Geraghty, A. W.(2010). Gratitude and well-being: a review and theoretical integration. *Clinical Psychology Review, 30*(7), 890-905.

Zautra, A. J., Affleck, G. G., Tennen, H., Reich, J. W., & Davis, M. C. (2005). Dynamic approaches to emotions and stress in everyday life: Bolger and Zuckerman reloaded with positive as well as negative affects. *Journal of Personality, 73*(6), 1511-1538.

Zhang, J. W., Chen, S., & Tomova Shakur, T. K. (2020). From me to you: self-compassion predicts acceptance of own and others' imperfections. *Personality and Social Psychology Bulletin, 46*(2), 228-242.

Zimmerman, B. J. (2008). Goal setting: A key proactive source of academic self-regulation. In D. H. Shunk & B. J. Zimmerman (Eds). *Motivation and self-regulated learning: Theory, research, and applications.* Abingdon, UK: Taylor & Francis.

Zimmerman, B. J., Bandura, A., & Martinez-Pons, M. (1992). Self-motivation for academic attainment: The role of self-efficacy beliefs and personal goal setting. *American Educational Research Journal, 29*(3), 663-676.

Zohar, D., & Marshall, I. (2000). *SQ: Connecting with your spiritual intelligence.* New York: Bloomsbury.

찾아보기

저자 소개

■ 조용태

중원대학교 교양대학 교수
미술치료전문가
예술심리치료전문가
대체의학전문가

■ 이희연

한국예술심리치료연구소 상담실장
전, 중원대학교 학생상담센터 상담원
대진대학교 학생상담센터 상담원

대학생을 위한
성공을 부르는
긍정심리

1판 1쇄 인쇄 — 2023년 8월 7일
1판 1쇄 발행 — 2023년 8월 10일

저 자 - 조용태 이희연
발 행 인 - 강철원
발 행 처 - 양성원
주 소 - 경기도 파주시 검산로 173번길 29-12
전 화 - 031-946-3861(代)
팩 스 - 031-946-3864
이 메 일 - tnwpub@naver.com
홈페이지 - tnwpub.co.kr
출판등록 - 2015년 8월 31일 제 2015-000211 호

ISBN 979-11-6126-539-1

정가 22,000원